U0009405

LOCUS

LOCUS

LOCUS

LOCUS

mark

這個系列標記的是一些人、一些事件與活動。

mark 52 墜機之前，9分20秒

(Nine Minutes, Twenty Seconds)

作者：葛瑞．彭蒙藍茲(Gary M. Pomerantz)

譯者：施益　審定：陶健彬

責任編輯：楊郁慧　美術編輯：何萍萍

法律顧問：全理法律事務所董安丹律師

出版者：大塊文化出版股份有限公司

台北市105南京東路四段25號11樓　www.locuspublishing.com

讀者服務專線：0800-006689

TEL：(02) 87123898　FAX：(02) 87123897

郵撥帳號：18955675　戶名：大塊文化出版股份有限公司

總經銷：大和書報圖書股份有限公司　地址：台北縣五股工業區五工五路2號

TEL：(02) 8990-2588（代表號）　FAX：(02) 2290-1658

排版：天翼電腦排版印刷有限公司

初版一刷：2005年 9 月

定價：新台幣 280 元

Printed in Taiwan

墜機之前9分20秒
Nine Minutes, Twenty Seconds

Gary M. Pomerantz⊙著
施益⊙譯

獻給小女Leigh，這個小女孩讓我的心高聲歡唱。

「蒼穹的壯闊更勝汪洋；而偉岸的心靈尤有過之。」

——雨果(Victor Hugo)，《悲慘世界》(*Les Miserables*)

謹以本書紀念ASA 529班機上的二十九人；
那些罹難者與生還者。

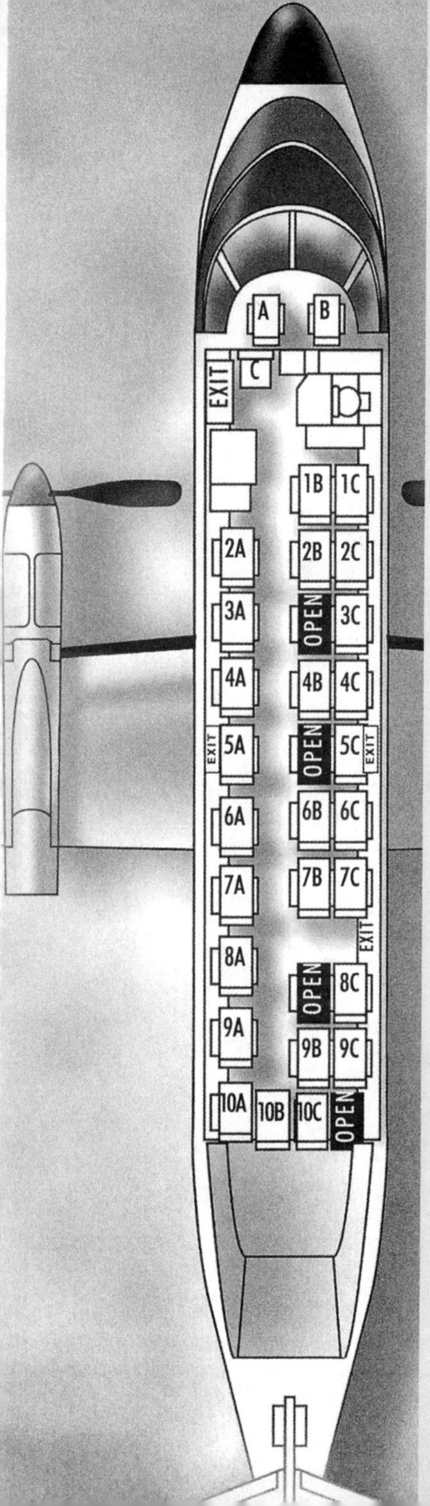

1995年8月21日，ASA 529班機機艙座位表

A 艾德·甘納維（Ed Gannaway）機長，45歲

B 麥特·沃曼丹（Matt Warmerdam）副駕駛，28歲

C 蘿萍·費可（Robin Fech）空服員，37歲

1B 朵茵·妲（Dawn Dumm）教師，40歲

1C 瑪莉珍·艾黛爾（Mary Jean Adair）家庭主婦，64歲

2A 蕾妮·查普曼（Renee Chapman）餐廳副理，26歲

2B 約翰·崔帝（John Tweedy）工程師，38歲

2C 安琪拉·布魯菲爾（Angela Brumfield）準空服員，27歲

3A 傑森·艾爾緒（Jason Aleshire）現役空軍，18歲

3C 巴爾尼·蓋斯基爾（Barney Gaskill）工程師，57歲

4A 埃德·葛雷（Ed Gray）工程師，63歲

4B 珍妮佛·葛蘭貝（Jennifer Grunbeck）飯店副理，28歲

4C 珍恩·布卡托（Jean Brucato）會計師，40歲

5A 吉姆·甘迺迪（Jim Kennedy）財務顧問，62歲

5C 龐德·魯（Bond Rhue）檢察官，56歲

6A 查克·費斯特爾（Chuck Pfisterer）採購經理，40歲

6B 恰克·利梅（Chuck Lemay）空軍少校，42歲

6C 艾倫·巴靈頓（Alan Barrington）人事經理，35歲

7A 艾弗烈德·艾瑞那斯（Alfred Arenas）工程師，37歲

7B 大衛·麥柯爾克（David McCorkell）電腦訓練師，37歲

7C 凱文·巴比爾（Kevin Bubier）船塢副塢長，37歲

8A 史蒂芬·威金森（Steven Wilkinson）牧師，34歲

8C 大維·史耐德（David Schneider）工程師，28歲

9A 麥克·漢瑞克斯（Michael Hendrix）工程師，35歲

9B 查爾斯·巴頓（Charles Barton）資深警官，57歲

9C 陶德·湯普森（Tod Thompson）警官，33歲

10A 桑雅·費特曼（Sonya fetterman）上班族，37歲

10B 露西里·柏爾頓（Lucille Burton）退休教師，69歲

10C 朗尼·柏爾頓（Lonnie Burton）社群領導人，69歲

目錄

鳳凰，再度展翅

利美萱

很久沒有想起災難了，這通常應該是件好事。

仔細算算，從一九九四年的洛杉磯大地震，到四年後的大園空難，以及其後的林肯大郡崩塌、九二一地震、象神風災、納莉風災、桃芝風災、澎湖空難、蘆洲大火等等，我親身參與了多次災後的心理復健工作。這些年來，我發現本地政府已經逐漸將災後心理復健工作視爲災難重建的重要一環，同時也看到民眾在心靈層面的不斷提昇，對心靈健康愈來愈重視。這對於從事心理工作的我來說，感觸很深。儘管不願意看到災難發生，卻在每次災難過後，樂於見到許多政策和作法上的進步。

閱讀本書時，不時讓我想起過去所參與的災後心理復健工作，和那些我曾經協助過的生還者及罹難者家屬——他們現在怎麼樣？過得好不好？過去的創傷是否仍影響著他們？我曾經陪著這些生還者和家屬走過一段傷痛的過程，但是我知道我無法永遠陪伴著他們。最後，他們還是得靠自己走向未來的路。而我所能做的，只是——陪他們一段。曾經有即將結束心理治療的案主告訴我：「這些陪伴，是當時我最最需要的。」許多受創的生還者，因爲不忍、不願家人爲他們擔心，而極力壓抑住痛苦；他們以爲，表面上故作無事，也許可以使家人比較放心。直到他們發現治療室才是最能夠眞實抒發自我的避風港，往往忍不住在治療室痛哭失聲。其實，有時候雖然我什麼都沒做，卻贏得衷心的感謝，因爲當事人毋須在意我會不會受傷。"Just be there"，是當時他們最需要的。

家人，往往是生還者活下去的原動力。就像本書中，面臨生死關頭，機上的每位乘客所想到的幾乎全都是家人，家人的重要性可見一斑。而家人的支持，常常是這些生還者心情穩固的要素。臨床上也發現，家人的強烈支持，對復原具有正面的幫助。然而，有些家人的愛實在太深了；對有些生還者或家屬來說，極度密切的關係所帶來的，往往是令人窒息的壓力。

在過去我所經歷過的一次次災難中，看到最多的是以各種不同方式呈現出來的「愧疚感」。震災過後，婦人面對著丈夫和兒子的死亡，心裡有很深的愧疚感；她不敢出遠門，深怕一旦走遠，家裡又會發生不幸之事。風災肆虐之際，當熟睡的丈夫醒來，赫然發現失智的妻子已經自行離家且遭大水沖走；從此以後，睡眠對他而言，竟形同禁忌，甚至出現失眠症狀。這些愧疚感，影響著這些生還者或家屬的各種行爲，甚至出現各種適應上的障礙，有些人甚至不曾察覺這些障礙對自己已經產生多大的影響。這些都吻合了本書後半部所描述，許多乘客在回顧災難時所出現的罪惡感和不安。本書也描述了幾名乘客在生死交關的時刻，掙扎著是否要去拯救另一名仍受困在機艙裡的乘客。在恐懼之中、在自保和救人的超我道德交戰下，這種「沒有盡力」的「自責」，轉變成生還之後永遠的傷痛。「有沒有盡力」，似乎成了這些乘客自我評價中很重要的指標。然而在生死一線之間，究竟有多少人能放下自己的生命去救人？即使已經盡了全力，這些乘客仍舊自責不已。

在協助生還者和罹難者家屬時，我還發現，許多家屬認爲只要避免提起創傷事件，這些事情就會「過去」，其實並不然。「不去說」，只是讓當事人或身邊的人「以爲」事情已經過去。這其實是一種假象，或說是隱藏了家屬自己的「不想提起」及「愧疚感」。我在協助一個失去母親的十歲男孩過程中，看到父親一開始對於「心理輔導與諮商」的排斥，想讓孩子遠離這些不斷提起母親死亡的話題。而我在幾次家庭訪視中所發現的，卻是這孩子有增無減的創傷——這細心且善體人意的孩子變得越來越沉默。他十分想念母親，但又不敢在父親面前提起。在他小小的心靈裡，知道「父親不喜歡我提起媽媽」。他只好躲起來默默流淚，極力壓抑自己的情緒。直到父親發現孩子的貼心時，兩人不禁相擁而泣。當父子倆開始不再避諱地對妻子和母親的思念，他們發現，其實「想念母親或妻子不是一件祕密」、「母親或妻子眞的有很多值得我們想念的地方」。

身爲一個心理輔導工作者，在每個協助復原的歷程中，我總是在找尋自己能改變的是什麼。我對於生命的看法是：雖然無法選擇自己的遭遇，但是總能夠選擇要用什麼態度去面對吧！這是我樂於和人分享的生活態度，平常時候還挺管用的。但是，在協助災難中的生還者和家屬時，他們並不一定能夠接受。他們痛苦且抗拒地告訴我：「你不是我，你是不會了解的！」而我也學著接受這個事實。因此在協助他們時，我從來不敢說「我了解你的心情」——因為我確實無法了解。我想，每個人都有自己的感受、自己的故事，還有自己表達感情的方式，絕對不是其他人所能完全了解。沒有親身經歷過的人，固然無法體會；即使人與人之間有共同的經歷，也不見得會有相同的感受。我通常會誠實地告訴他們：「我可能眞的無法體會你的感覺，但是我相信對你一定是極大的打擊，而我也看到這個打擊對你的影響。」我也慢慢讓他們知道，創傷復原歷程的快慢，不在於我是否了解他們的創傷有多大，最重要的是，生還者和家屬們能否看到這創傷事件帶給他們哪些方面的影響。另外，臨床上也發現，如果這些有類似創傷經驗的人，能夠透過團體治療的方式，宣洩災難事件發生的經過與感受，分享目前復原狀況與困境，便能藉由團體中的支持與凝聚力，讓大家有同舟共濟的扶持力量，進而朝著相同的目標，共同踏上未來的旅程。

除了生還者和家屬之外，救災人員的心理復健，也是重要的工作。或許是救災人員的天職和使命感，他們總是覺得盡力挽救受害者是他們應盡的責任。每當談及救災過程中的種種，他們便說出當時的情況是如何的驚險，不難想像出他們當時英勇的模樣。臨床工作中，我也接觸過一些在救災現場英勇無比，但是等到救災工作結束後却連連失眠、腦海中常常重現災難畫面的救災人員。他們最大的困擾，便在於不允許自己「害怕」；因爲那無疑是與「不英勇」或「懦弱」畫上了等號。當一個人拒絕接受自己的樣貌時，內在和外在便開始出現拉鋸，產生了矛盾和衝突。承認自己的無助，並不表示自己「無能」，這是我們必須克服的迷思。我們必須承認，有些大自然或災難的力量，是再怎麼堅強的血肉之軀也難以抵擋的。

許多人經歷過災難之後，會出現所謂的「PTSD」（Post Traumatic Stress Disorder），也就是「創傷後壓力症候群」；其症狀包括：過度悲傷、害怕回憶、注意力不集中、出現與災難有關的惡夢、對自己的存活感到內疚等。本書中的許多生還者，都出現這些症狀。如果我們都能夠了解災難事件所可能帶來的這些影響，相信在與經歷過創傷的人相處時，會多一點包容與關懷。

讀者們閱讀這本書的時候，除了深入了解這件航空災難的始末之外，不妨可以試著去了解這些生還者及罹難者的家屬，是以什麼樣的態度去面對生命中的逆境。當我在本書最後讀到每個生還者後來的狀況，以及如何走過那段傷痛，內心感觸良多。雖然大部分的生還者都接受過心理輔導，但是恢復的狀況並不一致，不是每個人都能夠順利熬過來。許多經歷過災難事件的人，更能看到生命的可貴。從生死關走一遭，他們會驚嘆「活著眞好！」而更加珍惜自己身邊的所有事物；他們更淸楚自己爲何而活。

將身受重傷的副駕駛救出的消防隊員，在四年後再度看到副駕駛，懷疑地問：「我到底是救了你還是害了你？」副駕駛的回答讓我心裡著實感到佩服。即使他滿身傷疤，仍能這般樂觀，並且展現對生命的熱情。

災難之後，生還者和罹難者家屬一步步地努力走過傷痛，和自己身體與心靈的創傷搏鬥，未來也許還有一段很長的復原之路。衷心期盼曾經受到創傷的人，能夠像浴火重生的鳳凰，再度展翅高飛。

（本文作者爲實踐大學社會工作學系講師及台北縣立醫院諮商心理師）

I 螺旋槳

1 磨一磨

那一天，克里斯・班得爾看到滿屋子挺著啤酒肚的修車工人，他的生命就此改觀。他一向溫和、有禮而誠懇，但還不確定自己想過怎樣的生活。他只知道，看了一眼修車工人，就明白自己不想變成其中之一。想到自己可能終其一生都得修車度日，說不定以後還得拖著中年身軀去考另一張修車執照，他嚇壞了。他還年輕，不該放棄夢想。

他的夢想的確是從汽車開始的。幾年前，他還是個藍眼珠、金長髮的高中生，愛穿秀出結實身材的緊身衣，開著一台馬力加強雪佛蘭跑車，參加北卡羅萊納州的直線加速賽。畢業後，他進入一間汽車修理廠工作，後來又到南卡羅萊納州的這間車廠上班。

在車廠與那些已經沒有夢想的同事共處一室，克里斯知道自己該做點不一樣的事。問題是，做什麼？

一定是跟手工勞動有關的事，他很清楚。他喜歡用手工作。他的身高不過五呎七吋，卻有雙大手。他的父親路克・班得爾是家族第三代麵包師傅。路克自己當年被迫繼承家業，不願讓兒子的未來也被家族歷史所限制，便決意讓兒子走自己的路。

一九九三年秋天，克里斯在當地報紙的求職欄上，發現一個徵求飛機技工的廣告。飛機。嗯，這應該是個特別的工作。

「漢米爾頓標準公司」正在徵求喜好機械、工作態度佳，且具備良好閱讀能力的技工。克里斯覺得自己還滿符合這些條件的。他上過一所兩年制技術學校，也曾是個優秀的汽車技工。儘管他坦言對超音波技術一竅不通（他以為超音波只用在孕婦身上），他的表現仍然讓面試官留下深刻印象。一連串的面試與性向測驗逐步篩檢五百位應試者，最後將錄取二十位。面試官對克里斯的印象是好奇心強、細心、能參與團隊，而且肯學肯幹。篩選出的應試者得接受一周四天，整修螺旋槳葉片的訓練。主考官仔細檢查克里斯處理的葉片，讓他緊張起來。不過，主考官對克里斯的表現很滿意。一九九四年一月，漢米爾頓標準公司雇用了他，派他到夏洛特近郊的岩石丘維修廠工作。

脫離了修車工生活，克里斯現在任職的公司，可是一間營業額達數十億美金，自航空業初期就發跡的跨國航太公司。

漢米爾頓標準公司的產品很多樣化，像是微處理器、先進光學系統，還為美國太空總署製作太空衣。來往的大客戶包括洛克希德馬丁公司、龐巴迪公司、勞斯萊斯公司，以及美國政府。公司員工總數多達八千五百人，遍布全球；包括設於康州文索洛克斯的總部，以及布拉格、新加坡，和吉隆坡的分公司。

在岩石丘的前幾個月，克里斯的工作是更換和修理螺旋槳外部的鎳質蒙皮與玻璃纖維組件，後來則負責檢查並修補葉片的中央空心部分（即所謂的「錐形漸縮孔」）。

平心而論，克里斯非常小心謹慎地做好這件工作，而且完全遵守工作手冊的指示。他必須十分了解工作上使用的工具，包括管道鏡、超音波器材和研磨機。

在都市邊緣的工業園區裡，鎮日與飛機螺旋槳爲伍，這份工作也許不是人人滿意，但克里斯卻樂在其中。漢米爾頓公司給他九元美金的時薪，還附加保險。薪水比不上他之前修車的收入，不過公司說，認眞工作的話，以後就有機會拿到十二塊五美金的時薪。而且，克里斯才二十三歲；他已經擺脫那間乏味的修車廠，成爲一個負責修護飛機螺旋槳的技工了。

最早的螺旋槳是木製的。十三世紀末的歐洲，風車上的大型旋轉臂，跟它們算是遠親。這些旋轉臂是粗陋模仿自鳥類的翅膀。當時，只能站在地上的人們還搞不清能讓鳥類飛翔的神祕羽翼是怎麼一回事，有識之士開始思考可以和鳥類一樣翱翔天際的方法。十五世紀時，達文西畫出了直升機螺旋槳，以及可以上下擺動機翼的撲翼機飛行器草圖。兩個世紀後，法國的熱氣球駕駛也使用手動螺旋槳來控制氣球的行進，但是成效不彰。

一九〇三年十二月，萊特兄弟製造出第一具可操控的動力飛行器，在首飛日創下飛行距離最長八百五十二呎的紀錄。這架「飛行者號」飛機的機翼下設置了兩個螺旋槳，推式螺旋槳葉片超過八呎長，由三層雪杉木板膠合而成，葉片尖端覆以帆布並上了鋁漆。

直到第一次世界大戰以後，金屬才開始成為製造飛機螺旋槳的主要材料。林白（Charles Lindbergh）在一九二七年飛越大西洋所駕駛的飛機，就是使用金屬製螺旋槳。他只帶了五個三明治，坐在一張藤椅上駕駛飛機，還得克服睡意，最後終於完成了歷時三十三個小時，從紐約飛至巴黎的壯舉。他駕駛的飛機命名為「聖路易精神號」，飛機上的兩支螺旋槳葉片，是由標準鋼鐵螺旋槳公司（即漢米爾頓標準公司的前身）以「硬鋁」合金製成。

到一九九四年三月，漢米爾頓標準公司已經出產了一萬五千片螺旋槳，在世界各地的飛機上運轉著。

然而，就在同一個月，兩片由漢米爾頓標準公司生產，其後分別安裝在兩架商用客機上的螺旋槳葉片，卻因為金屬疲勞而斷裂。

其中一個葉片在加拿大的冰湖上空損毀，另一個則是在巴西境內二萬二千呎的高空。雖然兩架飛機都安全降落，但一個月內發生兩起意外實在非同小可，是該公司的一大危機。

第一個葉片的毀損比較戲劇性。一架ATR-42型加拿大區間客機右翼螺旋槳組件上的金屬零件破裂，碎片擊穿機身，導致客艙失壓，打壞了第三排一個靠窗座位，而且在機身上留下一道長四十一吋，寬一吋的裂痕。

不是所有金屬疲勞的裂縫都會清楚出現在螺旋槳葉片表面。某些裂痕形成於內部，雖然看不見，卻可能隱藏著更大的危險。就像地底下移動的板塊一樣，經過一段時間，這些斷層可能浮現至地表，造成致命的破壞。

調查人員指出，這兩起於一九九四年三月發生的螺旋槳失效事件，係由於漂白過的軟木塞造成金屬疲勞所致。軟木塞是用來塞住葉片上的漸縮孔，而軟木塞的漂白劑裡含有氯。（木塞製造商用氯來漂白軟木塞的顏色。氯在醫療上還可以當作抗菌劑。）氯含有腐蝕性，會使葉片內部的鋁產生小坑洞。

調查人員在研究破碎的葉片時，發現了這些坑洞。這些坑洞是金屬受到腐蝕的結果。假若螺旋槳葉片上有一個坑洞，那麼飛行時的應力便會使得葉片沿著這個小坑洞開始破裂。一旦裂縫達到破裂的臨界長度，而降低了葉片的安定性，那麼葉片斷裂就是遲早的事了。

一九九四年三月的這兩起事件，讓漢米爾頓標準公司的高層開始作危機處理，也發了通告給所有分部。而美國聯邦航空總署幾乎在同時發布命令，對漢米爾頓標準公司所出產的一萬五千片螺旋槳葉片做超音波檢查。只要在現場檢查出任何瑕疵，就必須把葉片送回公司做進一步的評估或補強。

而負責大部分檢修工作的，就是南卡羅萊納州岩石丘的這間維修廠。

回廠葉片中，有一片序號861398的14-RF-9型螺旋槳。這種葉片是裝配在雙發動機渦輪螺旋槳飛機上，除了具有氣動力美感，其形狀也與功能配合得恰到好處。14-RF-9有五呎長，約三十磅重，有一個漸縮式的鋁製槳葉柄，還有平滑的玻璃纖維表面。葉片上還覆有鎳質蒙皮，避免閃電與腐蝕的破壞。

861398葉片是沒通過超音波檢查的四百九十個葉片之一。檢查結果顯示，這個葉片的轂上可能有一個十四吋長的裂縫。它先被運送至漢米爾頓的康州總部，接著在一九九四年六月七日，轉送到岩石丘，交到克里斯的手中。

近兩周來，克里斯每天工作十到十二小時，每周超過六十個小時，每天處理的葉片有時多達五個。雖然累，但他不在意。每周超過四十小時的部分，每小時可以多拿五成的時薪。

維修廠的技工們用管道鏡檢查回廠葉片的中央空心部分。管道鏡是根細長桿狀，看起來像吸管的一種工具；一端有個目視鏡，另一端則是鏡子。桿內有一條光纖電纜，可以發出強烈的白光。

克里斯從管道鏡裡看到的是一比一的影像，並沒有放大，和肉眼所見相同。

這一天，克里斯來回移動管道鏡，察看葉片內部的狀況。上、下、上、下，總共重複了六次，緩慢而有條理，每次都持續了好幾分鐘，而且每次檢查都涵蓋前一次的範圍，以確保沒有遺漏之處。

克里斯仔細檢查是否有白色的粉末殘渣——這可能代表金屬上有受腐蝕的小坑洞。他也察看是否有其他技工不小心造成的工具痕跡。他必須找出葉片沒通過超音波檢查的原因。

最理想的情境是，早先超音波所檢查到的「裂縫」是誤判，其實是漸縮孔表面上小小的不平整而已，很容易就可以磨光。「磨一磨」是技工用來形容這道磨光手續的術語。二度複檢時，磨光過的「假裂縫」便可以順利過關。

而最糟的情況，則是葉片的鋁製槳葉柄深處確實有金屬疲勞的裂縫。超音波檢查的目的，就是要發現可能造成危險的裂縫，即使是最細微的也不放過。

維修廠的主管一再告訴所有技工，寶貴的生命操縱在他們手中。每次發生航空事故，不管失事飛機是使用噴射引擎或螺旋槳，他們都會在早上七點半的會議中討論。對克里斯來說，他早就決心要非常仔細地檢查每一個葉片，就好像葉片會裝在他家人所搭的飛機上一樣。

一九九四年六月，在克里斯的管道鏡之下，序號 863198 葉片並沒有任何腐蝕坑洞、裂縫或工具痕跡，也沒發現漸縮孔表面有時因做珠擊處理而造成的不平整；珠擊就是用氣壓將鋼珠或玻璃珠高速噴射至葉片表面，以加強其防裂性。早先，漢米爾頓標準公司就已經決定省去珠擊的程序，而美國聯邦航空總署也同意了；包括序號 861398 在內的許多葉片，完全沒經過珠擊處理。

不過，還是有某種原因使得 861398 葉片未通過超音波檢查。根據克里斯所受的訓練，他認爲這個「原因」，可能是葉片中空的內部表面有個小瑕疵。所以，他按照既定步驟，使用一把氣動力噴槍、數個砂輪，還有一些更細的砂來磨光——磨一磨——這個小瑕疵；這個由超音波檢查顯示出的可能裂縫，就出現在葉片的漸縮孔上。

他把鑽桿放進葉片內壁需要打磨的鋁合金部分。接著他磨掉了約千分之二吋的長度，差不多是一根頭髮的寬度。

他將空氣噴進漸縮孔內，除去研磨所產生的灰色細屑，接著拋光表面，以消除研磨所產生的痕跡。這麼做的目的是要讓表面回到原本的光滑狀態；因爲若留下研磨痕跡，可能會影響到下次的超音波檢測，導致無法偵測到深層是否有裂縫。克里斯拿了一塊四乘六吋的長方形平板試片，跟葉片上的拋光結果做比對；試片上畫分成幾個測試區塊，每個區塊有不同的表面精工處理。最後測試則憑觸覺來決定：他拿木銷磨擦已拋光的葉片表面，再磨擦試片做比較，以確定葉片的表面處理與拋光前一樣。

這個工作冗長、耗時，而且是必要的程序，克里斯覺得自己做得很不錯。拋光過後，還要再用管道鏡檢查一次，然後由負責技工簽名，結束 861398 葉片的檢驗程序。他寫的字小而密，還有錯字：「沒看到裂逢，已磨一磨問題區域。」接著簽上他的姓名縮寫與日期：CSB, 6/7/94。

克里斯認爲自己善盡職責。一切都依照受訓時的標準程序，使用的也是工廠提供的工具。他根本不知道，也完全沒想到，這個葉片內部其實眞的有道致命的裂縫。

同年八月，861398 葉片通過了美國聯邦航空總署的第二次超音波測試。漢米爾頓標準公司將葉片送回大西洋東南航空公司，安裝在巴西航太公司製造的一架 EMB-120 型客機（也稱爲「巴西利亞型」）的左翼螺旋槳上，出廠識別碼爲 N256AS，是容納三十人的商用客機。

接下來的十一個月，這個葉片累計了二千三百九十八個飛行時數，大約載送了三萬五千名乘客。一九九五年八月二十日星期日晚上，當這架飛機降落在喬治亞州梅肯市時，業已轉動約一億八千七百萬次，沒有任何異常狀況。

II 飛航組員

2 檢查

一九九五年八月二十一日，星期一。大西洋東南航空公司（ASA）早上十點零五分從梅肯飛往亞特蘭大的班機誤點。機長艾德・甘納維、副駕駛麥特・沃曼丹及空服員蘿萍・費可提早四十五分鐘就位，卻獲知飛機在棚廠的維修工作還需要一些時間。

N256AS客機前一晚十一點三十分抵達梅肯，進行基本的「C級翻修」。這是飛機飛行時數達三千三百小時後的例行維修。到站的大西洋東南航空機長吉羅德・艾許回報說，這架巴西利亞型小飛機飛行中操作一切正常，只有一個冷氣循環組件有點故障，起飛後只能排出熱氣。除此之外，N256AS和停在機場的其他巴西利亞型飛機似乎沒有什麼差別。一整晚，技工們做了各項必要的檢查，包括目測螺旋槳有無裂縫或損害；結果顯示一切正常。

飛航組員才剛過完一個辛苦的周末：大雨滂沱，使起飛時間延了又延，還有等得不耐煩的乘客。周六晚間接近午夜時分，在田納西州東部的三子城機場，艾德、麥特和蘿萍一同站在路旁，心裡卻覺得孤單；路燈映照著雨絲，狀甚淒清。他們等待著汽車旅館的接駁車——這天什麼都延誤，連接駁車都遲到。三人一身狼狽，結束了這天長達十五個小時折磨人的飛行——一早從南方某個小城起飛，現在身在另一個小城。到了汽車旅館，機長艾德打了通電話回家給妻子潔琪。他從清晨六點離開家門，至今已經過了十七個小時，聲音聽起來既沈重又疲累。「辛苦的一天，」他說道：「天氣很差。」旅館夜班經理替蘿萍開了廚房，她拿了麥片、牛奶、塑膠碗和湯匙回房間。雖然稱不上是五星級的餐飲，但至少能幫助入睡。星期天早上七點半，飛航組員已經回到三子城機場展開當天的航班，傍晚抵達梅肯，剛好趕上回家吃晚餐。

星期一早晨，他們起身準備就緒。今天有六個班次要飛，中途得在喬治亞州的阿爾巴尼過一晚。

這不只是一份糊口的工作，這是他們過的生活。

十點零五分從梅肯飛往亞特蘭大的班機客滿。共有三十人登機，包括一名「死頭」（免費搭乘的同事）——大西洋東南航空的另一名機長東尼．艾伯洛，坐在觀察位上。

在等候延誤的班機時，東尼跟艾德聊了起來。艾德剛理過頭髮，看起來相當清爽自在。後來東尼出去抽菸，看到副駕駛麥特正在看小說，指間也夾著菸。

終於，N256AS班機被拖曳到登機門，麥特開始進行起飛前的三百六十度機外檢查。一般而言，這只是形式上的最後檢查，大概五分鐘就可以完成。這個慣例源自於飛行年代早期，因爲沒有其他人知道該檢查些什麼，所以飛行員必須自己做飛機結構檢查。麥特按照檢查表上的項目進行。像他這種每天要做六、七趟機外檢查的飛行員，幾乎都是憑記憶在檢查的。

麥特察看輪胎有無割破、過度磨損的地方，或是螺絲釘有沒有鬆動凸了出來。他檢查機頭兩側的空速管進氣口；該裝置能提供駕駛艙內的高度、垂直速率及空速等儀表的數據。然後檢查兩側機翼前緣，看看有無遭到鳥擊而受損，同時評估這架巴西利亞型飛機外部的整體狀況。

接著是機身兩具引擎上共八個螺旋槳葉片，確認每扇葉片連接端用以防護的油封並無漏油情形。此外，還得察看葉片有無受損——轉動中的螺旋槳葉片在滑行時不只產生推力，還會形成具有一定力度的龍捲風，能將石頭等物體從地面捲起，偶爾會傷及葉片。

麥特沒有在八扇葉片上發現任何異狀，包括左側的861398號葉片。

3 空中舞台

巴西利亞型飛機的客艙只有十排座位，僅能容納一位空服員。蘿萍將南方人的熱情，帶進了這個狹小的空間裡：你上了她的飛機，就等於到她家作客：她會盡情招待你，除非你惹毛了她。

蘿萍的聲音帶有濃濃的喬治亞州口音。來自全國各地的商旅人士，倉促地在亞特蘭大轉機，可能一時忘記置身何地，但只要聽到她親切的招呼：「嗨！歡—迎兒！」，馬上意識到自己身在南方。

蘿萍風趣親切，淡褐色的眼睛大而明亮，有點像老牌影星貝蒂・戴維斯（Bette Davis）。不過要是碰上她情緒低落，淡褐色瞬即轉爲灰暗，彷彿黑夜降臨。

幾個星期前的班機上，大西洋東南航空的乘客才見識過蘿萍發威。飛機在跑道上滑行，蘿萍正在做安全示範，後排卻有位乘客和身旁的同事放聲大笑。

突然間，只聽見蘿萍的聲音在機艙中迴盪：「10D的旅客，你沒有注意聽！這說不定哪天會救你一條小命！」被罵的乘客馬上噤聲。

相信很多空服員也很想這麼做，卻礙於禮貌而忍了下來。

但蘿萍才不管。這是她的飛機；這是她的風格。

一九九三年二月，蘿萍參加大西洋東南航空公司的面試。她發現空服員的招募過程，簡直是蓄意醜化這個行業。

大西洋東南航空給空服員的簡介資料，讀起來像衛生署的警告標語：「長時間地走動、彎腰、搬運重物，最重可達七十磅……出勤地點輪調，工作時數不定……空氣乾燥……光線不足，密閉空間……」聽起來好像在礦坑工作似的。

但蘿萍不會輕易放棄。那時她三十四歲、沒有大學文憑、剛剛恢復單身，正要重新出發。一九八七年她嫁給同鎮的男孩，是自己教母的兒子，婚禮在喬治亞州雅典市的喬治亞飯店舉行，她的父母三十年前也在同一地點舉行婚宴。同樣的開始、相似的結局——蘿萍後來也步上父母離婚的後塵。她形容自己的婚宴：「婚禮很完美，只是選錯新郎。」一九九二年離婚之後，蘿萍考慮要作律師助理或呼吸治療師，剛好有朋友提到大西洋東南航空。

大西洋東南航空當時是美國東南部國內線龍頭。一九七九年首創之初，飛 DHC-6「雙水獺」機種，一天五趟，往返於喬治亞州的亞特蘭大和哥倫布之間。八〇年代亞特蘭大開始繁榮，大西洋東南航空在該區發展出便捷有效率的駁運模式。大西洋東南航空營運第一年，載客量爲一萬二千人次，第五年已達到三十五萬人次，引起達美航空的注意。一九八四年，大西洋東南航空成爲達美的聯營夥伴，是「達美國內轉機線」。到了一九九五年，大西洋東南從亞特蘭大與達拉斯－沃爾斯堡兩個轉運站，每周發出四千一百多次航班，連結六十四個城市。

空服員面試當天，蘿萍來到大西洋東南航空總部，等候室中擠滿了應試者。蘿萍向每個人介紹自己，讓所有人交換電話號碼，以便互相交流面試經驗。應徵者隨後都進入一個大房間，寫下姓名、住址，以及想當空服員的原因，接著是一對一的面試。面試後，航空公司告訴蘿萍：「我們希望妳回來作第二次面試，但離開這裡後請保密。」來不及啦——當晚她的電話線幾乎要燒起來，透過蘿萍一手策畫的電話聯絡網，應徵者很快就知道誰榜上有名。

航空公司安排了爲期四周的密集訓練，蘿萍叫它「芭比戰鬥營」。她必須接受服裝儀態的訓練，並且背誦起飛前、飛行中宣布事項的用語（「萬一飛機迫降水面，請利用您的椅墊當作浮板……」）。她還要記三個字母組成的航站代碼。有些很簡單，如肯塔基州的列辛頓（Lexington）是LEX、格林維爾／斯巴達堡（Greenville/Spartanburg）是GSP，其他比較難記的，航空公司用趣味聯想法，幫助空服員記憶。瓦可（Waco）是「牛仔城」（"A Cowboy Town", ACT）、路易斯安那的亞歷山大（Alexandria）是「特潮林」（"Extra Swampy Forest" ESF）。她學了一些行話：「藍室」指的是洗手間、「死頭」是指免費搭便機的員工。她也學到清理客艙時，絕不能看也不看就直接把手伸進座椅後方的椅袋，以前就有空服員被針頭扎到。

此外，蘿萍明白她的首要責任就是維護乘客安全。空服員訓練課程包括一系列的危機處理：情境一，懷孕的乘客出現陣痛，而另一名乘客同時間心臟病發，怎麼辦？情境二，客艙前段洗手間內一截菸蒂引發火苗，同時間在客艙後段有一名乘客在「扣緊安全帶」的指示燈亮起時，仍站在走道上，怎麼辦？學員必須根據指示手冊，迅速果決地處理。另一項測驗中，飛安教官扮演機長，在駕駛艙中指示要緊急降落，空服員應該要馬上問機長下列問題：何種緊急事件？我有多少時間能讓乘客準備好？降落時是否有警示燈或警鈴？疏散的信號為何？每位學員都必須模擬長達數分鐘的緊急情況宣告，且要一字不漏。有些學員太過緊張而表現不佳，但蘿萍撐過去了。

一九九三年是蘿萍在大西洋東南航空的第一年，工作既辛勞又不被尊重，年薪只有一萬兩千四百美元。不只一次，乘客朝她喊道：「嘿，服務生。」後來，她開始飛喬治亞州中部「蚋線」以南的過夜航班，飛到密西西比州沿岸以及田納西東部的三子城。蘿萍往往一天工作十六小時，卻只有八小時支薪。根據公司規定，機輪後的墊木移開後，才開始計算工時，引導乘客上下飛機的時間不算在內；這點爲所有大西洋東南空服員所詬病。

不過，蘿萍仍然熱愛這份工作，她喜歡飛航組員間的情誼。她特別喜歡起飛時，坐在專屬座位上，感受雙引擎渦輪螺旋槳轉動，讓飛機平穩上升。她喜歡巴西利亞機型，還給這種小飛機取了個別名叫「銀色子彈」。她已經能駕輕就熟地通過機艙內的狹小走道，不時小心地扭一下臀部，以免撞到旅客，或舉起雙手，扶著座位上方的行李櫃，保持平衡。她也對旅客登機時偶爾的抱怨習以爲常：「我才不坐這種小不拉嘰的東西！」「我的媽啊，這是螺旋槳飛機！」蘿萍總會回答：「喔，別這樣嘛！很好玩的！」她喜歡當機內唯一的空服員，感覺自己身負重任，整個客艙由她來當家。

蘿萍的制服是藍色人造纖維長褲，外加同款背心；再戴上金色耳環，別上識別用的雙翼式樣胸章，最後在挽起的髮髻繫上海軍藍的大蝴蝶結。她了解這一行的藝術。她要在震天價響的螺旋槳聲音中，讓自己的聲音突顯出來。她和乘客之間總有話題，並直覺知道哪些客人願意一起同樂，而哪些客人想獨處。兩種人她都能應對自如。

蘿萍從小開始學舞到將近三十歲。先學芭蕾，然後爵士，後來還在媽媽開的芭蕾舞社教舞，直到膝蓋無法負荷爲止。中斷跳舞後沒有幾年，原本瘦削的臉頰開始變得圓潤。但她並沒有忘卻習舞的寶貴經驗；只要舞台燈光亮起，她就能上場表演。

大西洋東南航班的飛行時間多半在一小時內，時間太短無法供餐。蘿萍會用托盤多次遞送飲料及酥脆的花生給旅客。若有人大聲嚷嚷道：「我還以爲會有牛排咧。」蘿萍會把花生放在找碴仁兄的餐桌上，眨眨眼說：「牛排來了！」

蘿萍對乘客們總是充滿好奇；他們既是她成就感的來源，也讓她感到神祕難解。每個班次會遇到的人與事，都是未知的。在航程中的空檔，蘿萍有時會揣想乘客平時過著什麼樣的生活。她根據他們的心情或外表來猜測，但是無從驗證。

蘿萍一直收著一張父親的舊照片。杜恩・費可年輕時是海軍飛行員，隸屬於「艦隊對空砲彈菁英單位」。照片中的他，身著制服，手捧頭盔，儀態英挺，正要登入駕駛艙。蘿萍總說：「很帥吧！他年輕時迷死人。」

她的父母因一次空難事件而相識。一九五五年，克勞蒂・昂德伍與一名海軍飛官訂婚，飛官所駕駛的噴射機卻在結婚前兩個月撞山墜毀。已故未婚夫所屬的飛行中隊派遣他生前好友參加葬禮，獻上國旗。那位好友就是杜恩・費可。

克勞蒂是達美航空早期的空姐，幾年後嫁給杜恩。婚後夫婦倆定居克勞蒂的家鄉——喬治亞州雅典市，兩個女兒蘿萍和克萊美相繼出生。其後婚姻出現危機，杜恩便獨自搬到喬治亞州南部，以養殖鯰魚維生。蘿萍當時才小學三年級，並不清楚全家會跟著搬去，還是爸爸已拋棄他們。不過後來一家人都搬過去了。

後來的幾年，每次聽到父母爭執、相互咒罵時，蘿萍和克萊美兩姊妹總是互相扶持。蘿萍的父母在一九七三年離異，克勞蒂帶著兩個女兒回雅典市，開了一家芭蕾舞社，與前夫分道揚鑣。杜恩後來再婚。即使他只偶爾來看女兒，克勞蒂也無所謂。她的個性剛毅，而且不怎麼想讓杜恩分享女兒。

克萊美並不在意與父親分離，但姊姊蘿萍就無法淡然處之。蘿萍和其他小女孩一樣，渴望爸爸的擁抱；她覺得被爸爸遺棄了。一直以來她都希望爸爸能以她爲榮，但這似乎是遙不可及的夢想。

一九九四年夏天，杜恩發現自己得了癌症，醫生爲他切除部分肺部。克萊美到喬治亞州的甘斯維爾市探望他，父女倆聊了彼此的生活及生死大事，重拾父女情。蘿萍也去看了父親，兩人之間卻沒有類似的深談。家人都說，蘿萍簡直是杜恩的翻版，兩人一樣固執。蘿萍知道，她和父親的關係不可能圓滿，她說：「我們之間比較像是惡性循環的螺旋。」

杜恩在一九九五年春天撒手人寰。過世前兩天，兩個女兒來到醫院，病榻上的父親顯得衰弱而蒼白。蘿萍心想，父親看起來「簡直就是一具屍體」。

杜恩是陽剛型的男人，喜歡高爾夫，享受上等烈酒，不擅言詞。在病榻上，他緩緩說道：「女兒啊，我知道妳們這些年來並不好過……」他來不及把話說完。

蘿萍默默站在垂死的父親身旁，既愛他又氣他，終於哭了出來。

經過飛往三子城的辛苦周末，一九九五年八月二十日星期天晚上，蘿萍終於回到位於梅肯的家，心裡惦記著男友。一年前，蘿萍結識大西洋東南航空的技工柯利思・普萊思，他的個性沈靜，和蘿萍的健談剛好互補。蘿萍喜歡與人互動，與飛機上的熟客天南地北閒聊；柯利斯則喜歡獨處，埋頭與飛機引擎奮戰。

她三十七歲，而他才二十三，兩人卻絲毫不以爲意。他比同年齡的人老成，而她舉手投足青春洋溢。兩人都和達美航空有淵源；蘿萍的母親曾是空姐，柯利思的父親是技工。兩人同病相憐；她剛離婚，而他婚約告吹。如今兩人在大西洋東南的羽翼下，相知相守。

蘿萍對人生沒有什麼幻想。一九九五年八月，年近不惑的她，年薪不過兩萬美元。她的「舞台」是位於二萬四千呎高空、三十一呎長的客艙。談不上是什麼人生夢想，不過反正足夠溫飽，又能樂在其中，再說又有了柯利思爲伴，夫復何求？

蘿萍和柯利思都派駐在梅肯機場的維修中心，位於亞特蘭大以南九十哩。飛機庫就在跑道旁，離主航廈很近，技工可以步行往返兩棟建築物。大西洋東南航空指派八組飛航組員常駐梅肯，包括機長、副駕駛、空服員，再加上四十位左右的技工。工作團隊關係緊密，愛好吞雲吐霧，對飛行充滿熱情。大多數人都是二、三十多歲，有些是軍人出身；幾乎所有人都希望能升到「一流的」大航空公司。大西洋東南員工一致覺得工作太多、薪水太低——這是區間航空公司從業人員普遍的心聲。

蘿萍和柯利思住在梅肯機場附近的同一區宿舍，愛苗因而滋長。她的個性天不怕地不怕，不會輕易動怒，就像她說的：「我才不會動不動就發火。」她在家裡常穿著一件睡衣，上面寫著：「空服員的職責是救你的小屁屁，不是拍馬屁！」

她也善於傾聽。柯利思雖然嚴肅內斂，卻願意對蘿萍吐露心中祕密。他們常常徹夜閒聊，談愛情、談人生，到凌晨仍未闔眼。心血來潮時，星期一早晨七點鐘，柯利思下班後，兩人直奔佛羅里達州度假；或到米雷維爾附近的欣克萊湖，坐在湖畔抽著菸，暢飲一打啤酒。他們沒有錢，但是他們還年輕，他們有彼此相伴。

大西洋東南航空前陣子租借了新的航機——英國出廠的BAe-146，柯利思和一些技工奉命前往英格蘭的曼徹斯特，接受爲期數周的專業訓練。

星期天晚上，蘿萍匆匆寫下一紙短箋，準備隔天早上到梅肯機場時，寄給幾天前動身的柯利思。信中夾雜著航空界的專用術語：

周六早上，AC＃211在10:45才到登機門，所以我們坐接駁車到GNV。天候影響，坐在ATL機上滑行兩小時，才到TRI城過夜，還好有算加班費。漫長的十五小時，但沒少賺$。

要想我喔！——小蘿

然後她在唇上塗抹鮮紅色口紅，在短箋上印上一吻。

4 展翅上騰

都柏林就和喬治亞州一百五十九個郡城一樣，生活品質好，教會組織完善，居民奉公守法。該鎮距離亞特蘭大有一百三十哩，正投其居民所好，因爲都柏林的人家根本不喜歡大都市。

甘納維家座落在林木扶疏的郊區，樸實而不造作。屋子寬敞雅致，有石板牆、雙車庫、游泳池，圍欄外掛著《梅肯電訊報》的黃色報箱（距離這裡最近的大城所發行的報刊），後院有個引溪流的小池塘。一家之主艾德十分熱愛戶外活動，還在壁爐上方嵌了一個鹿頭。秉性溫和的女主人潔琪，則儘量不往牆上看。

從亞特蘭大至沙凡那這一段十六號州際公路，很多遊客知道可以在都柏林歇腳。對艾德來說，這裡是教導三個兒子打獵、釣魚及飛行的活教室。九歲的小兒子羅伯特，對爸爸崇拜得不得了，在自己房間裡排著一長列玩具飛機。

夏末秋初的周五如果沒有排班，艾德會到都柏林扶輪社吃午餐，下午則整理庭院或在車庫幹活，晚上與潔琪同赴「橄欖球協會」餐會，觀賞當地高中的橄欖球校隊比賽，然後回家看十一點的夜間新聞。他很滿意這樣的生活。他不常參與機師間的社交聚會，飛回梅肯機場後，他通常直接開一小時的車，回家與妻兒相聚。

幾年前，他有機會從副駕駛升爲機長，卻遲遲沒有接受，因爲他不想搬到亞特蘭大。一九九三年三月，他升上機長，常常從都柏林開兩個小時的車到亞特蘭大，通勤往返大約一年之久。他與其他機師每周得在亞特蘭大機場附近留宿三晚，下榻之處十分簡陋，潔琪管它叫「破屋」。一九九四年他調職到梅肯機場，又可以每天回都柏林的家；這裡也是潔琪的故鄉。

艾德和羅萍一樣，熬過周末的航班後，在八月二十日星期天晚上回到家。當天下午，有位同事在亞特蘭大機場的大西洋東南航空休息室看到他，發現他身上的白色機師服皺巴巴，下襬也沒紮好。同事猜想艾德那天開了一整天的班機，他猜得沒錯。

周日晚上，艾德家裡頗爲熱鬧。隔天是開學日，十六歲的大兒子羅倫、十四歲的二兒子羅斯和小兒子羅伯特，感到既興奮又緊張。兒子們上床睡覺後，艾德看了國家地理頻道的特別節目，約十一點鐘就寢。

八月二十一日星期一，艾德在早上七點十五分起床。孩子們上課快遲到了，他在廚房喝咖啡時，說要載他們去學校。艾德自己必須在九點二十分抵達梅肯機場，等於是提前四十五分報到，準備駕駛十點零五分飛往亞特蘭大的班機，接下來還有連續五個班次。當晚在喬治亞州的阿爾巴尼過夜，隔天下午才能返家。

潔琪要送花到學校作為開學日之用，所以決定自己送小孩上學。晚上他們要給外婆過生日，會準備氣球什麼的。

潔琪匆匆出門前，看見先生站在浴室鏡子前。艾德穿著T恤和運動短褲，雖然已經四十五歲，仍像大男孩般精瘦結實。他正準備出去跑個幾哩，再開車去梅肯機場。他熱愛運動，還參加過鐵人三項競賽和馬拉松。在機場有空檔時，他偶爾會消失個二十分鐘。同事問他：「你上哪去？」他說：「散步。」在亞特蘭大機場內，常見他在航站上上下下，或是沿著機場電車軌道來回散步。有好幾回，其他同事想和他同行，不過沒多久就放棄了，因為誰也趕不上他。艾德的父親羅倫以前在維吉尼亞州養雞為生，四十七歲那年因心臟病發過世，對當時年僅六歲的艾德是個殘酷的打擊。後來艾德的媽媽改嫁，他雖與繼父關係日益親密，但始終擺脫不了無法深入了解親生父親的憾恨。他把大兒子取名為羅倫以紀念父親。

艾德正值四十多歲，他發誓絕對不錯過兒子的成長過程。他要在他們的生命中占有重要的一席之地。

他對三個兒子說：「晚上好好玩吧。」然後對結褵十九年的妻子說：「待會見。」潔琪快踏出家門時，聽到他補上一句：「我會打電話給妳。」

通勤航空業興起於二次大戰後，不過起源時間卻早於第一次世界大戰。根據戴維斯（R. E. G. Davies）及卡司特（I. E. Quastler）指出，一九一四年聖彼得堡與坦帕灣之間的「飛船航線」，是今日通勤航空業的始祖。這段十八哩的航線使用 Benoist 飛船，每趟僅載運一位乘客（通常是南下的遊客）橫渡海灣；不過前後只運作了三個月。早在一年前，芝加哥的麥可考梅克及紐約的羅森就每天搭機通勤上班；羅森甚至自稱是「紐約的頭號飛船通勤者」。

到了一九六〇年代初期，小型獨立航空公司激增；民航委員會稱之為「空中計程車行」或「三級航空公司」。後來通稱為「通勤航空公司」。一九七五年，通勤航空公司的載客人次達到七百萬人。

美國各地的中小型都市在八〇年代時成為經濟生力軍，通勤航空業者遂與大型航空公司訂定合作模式，將航線延伸至中小型都市的轉運站，使通勤航空業得到空前的蓬勃發展。通勤航空公司後來改組為「區間航空公司」，一九八五年的載運人次達兩千六百萬。十年之後，每年載運人次達到五千七百萬。到了一九九〇年代初期，美國內部有提供航線服務的地區中，有七成完全仰賴區間航空公司。二十一世紀的數字將會更驚人：估計到二〇一〇年，區間航空公司每年將有一億兩千萬的載運人次。

區間航空公司依照各個市場需求，採用合適的航機。不到三百哩的航路，就推重比、可靠度及成本效益而言，渦輪螺旋槳式飛機最爲適用。巴西利亞型飛機完全符合需求。

到了一九九五年夏季，大西洋東南航空擁有八十三架飛機，其中包括六十架巴西利亞型，是當時全世界擁有最多巴西利亞型飛機的公司。

這正合艾德的意。他喜歡巴西利亞，還有它有如跑車般的靈敏。艾德對潔琪說過：「必要時，我也可以讓飛機在田裡降落。」他一點也沒有誇耀的意思，他是眞的這麼相信。

艾德不曾擔心過墜機。他信任那些製造及檢查飛機的人員。此外，他如此熱愛飛行，也不容有悲觀的念頭。潔琪認爲或許所有的機師都必須這麼想，才能繼續飛行生涯吧。

即使如此，若傳出飛機失事，艾德仍會急切地收看新聞；例如聯合航空一架 DC-10 型客機在愛荷華州秀克市墜毀，全美航空的 DC-9 型在沙洛特墜機，還有美國老鷹航空的ATR型在印第安納州的羅司隆失事。他感覺自己和這些機師及其家屬，有種患難與共的情感。

一九九一年四月，一架大西洋東南航空的巴西利亞型客機飛往布藍茲維機場，於進場時墜毀在喬治亞州海岸，機上二十三人全部罹難。艾德和家人度假回來才聽到這個消息。當時他是大西洋東南航空的副駕駛，和這些罹難的大西洋東南航空員工並不熟識，然而他心中仍是不寒而慄。這起大西洋東南航空的 2311 班機失事引起許多關注，因爲機上乘客有兩位知名人士，一位是德州的前參議員陶爾（John Tower），另一位是太空梭上的太空人卡特（Manley

“Sonny” Carter)。失事的客機機頭向下俯衝，墜落在布藍茲維機場三哩外的樹林，摔成一團殘骸。調查結果顯示，左螺旋槳部分損毀，導致螺旋槳葉運作不當。國家運輸安全委員會調查肇事原因，認爲錯不在製造飛機的巴西航太或大西洋東南航空，而將矛頭指向漢米爾頓標準公司，指出其螺旋槳控制器設計不當，而認可此項設計的美國聯邦航空總署也難辭其咎。

美國自一九八五年引進的巴西航太 EMB-120 型，在九〇年代又發生另一起意外。布藍茲維墜機事件過後五個月，一架美國大陸快遞公司的班機在德州的鷹湖墜毀，肇因於高T型水平尾的水平安定面，飛行時從機身脫落。飛機在九千呎處，於塔台雷達幕上消失，然後盤旋墜地。一名農夫目睹了科羅拉多河對岸的玉米田中機骸燃燒的景象。他說：「爆炸時，大地都在震動。」這次意外共有十四人罹難；經過調查，失事原因是：前一晚的定期維修中，拆下四十七個螺絲扣件，卻沒有安裝回去。

國家運輸安全委員會耗時九個月，研究通勤航空業的安全性，於一九九四年十一月提出報告結果。整體而言，通勤航空公司的肇事率爲大型航空公司的一．七倍。但是該委員會表示，若除去該數據中所包含的直升機和十人座以下的小飛機，其肇事率和大型航空公司差距並不大。

該委員會並提出數項重大發現：㈠由於通勤客機快速興起，使得聯邦法律規定來不及因應；㈡三十人座以下的客機安全措施較爲鬆散，但一般民眾並不知情；㈢民眾並不清楚，通勤航空公司與大型航空公司共用班號的協議內容（乘客常誤以為大航空公司不但分享旗下的通勤航空子公司營收，也負責監控其安全措施，其實並非如此）；㈣與大型航空公司的機師相較之下，通勤客機的機師飛行時數較長，訓練期較短（國家運輸安全委員會曾訪查通勤客機的機師，八七%的受訪者表示曾因輪休時段安排不當，而必須在疲倦的狀態下出勤）。

根據上述研究，國家運輸安全委員會呼籲美國聯邦航空總署，將多數通勤飛機納入與大型航機一致的管制標準下。該項建議雖得到採用，但直到一九九七年三月才施行。

潔琪送兒子上學，然後開車上班。約九點鐘時，她在公司接到艾德的繼父「好運」亞瑟・麥卡恩的電話——他在二次大戰駕駛 B-25 轟炸機，曾在太平洋上空被擊落，乘著木筏在海上漂流好幾天。

好運亞瑟從南卡羅萊納州告知噩耗：艾德的表姐珍妮在周日墜機身亡。

亞瑟本來先打電話到家中給艾德，但沒人接聽。

艾德與珍妮感情很好，潔琪實在不忍心打擊他，決定等晚上他抵達阿爾巴尼再通知他。

雖然艾德的家族中不乏飛行員（他的舅舅巴比在二次大戰駕駛 P-51 戰鬥機），他卻是幾經曲折才加入飛行這一行。一九七二年他自南卡羅萊納州的美國長老會學院畢業後，一開始從事建築業，接著是租車行，然後是辦公室用品的業務員。他的中年危機提早浮現：他三十五歲，已婚，有三個小孩，在都柏林一家滅蟲公司上班，年薪三萬美金。他渴望一份能觸及靈魂深處的工作。當時潔琪已經取得喬治亞州立大學的社工碩士學位，並在都柏林的一所退伍軍人醫院工作。在她的支持下，艾德在八〇年代中期開始接受飛行訓練。

艾德彷彿天生就是要坐在駕駛艙內，飛行使他感到刺激，他也熱衷學習飛行技術。隨後他開始擔任飛行教官，以累積飛行時數。一位教師機師寫下對艾德的簡短評語：「假以時日必有傑出表現。判斷力佳，努力不懈。」

一九八七年初，艾德被公司派遣到都柏林的第一聯合衛理公會教會滅蟲。他在教堂內外噴灑殺蟲劑，尤其是角落及灌木叢間，容易藏匿蟑螂蚊蟲的地方。他遇到傑克牧師，要求私下一談。在牧師眼中，艾德一向是乖寶寶型的，容易相處，不會特立獨行。艾德現在卻告訴他想辭掉工作，追求夢想。艾德說：「我一直都很想開飛機。」牧師問道：「潔琪同意嗎？」他回答：「是的。」但他表示一開始賺不了什麼錢，擔心全家經濟重擔都落在潔琪肩上。牧師鼓勵他：「你還年輕，去吧。」然後引用了〈舊約．以賽亞書〉：「但那等候耶和華的，必從新得力，他們必如鷹展翅上騰……」艾德笑了。

隔年艾德應徵多家航空公司，苦苦等候回音。一九八八年，大西洋東南航空聘用他擔任副駕駛。

他成了充滿自信的飛行員。這些年來，他處理過好幾次緊急情況。一九九四年，他擔任機長，飛行時一具發動機故障，他利用第二具發動機，順利讓巴西利亞落地。潔琪說，僅有那麼一次，她看到他的恐懼。那天他很晚才到家，看起來筋疲力盡。當天飛往海灣港途中遇到大雷雨，連續從三個機場轉降；每當他準備落地時，烏雲便在四周聚集。當時燃油已嫌不足，乘客滿載，他祈禱能平安著陸。最後，他終於在阿拉巴馬州順利落地。

現在他希望能轉到大型航空公司，而且越快越好。相較於大的航空公司，區間航空公司的駕駛通常較年輕而經驗不足。到了一九九五年，艾德已有七年駕駛民航機的經驗，飛行時數近一萬小時，資歷足以引起大型航空公司的興趣。但是這不只是因為他想開更大、更快的飛機。四十五歲的他不怎麼年輕了，他常跟同事說他得養家活口。像艾德一樣資深的大西洋東南機長，一九九五年的年薪最多只有六萬美金，相較之下，達美航空的機長年薪從十八萬美金起跳，而且享有優渥的退休福利。大西洋東南的副駕駛更是困窘，他們的起薪只有一萬五千美元。

最近艾德才開始輪替與一名年輕的副駕駛同座，也就是麥特・沃曼丹。艾德告訴潔琪，這名新機師技術不錯，也很有自信。

二十八歲的麥特坐在駕駛艙內活像個大男孩；他身高六呎三吋，體重兩百磅，一張娃娃臉上充滿淘氣。他愛開玩笑，有時會挖苦人。麥特在加州長大，從小夢想成為飛行員。六歲那年，他在房間的天花板上懸吊了一架模型飛機。他常望著它，任由想像奔馳。他自稱「飛機狂」，在大學期間取得機師執照，先後開過塞斯納型（Cessnas）與派普塞米諾爾型（Piper Seminoles）的小飛機。

擁有第一架模型飛機的二十二年後，現在的他熱愛飛行工作，婚姻美滿。即使他年薪只有一萬五千美元，而且得彎腰屈膝把自己塞進狹窄的駕駛艙（他說有罹患「巴西利亞屁股症」之虞），但只要能實現夢想，這些都不算什麼。

一九九五年春天，大西洋東南航空從佛羅里達州維羅比奇的飛安國際公司，相中麥特。飛安國際公司為培訓出來的飛行員建檔、評定等級，然後送入人才資料庫，供數家區間航空公司挑選。

大西洋東南航空錄取了六名飛安國際公司的畢業生，麥特是其中之一。他在亞特蘭大的基地培訓六星期，又在巴西利亞模擬機——機師管它叫「小模」——練習了三星期。在模擬機內，培訓機師由四面和巴西利亞駕駛艙相同的窗戶往外望。他們得面對可怕的情境：即使飛機注定要墜毀了，也要堅持到最後一刻，直到模擬機內的視效凍結或變成紅色。（培訓機師會互問：「今天小模如何？」最慘的答案是：「我把小模撞爛了。」）麥特在模擬機內的螢幕上仔細研究亞特蘭大機場九號右跑道，畫面中還出現州際公路上車燈閃爍的景象。接著他在阿拉巴馬州的多丹學習夜間飛行，周日晚上結束培訓。受訓過程非常緊湊而累人，結束時，麥特以爲會放幾天假，星期一早上打電話去問排班時間，獲知他必須立即到新基地梅肯報到。第二天早上六點，他首度爲大西洋東南駕駛飛機，航路是從梅肯飛到亞特蘭大。他認爲實際飛行和模擬機上沒什麼兩樣，只是會聽到駕駛艙門後傳來乘客的交談聲。

麥特在言語中常流露對妻子艾美的愛意，讓他的大西洋東南新同僚印象深刻。一九九〇年，他們倆在麥特的家鄉初識；當時他在音響店工作，努力存錢念飛行學校，而她是專科生。經兩人共同朋友從中安排，艾美來到這家店；麥特以員工親屬的特惠價賣給她音響。兩人很快陷入熱戀，如膠似漆。麥特開始練習從口袋掏出求婚戒指，最後終於來真的，在加州酒鄉的小丘上正式向艾美求婚。

一九九五年夏天，一切對麥特都還是如此新鮮。幾星期前，蘿萍及男友送來自己烤好的千層麵，歡迎他們來到梅肯。

5 巴西利亞

預備搭乘從亞特蘭大飛往海灣港的ASA 529班機候機旅客，看著N256AS滑進停機坪。這是一架巴西利亞型飛機，銀色流線型機身，黑色機頭，鮮豔的紅色、橘色、黃色的線條點綴機身，客艙的窗戶和船艦的舷窗一樣迷你。

幾架巴西利亞停在停機坪上，與另一側達美航空的大客機相比，彷彿是大鳥旁的小蚊子。共有十五架巴西利亞預定在上午十一點四十九分到十二點二十分之間，滑出大西洋東南的登機門，在美國南方穿梭，前往美拓灣、南卡羅萊納、美利狄恩、密西西比、斐雅特和北卡羅萊納。

雖然巴西利亞不管在尺寸或外型上，都遠遜於L1011和737型客機，但造價達八百萬美金，性能優異，可在兩萬五千呎的高度，以時速三百四十五哩飛行。它的機身長六十五呎，與翼展長度相當。巴西利亞的發動機由加拿大的普惠公司製造，兼具馬力大、速度快和耐用的優點。機上配備三位飛航組員：機長、副駕駛、空服員。巴西利亞的飛航組員大多很年輕，積極進取，將巴西利亞視爲晉升到大型商用客機的踏腳石。

巴西利亞的駕駛艙十分狹小，機師們戲稱：「你不能『走』進巴西利亞，你要用塞的。」有些人用牛仔褲比喻駕駛艙，雖然很緊，但很快就會習慣；就像螺旋槳不間斷的嗡嗡聲，一開始震耳欲聾，但不久就充耳不聞。不過，對資深的巴西利亞機師來說，螺旋槳的聲音改變可能是飛機有問題的第一個徵兆，甚至比儀表更早出現異狀。

大西洋東南航空和達美航空於一九八四年簽訂合作協定，大西洋東南的收入在第一年增加八四%。東南部的市場逐漸蓬勃，大西洋東南原有的五架德哈維蘭七號（de Havilland Dash 7），以及十五架巴西航太的 EMB-110 顯然已不敷使用。

巴西航太改良 EMB-110，推出更大、更快、更先進的巴西利亞；機位從十九人座增加到三十人座。

一九八五年，大西洋東南航空購入第一架巴西利亞。此後，巴西利亞一直是美國區間航線的主流，它是康航（Comair）和西航（Skywest）機隊的主力，並慢慢超越紳寶 340。

由艾德與麥特駕駛，剛飛抵亞特蘭大、準備飛往海灣港的巴西利亞型飛機 N256AS，服役近六年半，不算老舊。雨水、狂風、灰塵和鳥擊使它略顯斑駁，不過，飛行了一萬八千一百七十一個航段的通勤飛機，有幾道刮傷磨損痕跡，也不足爲奇。

大西洋東南的投資很值得，六年半來，這架飛機飛了一萬八千一百七十一個航段，每個月大約是二百三十五架次，每天起降八次。日復一日，起飛降落，起飛降落。每趟航行時間平均五十六分鐘。N256AS是勤勞的工蜂。

搭乘巴西利亞有幾分像搭早期的飛機。坐在大客機上，你彷彿安穩地坐在客廳裡；但是在巴西利亞上，你感覺得到機身的震動。第二、第三和第四排座位最接近螺旋槳，乘客身體隨著飛機有韻律地震動。

登上大客機前，乘客先走過有空調的密閉通道；但是要登上巴西利亞，得先從航空站走兩層階梯下來，離開航空站，走過登機坪的水泥地，感受室外的空氣和溫度，再步上飛機的登機梯。

走向巴西利亞時，乘客如果抬頭往上看駕駛艙，可以看到機長和副駕駛正在準備。飛機旁站著一位行李工，因爲巴西利亞座位上的行李櫃空間很小，行李工要將裝不進去的隨身行李放到後方的貨艙裡，他也要注意別讓乘客走到螺旋槳後面。

巴西利亞的登機梯很窄，幾乎不到一個瘦小男子的身寬；艙門的寬度只比登機梯寬一點，空服員必須側身讓乘客通過，因爲門口擠不下兩個人。如果身高超過五呎七吋，走進客艙時還得低下頭。

巴西利亞的座位有十排，左邊是單人座，右邊是雙人座（第一排只有一組雙人座；第十排則是四個相連的座位，這四個座位之間沒有走道）。座位空間比大客機窄小，乘客幾乎緊挨著扶手。如果你坐在單人座，你的左手沒辦法移動，因爲座椅幾乎貼著艙壁；如果你坐在雙人座，你會和隔壁乘客比肩而鄰；如果你很胖或很高，你最好祈禱鄰座乘客脾氣很好，或至少心情不錯。

乘客的交談聲——特別是最後一排乘客，因爲他們離螺旋槳最遠——有時會傳到好幾排之外。搭乘巴西利亞是一段共享的經驗；從亞特蘭大到海灣港，你要和其它乘客共享機艙中的八十六分鐘，毫無個人隱私。

III

乘客

6 八月二十一日，星期一

八月二十一日，星期一。天剛剛亮，住在緬因州的珍妮佛·葛蘭貝瞪著機票發愣。她一直以爲是清晨六點四十五分的班機，沒想到卻是六點三十分。現在她得和時間賽跑了。她一手抓起咖啡杯，一手拉起四歲大的小兒子強尼往車子裏鑽，咖啡灑了一地。幸好珍妮佛的老公鮑伯駕駛技術一流，他們才能及時趕到機場，卻又發現珍妮佛忘了帶錢包。鮑伯趕緊用金融卡提款，珍妮佛則三步併作兩步地衝向登機處，那是一架紳寶340的螺旋槳飛機。珍妮佛這一天有三趟班機要趕，這是第一趟。

珍妮佛及鮑伯爲一家旗下擁有數家飯店的公司工作，兩人都年輕有勁；鮑伯三十一歲，珍妮佛二十八歲。爲了工作，他們數度搬家；從佛羅里達搬到新英格蘭，又搬回佛羅里達，四個星期前搬到緬因。鮑伯是好幾家飯店的總經理，珍妮佛在採購部門擔任副理，從叉子到床鋪都要她經手處理。這回是她第六次造訪位於比勞克斯市、新開張的卡布里島賭場度假中心。珍妮佛準備帶過去的採購清單，加起來有兩大本書那麼厚。她很不願意和小兒子分隔兩地。強尼問道：「媽咪，妳什麼時候回來？」珍妮佛說：「星期五就回來了。」

臨走時她還補上一句：「而且這是媽咪這陣子最後一次出差喔！」

凌晨兩點，夜深人靜。住在巴爾的摩郊區的朵茵・妲拿出兩件襯衫，一件純棉的，另一件是人造纖維的。她挑了比較皺的純棉衫，打算用熨斗燙平，她還找出一件棉質長褲。

如果要搭飛機，她一定選擇純棉衣料，從不例外。她總是謹慎行事。

她聽說，身體著火的時候，棉質衣料不會黏在身體上。但是她不喜歡邋遢。即使她做了最壞打算，還是要穿得美美的，所以她會事先把衣服熨平。

朵茵今年四十歲，是個小學老師，柔和的臉部線條及親切的笑容十分吸引人。近來，朵茵摯愛的親人接連發生不幸之事——父親癌症身亡，而她的小嬰孩心臟開刀——她老覺得有什麼壞事等在前面。

惡運層出不窮，朵茵在其中所能找到的唯一線索，就是她對這一切無能為力。

值得欣慰的是，她像個鬥士，熬過了這一切。這一連串的打擊讓她體會到生命的脆弱，轉而在宗教中尋求慰藉。她開始到一所教堂擔任神職人員，每逢周日，她就去教堂發送聖餅。

朵茵和丈夫賴瑞以及兩個幼子盧卡斯和柴克，星期日剛從馬里蘭州西部露營回來，到家的時候已經很晚了。

隔天早晨，朵茵會先飛去亞特蘭大，再轉機到海灣港去看她的妹妹。朵茵六十四歲的母親瑪莉珍・艾黛爾將與她同行。朵茵睡前問母親：「妳明天打算穿什麼？」

瑪莉珍還沒決定。朵茵提醒她，一定要穿純棉衣料；萬一發生意外，人造纖維衣料著火後會黏在皮膚上，純棉的不會，所以在機上絕對不要穿絲襪。朵茵還跟母親說，雖然密西西比州很熱，但記得要穿長褲。

這些都是朵茵從電視上看來的旅遊小撇步。她將這些祕訣牢記在心，並且要求老公出差時也得照辦。

生命中有些事是你可以掌控的，有些不行。

朵茵又說，記得穿比較牢靠的鞋子，如果要逃生的話跑得比較快。

瑪莉珍遠從匹茲堡來探望她的女兒。她很了解朵茵小心謹慎的天性，她說她只帶了涼鞋和運動鞋。

朵茵說：「那就穿運動鞋吧。」

她們一早從巴爾的摩出發，飛抵亞特蘭大國際機場。一如往常，旅客們把機場擠得水洩不通。亞特蘭大曾經是南方聯邦鐵路系統的中心。二次大戰後，當時的市長哈茲菲爾德甚有遠見，看準了亞特蘭大有機會成爲東南航線的樞紐，遂投入相關建設。到了二十世紀末，哈茲菲爾德國際機場，以它距離亞特蘭大市中心不到十五分鐘車程的優勢，迅速成爲全世界最大，也最繁忙的商用機場之一。這個機場最初是爲了服務東南部的遊客而設，現在已經成爲全美各大城市的轉運中心，觸角延伸到全世界。目前有三萬三千名機場工作人員，每天服務超過二十萬名旅客。

亞特蘭大的機場就是這麼偉大，這麼重要，難怪當地人說：「即使你要去天堂，也得在亞特蘭大轉機。」

ASA 529班機預定在中午起飛，但延誤了。大西洋東南航空的登機門前擠滿了等候上機的乘客——不管搭哪一個班次，都是走同一個登機門。旅客喧鬧而擁擠，一如其他的通勤機場。

有些前往海灣港的乘客趁著空檔，打量別人來殺時間。

大衛・麥柯爾克是個三十七歲的電腦訓練師，有過一次婚姻。他的眼光停在年輕女子蕾妮・查普曼身上。她身穿輕便T恤和牛仔褲，不穿高跟鞋也不施脂粉，平易近人，正是大衛夢中情人的型。閒著無聊，大衛開始揣測她的出身背景；不過大衛絕對猜不到，蕾妮是美國陸軍退役二等兵。

年輕工程師戴維・史耐德，從華盛頓附近的杜勒斯機場飛來亞特蘭大轉機。他很快認出了要一同去海灣港出差的吉姆・甘迺迪；在此之前他只看過對方的照片。戴維任職於環保工程公司，總部在德國；而吉姆是該公司的財務顧問，聽說在工作上非常投人。他們準備一起前往海灣港，因爲諾爾公司正在那裡進行博蒂水壩金屬閘門的監工工作。博蒂水壩位於蓋里波里市附近，而這堵金屬閘門將控制俄亥俄河的水流量。

戴維和吉姆可說是南轅北轍：戴維二十八歲，身材矮壯，前途看好，結婚四年但沒有小孩。吉姆六十三歲，身材頎長，熱愛騎馬，結婚將近四十年，是個自豪的一家之主；八名子女（七女一男）都已長大成人，還有八個孫輩。十幾年前孩子們還小的時候，他爲他們取綽號：小貓、小精靈、小可愛、軟糖、小牛、黑老鼠、小瘋子、帥哥哈利。吉姆最喜歡帶孩子們到教堂作禮拜。他領著一群孩子，像遊行隊伍般走過教堂中間的紅地毯走道。孩子們對他的剛毅及幽默感佩服得五體投地。他們一直以爲甘迺迪五角紀念幣是爲了表揚他們的父親而發行，因爲吉姆就是這樣教他們的。

過去一年，吉姆在海灣港租屋而居，每隔兩三個禮拜飛回家陪伴老婆南茜。他的住處沒有電視，只有一台收音機。吉姆曾經告訴子女們說：「人的欲望無窮，但眞正需要的東西很少。」因此孩子們戲稱他是甘地。吉姆跟其他生長在經濟大蕭條時代的人一樣，爲了多賺點錢，每天都不斷鞭策自己工作。

但回頭看看一九八一年時，吉姆的生活被酒精的陰影籠罩。他的妻子不禁納悶：是酗酒影響工作，還是工作與家庭的壓力讓他酗酒？那時吉姆四十八歲，結婚二十四年，事業遇到瓶頸，而往後十年還有一大堆學費等著要付，中年危機虎視眈眈。他常常喝酒喝到醉茫茫，回家的時間越來越晚。南茜一個人躺在床上，她知道吉姆正從酒吧開車回來，所以一聽到警車或救護車的警笛聲呼嘯而過，就擔心吉姆出事了。女兒們知道父親火氣很大，跟他保持距離。南茜參加了一個匿名的酗酒受害者互助團體，並和孩子們組了一個幫助吉姆戒酒的輔導小組。沒想到吉姆不但拒絕出席，還大言不慚地說：「我的生活不用別人插手。」在公司精簡人事的政策之下，吉姆丟了工作，也不再是溫柔的丈夫和慈祥的父親。南茜打算申請分居，理由是丈夫習慣性酗酒；但是吉姆向她保證，他一定會負擔起家計，南茜心一軟撤回申請。

那一年，吉姆需要的不只是一份工作；他必須逃離這一切。彷彿小說情節一樣，他真的自我放逐到沙漠去了——他飛到沙烏地阿拉伯去當財務顧問。雖然南茜親自開車送吉姆去機場，可是她說什麼也無法相信丈夫眞的要去那麼遙遠的地方。吉姆離家六年，偶爾才回來看看家人。南茜和孩子們咒罵過他，也爲他流淚。南茜找了一份工作；不管怎樣，生活還是要繼續。吉姆在一九八八年回美國定居，和另外兩個男性友人在紐澤西州租了一棟房子。吉姆的碩士學位和資歷完整的金融背景，讓大部分的老闆不好意思大材小用，結果吉姆落得去當搬運工。南茜聽到這個消息，心都碎了。南茜對吉姆的愛從來沒有停止過，而且經過這幾年沒有丈夫的日子，她變得更堅強了。有一次吉姆回家時，她鼓起勇氣說：「你要不要回來跟我們重新開始？」隔天早上，女兒們高興地竊竊私語說：「爸爸回來了耶！」幾天後，她們又交頭接耳地說：「爸爸昨晚睡在樓上！」經過長時間的努力，吉姆終於贏回了家庭和事業。夫婦倆後來搬到馬里蘭州；吉姆成為一位財務顧問，年收入高達六位數。他常寫信給孩子們，並附上支票幫他們付信用卡費。吉姆和南茜都變得比以前更堅強了。他並沒有向孩子們解釋他長期離家的原因，只是說：「上帝保佑你們的母親，她是一個善良的女人。」他也很少錯過教堂的告解。

戴維本來想趁著等候班機的空檔，和吉姆打個招呼。不過，他後來還是決定等飛到海灣港再作自我介紹。

陶德・湯普森就坐在戴維附近，他是維吉尼亞州的警官，有一頭金髮。他感覺到周遭的人在打量他，特別是走道對面那位穿著空軍制服的仁兄——那是官拜少校的恰克・利梅。收在黑色旅行袋中的點三八口徑手槍讓陶德有點神經緊張。陶德從來沒有追捕逃犯的經驗，而且擔心槍在機場被搶，所以一直把旅行袋擱在兩腳間。

坐在這位年輕警官旁邊的是查爾斯・巴頓；雖然他腰間也藏著武器，卻顯得老神在在。話說回來，查爾斯可是追捕逃犯的老手。查爾斯身材壯碩，頭頂微禿，從事警務長達三十五年；近八年來都在維吉尼亞州的勞頓郡警局服務。這不是查爾斯第一次跨州抓人了；這一回他和陶德要去逮捕一個青少年，他偷父親的支票買了一台福特野馬。

查爾斯把執法當作一生的志業。他強而有力的臂膀，握手時常常讓沒有心理準備的人喊痛。他幾乎不跟同事談自己的家庭生活。他的妻子瑪西是耶和華見證人教派的忠實信徒，但他一點也不了解這個教派。瑪西不會開車，由查爾斯負責接送她參加教友聚會。他們唯一的兒子是電腦門市店員，還有個正在學步的金孫。查爾斯有時候會打電話給媳婦，傳授一些保護金孫的小祕訣。工作是查爾斯生活的重心，也是他最在行的事。

這趟追捕逃犯之行，對查爾斯而言只是例行公事，不曉得陶德在緊張個什麼勁。先前查爾斯已經按照慣例去逛了機場的商店。有時候他會在出差時買些小酒杯、彩色別針，或是印有清涼辣妹的明信片送給警局的夥伴，很受同事們歡迎。

查克．費斯特爾遠從哈特佛飛到亞特蘭大轉機，比預定時間早了一個小時到達。一提到搭飛機，查克就緊張兮兮。飛機上各種奇怪的聲音，查克都聽得一清二楚，有些聲音還是他自己想像出來的。他不喜歡在雨天或風雪中搭機，也不喜歡飛機在雲層中鑽來鑽去。他不喜歡懸在半空中的感覺，連爬梯子都覺得毛毛的。每次一上飛機，他就急著找機長或副駕駛，希望能跟他們問聲好或是問問今天天氣怎麼樣。這麼做是爲了提醒自己，還有其他人跟他一起在飛機上。他是個體貼的人，知道妻子和女兒時常需要他的安慰和擁抱。他聲如洪鐘，這種音量應該是腰圍五十四吋的人才辦得到。朋友們都說他最會帶動氣氛，但是對查克來說，搭飛機的時候最好把自己灌醉。

雖然人已經在登機門前，大塊頭的查克一點都不想搭上這架小飛機。毛毛雨和灰暗的天空讓他坐立難安。他考慮著也許應該先把機位取消，等稍晚一點再說。他在康州的一家紙業公司作事，此行準備前往密西西比州的威根市去視察公司最近買下的紙漿廠。去年秋天，他度過五十歲生日，認定搭飛機是他這一生的一大罩門。

他問一位大西洋東南航空的登機服務員說：「海灣港的天氣怎麼樣？」

「跟亞特蘭大差不多。」

查克聽了以後坐立難安。他離開登機門，去抽了幾根菸。

桑雅・費特曼一個人搭機。二十年前，她以優美動聽的西班牙名「桑雅・瑪麗・薇拉蕾亞」參加選美，摘下聖安東尼奧妙齡小姐后冠。五呎、一百磅的身材嬌小玲瓏，深褐色的長髮猶如瀑布傾瀉而下，水汪汪的一雙碧眼，直到現在仍能吸引旁人的目光。她身著短褲準備搭機前往海灣港。

三十七歲的她有過三次婚姻，是三個孩子的媽。她的情緒起伏很大，有時上一秒還笑臉迎人，下一秒就大發雷霆。

桑雅最近常有奇怪的幻覺。幾個星期前，在另一架班機上，她突然感覺到有人在她旁邊，詭異的念頭揮之不去。她深信某人的大限已到，或許就是她自己。她驚恐地別過頭，直盯著窗外的雲，淚水緩緩流下。

當天她一下飛機就撥電話給弟弟奈森，劈頭問道：「奈森，你沒事吧？」弟弟安然無恙。她的聲音聽起來很緊張。「你有沒有騙我？」她幾乎要哭起來。奈森問她：「桑雅，發生什麼事？」她沒回答，又問：「你最近有沒有和媽媽聯絡？」他說媽媽很好。「奈森，你確定媽媽沒事？」「是啊，妳怎麼了？」桑雅這才告訴弟弟飛機上的那個幻覺。

她說，那個人可能是他們幾年前在德州慘死的哥哥。她一直不曾走出哥哥過世的陰影，她認為哥哥可能在警告她某件事，但……他究竟想說什麼？

桑雅顫抖著告訴弟弟她所做的決定：「我要做一些改變。」奈森不知道她指的是什麼。她沒有多做解釋。奈森心想：「桑雅就是這樣讓人摸不透。」他們說好等她回到德州再深談。

牧師史蒂芬‧威金森感到人生的轉機就在眼前。前一天，在伊利諾州一處浸信會小教堂裡，史蒂芬試講了兩次布道，內容是關於好人為什麼有惡報。蓋維浸信會教堂的聘牧委員會主席西蒙很仔細地聆聽。他認為這位來自密西西比州的年輕人是個傑出的基本教義派成員，穿西裝打領帶，腰桿筆挺，雙手放在講臺上，說話清晰有條理，堪稱牧師的典範。

聘牧委員會一直在尋找一位具有號召力的牧師，能夠在禮拜天讓教堂座無虛席，還可以和年輕人打成一片。史蒂芬顯然足以勝任這個職位：他看起來就像個大孩子，身高只有五呎五吋，有著深邃的藍眼睛，淡灰色的頭髮絲絲縷縷都整齊服貼，就像神職人員一樣。他在西蒙家度周末，和西蒙的孫子在客廳地板嬉戲。

史蒂芬給人一種溫暖、平易近人的感覺。委員會之前聽過很多牧師布道，但是他們傳道的方式和所傳遞的訊息搭配得並不恰當。委員會的委員聽了兩卷史蒂芬寄來的布道錄音帶，感到相當滿意。唯一的問題在於，有些委員對於史蒂芬三十五歲卻還是單身這一點有些意見，不過其他委員提出先知保羅和耶穌基督也都是單身，才說服了他們。

史蒂芬在家鄉是超級市場倉庫的晚班人員，他很想要、也很適合這份工作。他在蓋維教堂布道的時候，可以不看筆記。他以冶煉貴金屬的過程爲例，說明鐵匠是如何以高溫將金屬熔爲液狀，然後撇去浮在表面的雜質，直到滾燙的液體清晰到可以看見自己的倒影；藉此講述上帝是如何試煉人類，以磨練出優良的品德。他告訴在場的人，上帝就像鐵匠。

星期一一大早，西蒙開車送史蒂芬到聖路易機場；他們一路上相談甚歡。西蒙離去前，仔細端詳穿著牛仔褲和網球鞋的史蒂芬牧師，十分篤定他就是理想人選。

朵茵抵達登機門時，感到相當不悅。她和母親瑪莉珍原本以爲自己要搭乘達美航空的噴射客機到密西西比——她們的機票上寫著「達美航空7529」。她們沒聽過大西洋東南航空。

經過服務人員的說明，朵恩才知道，大西洋東南航空是「達美航空的接駁轉運飛機」，兩家航空公司簽署了營收分享合約。達美航空7529和大西洋東南航空529其實是同一架班機。

朵恩很不高興。她不喜歡事出突然，也不喜歡搭乘小飛機，但是她和母親不得不去密西西比。反正這趟旅程很短。

她要求畫兩個在機翼前面的座位，一個靠窗。她說母親喜歡在航程中欣賞窗外景致，所以視線不能讓機翼擋住。於是她們的座位被畫在最前排：1B和1C。

登機廣播響起，朵恩和瑪莉珍走向登機門，排隊下階梯。走廊盡頭的收票員指了指一排巴西利亞客機說：「你們的班機在那邊。」室外下著綿綿細雨，朵恩和瑪莉珍拿報紙擋在頭上遮雨。查克走在她們旁邊，鼻梁上的眼鏡蒙上一片雨霧。

朵恩看見站在機門旁邊的空服員蘿萍，便問道這是不是她的班機，蘿萍點頭說是。朵恩和瑪莉珍便低下頭步入機艙。

查克在6C坐定位後，和鄰座乘客，也就是在歐馬哈市空軍基地擔任氣象專家的利梅少校攀談起來。說話可以讓查克不那麼緊張。但是過了不久，一名拿著《今日美國報》和登機證的乘客站在他眼前。「6C是我的位子。」艾倫・巴靈頓說。

查克看了看自己的座位號碼，是6A不是6C。他移到走道的另一端，愉快地告訴利梅：「幸好沒有換得太遠。」不過，坐在單排座還是讓他覺得比較寂寞。

在登機門旁邊候補的乘客安琪拉・布魯菲爾聽到機場人員呼叫她的名字。安琪拉迫不及待要回紐奧良的家，和家人分享一個好消息。

安琪拉剛結束和大西洋東南航空的第二次面談，應徵一個空服員的職缺。她已經先做過一次性向測驗筆試，和一場正式的面試。一名大西洋東南航空主管提到巴西利亞客機空間狹小，問她：「妳可以接受嗎？」安琪拉回答說那不成問題，她在小飛機上也能適應。

安琪拉順利錄取，航空公司問她什麼時候可以受訓。雙方協議好從五個星期後的十月分開始。安琪拉在她的《新進空服人員手冊》上寫下：「一九九五年十月二日傍晚五點喜來登飯店。喬治亞州東點市維吉尼亞大道一三二五號。」

安琪拉是非裔美國人，今年二十七歲。她覺得她的人生將有一個美好的大轉變。她嚮往全新的冒險，最好是離開她從小成長其中的路易斯安那州。她已經有結婚的打算，無奈她的男朋友還沒準備好，所以現在她打算一個人搬到亞特蘭大。她知道大西洋東南航空這個職缺要求很嚴格。「你的生活就是一只小小的行李箱，」《新進空服人員手冊》上這麼寫道。「一天往往要值勤十二小時。值勤期間，你必須隨時以愉悅、無微不至和細心的態度滿足乘客的需求。」

危言聳聽，但是她喜歡。這是一個新的開始。

安琪拉聽到廣播趕忙跑到停機坪，登上巴西利亞客機，在2C坐下。但好像不大對勁。

「這是要到海灣港的班機嗎？」她問。

空服員搖搖頭回答：「查塔諾加。」並指向隔壁的巴西利亞客機。

安琪拉在細雨中急急衝向529班機，看見機長艾德透過駕駛座的窗戶指著她，好像在說，又一個乘客來了。

安琪拉把手冊收進行李袋，放在後方貨艙裡。她終於坐在正確班機的2C座位上，前面就是瑪莉珍。

二十六名乘客全數登機，正副駕駛也檢查就緒。這時，第五排座位上方的燈板掉了下來，砸到旅客露西里．柏爾頓的頭。她是來自北卡羅萊納州艾斯維爾市的退休教師，氣質文雅，頭髮整齊漂亮地盤在腦後。她渾身散發一股溫文有禮的氣質，說起話來很吸引人。她坐在丈夫朗尼身旁。朗尼是退休小學校長，身材魁梧，聲音低沈。年輕警官陶德在登機門遇到他們夫婦，感覺他們和善的臉孔就像朋友的父母一樣。柏爾頓夫婦是艾斯維爾地區非裔美國人協會的領導人物，由於朗尼要去參加社區營造團體的地區協會董事會的最後會議，兩人正要搭機前往拜洛希。他們很喜歡去賭場，到過拉斯維加斯和亞特蘭大幾次。到海灣港後，露西里打算去玩吃角子老虎；她玩這個一向運氣不錯。

一名大西洋東南航空的技工用螺絲起子把燈板重新裝上去。安裝的過程中，朗尼暫時坐到第八排一個空位上，因爲那裡靠近安全門，有較大的空間可以伸展雙腿。6A的查克看著朗尼，心想：小飛機對我這種胖子和他那種高個兒來說眞是不舒服。

技工要離開時，蘿萍問他：「修好了嗎？」

「大概吧。」技工回答。

瑪莉珍聽到這句話，轉頭對女兒說：「我們是不是應該下飛機？」

朵恩搖了搖頭。她們必須去密西西比。「就當作是一場冒險吧。」

Ⅳ 生死分秒間

7 9分20秒

這場冒險才剛開始。乘客三人一排，坐在走道兩邊狹窄的座椅上，背靠著薄薄的椅背。紅色椅套久經磨耗，已經起了毛球。

坐在第一排的朵茵回頭往後一看，感覺像在坐市區公車。

由駕駛艙門開始，到客艙後頭的第十排爲止，全長三十一呎。

這樣一個會讓某些人產生幽閉恐懼的小空間，一共搭載了包括空服員的二十七條人命。各式各樣的人都有，包括天主教徒、浸信會友、衛理教友、猶太人、未知論者、白人、黑人、亞裔、拉丁裔、單身的、已婚的、離過一次婚的、離了兩次婚的。年齡分布從十八歲（3A的傑森・艾爾緒）到六十九歲（柏爾頓夫婦）。加總起來，這些乘客一共擁有十八位配偶，四十一名子女，以及將近三十個孫輩。

生活在飛航時代，大多數乘客登機時，都不會去想兩萬四千磅的飛機爲何有辦法停留在空中。對某些人來說，坐上飛機等於是一種否定自身的行爲；他們拒絕承認自己已經升上天空，無法有效掌控自己的生命。但大多數的人則把飛行看做是一種信任他人的舉動，他們相信製造、檢查與駕駛飛機的人。他們接受坐在飛機中的事實，且有充分的理由相信飛行是非常安全而快速的。在麻省理工學院任教的學者巴耐（Arnold Barnett）曾經計算過美國飛機失事的機率。他表示，在九〇年代這個載人飛航第一個世紀的最後十年中，某個人死於美國區間航空螺旋槳飛機的失事意外，機率其實非常低；以每天搭乘一次飛機來計算，平均將近八千年才會遇到。

中午十二點二十三分，ASA 529 班機在亞特蘭大機場八號右跑道緩緩滑行。漢米爾頓標準公司製造的複合翼形螺旋槳葉片發出巨大的嗡嗡聲響，第二、三、四排的安全帶因爲共鳴而跟著抖動。準備起飛時，6A的查克喃喃自語道：「快飛起來、快飛起來！」

在亞特蘭大執業的四十歲會計師珍恩．布卡托，每周都要飛海灣港。只見她緊緊抓住座椅的左扶手，結果發現自己抓的是4B乘客珍妮佛的手臂。

「對不起！我只是不愛坐飛機。」珍妮佛聽到珍恩說。

在這段往海灣港三百五十二哩的航程中，駕駛將遵循導航信標，先往南飛往阿拉巴馬州的蒙哥馬利市，接著往密西西比的賽蒙市，然後再轉南往密西西比海岸飛去。經過一小時二十六分的飛行後，ASA 529 班機預定在當地日光節約時間中午十二點五十分左右，抵達比勞克斯市海灣港區機場。

有幾位乘客已經開始打盹。坐在第七排的凱文・巴比爾在讀一本高爾夫球雜誌。對凱文來說，高爾夫比任何運動都令人著迷。他在緬因造船廠擔任乾塢副塢長，工作環境充滿壓力，與高爾夫的恬適性格形成強烈對比。他的工作地點在巴斯鋼鐵公司位於波特蘭的維修廠，手下管理的員工多達兩百位，包括焊接工、噴砂工、鐵工和配管工。要是海軍的船艦在進塢的時候傾覆或是撞上塢壁，後果不堪設想。不過船塢工人硬頸與昂首闊步的模樣，卻與三十七歲的凱文不太搭調。不管在性格或體型上，凱文都十分穩重自持，他的氣質中帶著謙遜，來自於他緬因州移民第五代的出身背景。當他說「船塢兒」時，一聽就知道他來自東北。

坐在凱文對過走道第八排的牧師史蒂芬，在這趟回到沃爾瑪賣場倉庫工作的路途中，一直在想著他的未來。他不知道伊利諾浸信會是否將聘用他。他會在密西西比的家中靜候通知。

第六排的艾倫，是個努力想晉升高層的中階主管。他打開報紙的體育版，看到他不願看到的消息：堪薩斯皇家隊在九局下半，以三比四的比數輸給了多倫多藍鳥隊。

當這台巴西利亞在一萬兩千呎高空穿過厚厚的雲層時，蘿萍聽到了兩聲來自駕駛艙的鳴聲。副駕駛麥特透過機內通話麥克風告訴蘿萍，輕度亂流情況稍後就會紓解。

蘿萍坐在組員座位上，身上繫著安全帶。她說：「意思是兩分鐘後我就可以起身？」

「沒錯，小姐。」麥特模仿南方紳士的口吻說。

不久後，麥特以帶有加州清新口音的年輕男聲對乘客廣播：「各位先生女士，歡迎搭乘大西洋東南航空公司班機。我們正飛行在一萬三千呎的高空中。機長已經解除『扣緊安全帶』的燈號，不過要是您在座位上，為免途中遭遇亂流，請您還是將安全帶繫上。」

艾德坐在機長座。當飛機飛行到一萬五千呎的高度時，他完成了 EMB-120 型七千三百七十五個小時的個人飛行紀錄。他已經把耳機跟藍色的機長帽取下。這個時候，要不是駕駛艙裡傳出雜音，還真是平常不過的一天。

跟所有巴西利亞資深飛行員一樣，艾德對駕駛艙內的種種噪音早已習以為常。有一些飛行員會戴上耳塞，以便過濾高頻和低頻的聲響。在渦輪螺旋槳飛機內，他們希望聽到螺旋槳正常運作和氣流通過機翼時的聲響，但就是有其他更細微、更惱人的聲音。常常發生的情形是，沿著駕駛艙視窗的縫隙，在兩百七十五哩的飛行速度下，發出像蛇吐信一樣的嘶嘶聲。機長前方的高度表也常有機件內部發出的蜂鳴聲。

但是這個叮鈴噹啷的雜音讓艾德感到不安。他以前也聽過這種聲音，就從他的儀表板或是座位下傳來。

「下面有聲音。」他說。

「會把人搞瘋。」麥特說。

「是呀，實在會把人搞瘋。」

亞特蘭大航管中心打斷了駕駛艙內的對話：「ASe（大西洋東南航空的代稱），爬升並保持兩萬呎飛行高度。」

麥特用左手將高度警示器調到兩萬呎的位置。當飛機爬升到接近預定高度的四百呎內時，警示器發出一聲嗶響。

「兩萬呎，ASe 529。」麥特答道。

然後，他遵循程序向艾德報告：「二十。」

中午十二點四十三分，這架巴西利亞掛上自動駕駛，在一萬八千呎的高空中以一百八十四哩的時速爬升。螺旋槳轉速達到最大值的八五%，每分鐘一千一百轉。

麥特再次轉動高度警示器，調到下一個許可高度兩萬四千呎。

「二十四。」他喊道。

「二十四。」艾德確認。

這時，事情發生了。

幾乎就在艾德的語音甫落之際，就在一切看來都那麼稀鬆平常的例行航班上，當時飛機以自動駕駛飛行，而兩位駕駛還想不通叮鈴噹啷聲音的來源，事情就發生了。

一個爆炸聲，一個突如其來且極其猛烈的金屬聲響，從機身的左側傳出。

飛機迅速往左側下墜，有如一個劇烈陡峭的急轉彎。機身在空中顫動不已，像是小朋友在搖晃手中的玩具。

自陸軍退役的蕾妮坐在靠窗座位，探頭往窗外看了一下，類似小砲彈爆炸的聲音讓她心生警覺。她隨即拉下遮陽板，不想知道發生了什麼事。

蘿萍剛要往裝了冰塊的杯子倒飲料，杯子卻搖搖晃晃地滑向廚房的一側，掉到地上。她緊緊抓住廚房好穩住自己。接下來的三十三秒內，飛機不斷翻轉，有時劇烈到蘿萍以為撞上其他飛機了。

那個又快又響的聲音到底是什麼呢？砰砰砰一連串撞擊聲，就像榔頭在敲打，到底是怎麼來的？乘客心頭起了個寒顫，只知道他們聽到的聲音從來沒在飛機上聽過。

當他們循著聲響往左側機翼望去——也就是飛機掉落的方向，乘客看到發生了什麼事：機翼外五呎左右的地方，發動機已經損壞了。

原本光滑精巧的左發動機，如今看來像一堆破銅爛鐵。整流罩整個被扯離，鋁質表面不知被什麼力量整個往後捲，暴露出發動機的內部，電線電纜在氣流中相互敲擊。鐵環扣住的管子流出液體，不斷往吉姆坐的第五排靠窗座位的窗邊噴去。第八排的工程師戴維心想，發動機簡直像炸彈一樣炸開了。

飛機不斷顫動，乘客們嚇得在座椅上不停發抖，四處摸索可以抓穩的東西。往外望去，他們發現螺旋槳機組已經移位；螺旋槳葉片不再轉動，而是倚靠在前緣襟翼上。左側四片完整的葉片如今只剩三片；第四片不見蹤影，只殘留槳柄。兩個停止轉動的葉片，貼著機翼成爲V字型。第六排的緊張乘客查克心想：我是老糊塗了嗎？

坐在第九排的資深警官查爾斯，身體倒向鄰座的陶德，不斷劇烈晃動，感覺自己一直往下掉。爲了保持平衡，他迅速伸出手緊抓住任何能碰觸到的東西：陶德的大腿。陶德將他被撞歪的無框眼鏡扶正，懷疑飛機是不是撞山了。

駕駛艙裡一片混亂，各種儀表不斷閃爍著紅黃警示燈號。一個女性合成語音在駕駛艙內喊著：「自動駕駛！發動機控制！滑油！」

後來的失事調查與檢視找出第四片葉片斷裂的可能原因。在葉片的長柄深處，有一道金屬疲勞造成的裂縫。隨著飛機震動強度不斷增強，螺旋槳一圈一圈地轉動，使裂縫加速擴大。裂縫裂開到一定長度之後，破壞葉片強度，無法承受轉動的力量。就這樣，槳片像樹枝一樣斷成兩半，斷裂處就在輪轂上方一呎的位置。斷落葉片的較大部分約四呎長，脫離了螺旋槳機組，穿過雲霄，掉到阿拉巴馬州的一處農地。

就這樣，螺旋槳機組只剩下三片完好的葉片和第四片的殘柄，使槳片失去對稱性，造成悲劇性的結果。雖然還有兩片葉片可以互相平衡轉速，第三片則因第四片斷裂，失去了精準校對過的平衡力，無法使螺旋槳以每秒二十轉的轉速精確地轉動。接著，螺旋槳機組持續高速而失去平衡地運轉，導致螺旋槳失效。葉片不斷拍打發動機與機翼，就是乘客聽到的砰砰聲響的來源。

爆炸聲不是炸彈造成的，而是金屬被扯離時所產生的聲響。失去平衡的葉片產生不正常的扭力，以致整個發動機從最靠近機身的兩個內側裝置架脫落。

發動機的兩個外側裝置架則硬生生攀附著機翼，並未脫離。因此，螺旋槳跟齒輪箱緊貼著，被抬高離開發動機裝置架，兀自噗噗作響，依附在機翼前緣幾呎的地方。

這種情況簡直是超乎想像地奇特：超過四百磅的金屬——其中包括兩百磅以上重量的螺旋槳組件，厚重的齒輪箱與各式金屬外殼——竟然釘住飛機前緣而未脫離。這堆金屬擾亂了氣流，讓飛機左翼無法有效產生升力。如果這堆金屬脫離機身的話，ASA 529的情況就不至於那麼糟了。但是這堆金屬彷彿就是要拉著飛機一起墜落，絲毫不肯放手。

從螺旋槳葉片斷裂到機身墜毀，ASA 529只繼續飛了九分二十秒。

在最初的二十五秒內，這架飛機以每分鐘五千五百呎的下降率急速墜落，等於每秒鐘掉九層樓的高度。早在合成語音發出警示之前，艾德已經按下方向盤左側的紅色按鈕，解除自動駕駛。現在他要手動操作飛機。

坐在母親身旁的朵茵，第一個念頭是，該不會遭遇鳥擊吧!?「可是這種高度，搞不好是遊隼。」。而埃德・葛雷——這位來自康州，每年要飛上數萬哩的建築業資深顧問——腦海裡想的卻是：飛了這麼多年之後，終於還是讓我碰上了！

坐在第四排，匆匆離開家門時打翻了咖啡的珍妮佛，發現客艙內起了一陣煙霧，她猜想那是廢氣。同一時間，陶德和蘿萍也注意到了煙霧。

查克看著窗外不斷有液體噴出，棕色滑油、紅色液壓油及透明燃油四處飛濺，心想：「怎麼會這樣？」

突然間，又有新的聲響傳出——或者大家「以爲」這是新的聲響。其實這聲音一直都在，只是此時左發動機無聲無息，使右發動機的轉動聲格外顯得刺耳。

在右翼的發動機聲響，以及飛機的震動之中，巴西利亞客艙的小小世界全走了樣，所有的東西都往左邊倒。奇怪的是，乘客們因爲失去方向感，反而沒有意識到自己正在往下墜落。飛機一開始雖然掉得很厲害，乘客卻沒被甩出座位。飛機的急轉彎改變了重力，也就是慣稱的重力負荷（重力加速度），從正常的一倍增強到一・二五倍。在雲霧中，沒有任何視覺參考點，使乘客的內耳平衡機制無法察覺異狀，也沒有發現自己正在往下掉。

乘客們只發現他們所看得到的：成了一堆廢鐵的發動機。

除此之外，他們只看到灰灰的雲，一片片從窗外飄過。

8 8分19秒

墜機前八分十九秒。飛機高度一萬四千兩百呎，下墜情形似乎逐漸得到控制——至少蘿萍這麼以為。螺旋槳斷裂時，蘿萍正在廚房邊準備飲料。

機身猛地震了一下，蘿萍趕緊抓住廚房，穩住身子。她發現這架巴西利亞移動的感覺不大對。冷不防，飛機又朝左側下墜了一會。蘿萍仍然弄不明白那刺耳的噪音究竟是怎麼回事；她暗暗罵了一聲。

震動持續了十五秒，時間長到讓蘿萍知道出事了。接著機身又擺盪了十五秒。蘿萍抓住廚房，同時看了看她的乘客：他們都直愣愣地盯著左側窗戶，神情木然。蘿萍從他們的眼中看到了迷惘和恐懼。

接著，乘客紛紛轉向蘿萍。

蘿萍先整理一下情緒，別過身去深呼吸。她自己也嚇壞了。

她走向坐在2A的蕾妮，傾身向前拉開遮陽板。就在飛機的左翼，蘿萍見到了恐懼的根源。她拉下遮陽板，躲開了眼前絞扭得不成形的器械。

然後，她聞到了一股刺鼻而充滿化學物質的味道，不知道哪裡的電線熔化了。異味迅速發散開來。

這時，乘客們一股腦兒地拋出疑問。一開始是前排：「發生了什麼事？」「我們會平安嗎？」蘿萍什麼也不曉得，但她知道必須隱藏自己的焦慮，好讓乘客安心。她從母親那兒學來的舞者風範，今天終於派上用場。在巨大的壓力之下，蘿萍情急生智，開始即興發揮。

蘿萍把手搭在一名乘客的肩上說道：「這種飛機的設計，就是能夠用單發動機飛行。」某種程度上，蘿萍說得沒錯。飛機的設計的確是如此，以避免任何單一系統失控導致飛機無法飛行。當然，不是所有的故障都在意料之中；而單發動機失效，或是由機長有意地關車，也確實很不尋常。不論如何，設計者必須考量飛行時作用於機身上的四個力：推力、阻力、升力和重力，才能因應單發動機失效的狀況。

在平穩而定速的飛行中，升力和重力必須達到平衡，推力和阻力也必須平衡。通過機翼表面的氣流能產生升力（升力大小則由通過氣流的機翼攻角和速度而定）；發動機／螺旋槳系統則產生推力。不論重力大小，都必須有相對應的升力才能維持飛行。飛機的設計便是如此，使用單發動機就能提供足夠的推力以克服阻力，並提供足夠的速度來產生必須的升力。

蘿萍知道，關閉一個失效的發動機時，巴西利亞的確能夠以單發動機繼續飛行。而她也希望，這個通則在目前的混亂情況中仍然適用。儘管她自己毫無信心。

蘿萍告訴乘客：「使用單發動機飛行，是飛航組員最先接受的飛行訓練之一。」她避開了所有乘客的目光。試著說服乘客前，她得先說服自己。

蘿萍沿著狹窄的走道，一一闔上遮陽板，一路走到第五排，動作迅速又果決。她對坐在窗邊的乘客說：「我們不必看這個。」又告訴另一位乘客：「把它拉下就沒事了。」

震動停止了。相對滑順的飛行，以及窗外柔和的層層白雲，加強了乘客對蘿萍的信心。另一方面，他們也想去相信蘿萍所說的：飛機的設計是能夠用單發動機飛行的。

但是，隨即出現的劇烈震動馬上瓦解了這份信心。「用單發動機時，遇到亂流就會像這樣。」蘿萍說道。她在推銷薄弱的希望。

她走到第六排，神經質的乘客查克冒出一句：「妳認為我們眞的會沒事嗎？」蘿萍答道：「我們當然會沒事。」查克繼續唸唸叨叨地，語氣尖銳：「那怎麼會這樣飛？」

查克的座位靠近機身左翼的後端。他喜歡坐在窗邊，好讓他看到外頭發生了什麼事，擁有某種程度的掌控感。現在他向外看，觸目所見的是發動機外側已經失效的螺旋槳；其中一片葉片以四十五度角度指向機身，另外一片葉片以四十五度角度指向翼尖。他看到發動機外表的金屬殼已經像剝下的皮一樣往內捲，像是有人用開罐器把它拉開。他看到損壞的發動機內部結構和一些液體隨氣流飄散；查克認出其中一股霧狀的透明液體是油料。發動機要著火了嗎？查克等著發動機四分五裂的那一刻。

查克以前也差一點走投無路。那時他在公司精簡人事時被裁員，八個月沒有收入，只好收集食物券，看著原本待在家裡的妻子重返職場。幾年後，他到紙廠工作，被其他臨時員工恐嚇。他們認為查克是個自以為是的康乃爾大學畢業生和老闆的馬屁精，對查克拍桌子爭執工廠政策。有一次查克和一個喝醉酒的人面談，那人臨走之前，竟然在紙廠的大門前小解。查克真是受夠了。那天晚上，他問妻子：「到底我是笨還是白痴才會在這裡工作？」現在，當飛機劇烈震動時，他的心頭萌生了一連串比那時更嚴重的問題：天呀，葉片怎麼會跑到機翼上面呢？機長到底在幹什麼，為什麼他還不把飛機慢下來？他想開去哪兒？他心裡到底是怎麼盤算的？

他看到蘿萍用麥克風和駕駛艙聯繫，但是沒有聽到機長的聲音。查克很納悶，機長到底有沒有看到他所看到的？

查克不願拉下遮陽板。蘿萍又搬出了剛才那一套，試著說服他：「這種飛機的設計是能夠用單發動機飛行的。」查克不相信。他不認為這架飛機可以只靠單發動機落地，不是因為他看到了故障的機翼，也不是因為他在蘿萍眼中看到的恐懼。他已經做了最壞打算。他告訴蘿萍：「我們不會成功的。」他不是在發問，而是陳述一個事實：我們不會成功的。我們會死在機上。

蘿萍說服不了他。事實上，他們的對話造成了完全相反的效果：蘿萍開始被查克說服了。查克讓她感覺到她自己的害怕和無力感。此時的查克精神高度緊張。蘿萍心想，他的恐慌將點燃全艙的恐懼。

蘿萍放棄查克，走向坐在下一排的艾弗烈德・艾瑞那斯。

就在此刻，蘿萍聽到兩響鳴聲。後方的壁板上，只比一張郵票大一丁點兒的紅燈閃起；駕駛艙呼叫。蘿萍心想，謝天謝地，開飛機的是艾德。過去他們常常一起飛行。有一次從喬治亞州奧古斯塔起飛的班機上，他們還順利地對乘客進行急救。艾德的聲音很能讓人放心，這正是蘿萍現在最需要的。

9 6分45秒

螺旋槳一斷裂，飛機就突然朝左側滾轉下墜。駕駛艙內，黃、紅警示燈不停地在儀表板上閃爍。混亂的噪音湧進駕駛員耳中，其中最清晰可辨的就是「叮、叮、叮」響個不停的主要警報聲。一個合成女聲大喊：「自動駕駛！發動機控制！滑油！」這個聲音是用來傳達警告訊息的。有些大西洋東南航空駕駛員叫它「囉嗦貝蒂」，或是直接簡稱「小囉嗦」。

這時發動機齒輪箱已經損毀剝離，濺出的滑油流入左發動機進氣口，導致煙霧四散，透過空調及加壓艙漫進駕駛艙。艾德馬上關閉加壓艙，煙霧隨之消散。

「飛機左發動機失效。」艾德對麥特說道。

大約有二十五秒之久，艾德和麥特努力搶救不讓飛機失控，幾乎筋疲力竭。飛機在這二十五秒內就下墜了兩千七百五十呎。

「左側油門手柄，左側油門手柄。」艾德邊說邊改變左側螺旋槳葉片的螺距，他認爲葉片應該沒有受損。接著又說：「順槳。」順槳是指把葉片螺距調成水平，以產生最小阻力，使葉片停止旋轉。這些程序是所謂的「記憶項目」，也就是機長對災害或故障所作出的直接反應。等到記憶項目完成後，才會採用較正式的緊急檢查表。艾德的初步反應和教科書上寫的絲毫不差。

儀表板上的紅色警示燈又開始閃爍：左發動機火警。

艾德說：「嗯，我們已經順槳了。左側油門手柄，關斷燃油。」

為了抵銷飛機的下降，艾德和麥特調整駕駛桿使機頭上仰四度。

混亂的噪音依舊叮叮作響：「自動駕駛！發動機控制！滑油！」

「希望有用。」艾德對麥特說。

叮！叮！叮……

「快起作用啊！」艾德喃喃說道。

這架巴西利亞飛機很困難地往左拉升，想要回應駕駛的努力；但是空氣動力學定律卻讓機體翻轉、跳動，將它朝向地面進入螺旋。艾德仍然不知道問題出在哪裡。若是螺旋槳組件和發動機齒輪箱沒有卡在機翼上，而是掉落到地面，飛機可能還容易控制些；偏偏這塊奇怪、變形的金屬卻附著在左翼，造成空氣動力學上難以解決的問題。

如果ASA 529班機只是碰上單純的發動機失效，或是失去整個左發動機，但未損及機體結構，機長艾德只需要監控失效的發動機，按照檢查表上正確的程序操作，飛返亞特蘭大，然後執行單發動機落地即可。但是機翼的損壞減少了原本左翼可產生的升力，使得所需推力遽增，以克服損毀的發動機和螺旋槳組件所產生的阻力。這個簡單的物理學原理，使得駕駛無法以穩定而可操控的狀態繼續飛行。

艾德當時並沒有回頭去看左邊毀損的發動機——至少還沒看到。他還在應付發動機損毀後立即產生的可怕效應：扭曲的氣流、過度的阻力，以及左翼升力的損失。飛機持續在拉升與下墜中拉鋸。

這架飛機的反應讓艾德很困惑，因爲阻力並沒有因爲他們的努力補救而減少。

「已經順槳了？」艾德問。

「沒錯。」麥特回答。

因爲沒有回頭看，艾德和麥特並不知道損毀的螺旋槳組件和齒輪箱懸掛在左翼前緣，他們相信儀表及已經順槳的指示。他們繼續操控儀器，握緊兩側的駕駛桿，睁大眼睛掃視儀表板上的螢幕、刻度表、油門手柄以及警示燈，並且密切注意航向、高度、空速和正常發動機上的推力設定。語音警示仍然不斷地響起，警報鈴聲不停地叮、叮、叮……

「這飛機到底在搞什麼鬼？」艾德說。

螺旋槳斷裂後五十五秒，529班機的下降率是每分鐘三千五百呎，每秒鐘六層樓高度。空速已經增至每小時兩百二十四哩，仰角為機頭向下五度、左傾十五度。

「戴上耳機吧！」艾德說。

駕駛桿不停搖晃，在艾德的手中劇烈震動。「我握不住……幫我！」

戴上耳機，麥特開始呼叫：「亞特蘭大航管中心，ASe 529 班機有緊急狀況。我們單發動機失效，目前位置是142（一萬四千二百呎）。」

航管中心回應：「ASe 529，航管中心知道了。左轉直飛亞特蘭大。」

529 班機立刻左轉，飛向亞特蘭大。機場在五十哩外。

飛機危危欲墜，駕駛艙裡傳出沉重的呼吸與尖銳的說話聲，顯露兩位駕駛內心的緊張與恐懼。螺旋槳脫落後的一分二十五秒，空速達到每小時兩百三十哩，下降率再次突破每分鐘五千呎。他們關閉了主警示；紅燈依舊亮著，但不再閃爍。

駕駛艙內逐漸沉靜下來，只剩下濃重的呼吸聲。

艾德緊握著右大腿側的油門手柄，將正常的發動機油門收回，以減低空速及下降率，並繼續配合著速度不斷調整油門。機頭抬高，空速降至每小時一百八十九哩。

亞特蘭大航管中心：「ASe 529，請告知目前高度。」

麥特回報說是一萬一千六百呎。

這時艾德轉向副駕駛麥特說：「發動機比較能控制了……現在要注意速度。」

危機發生後，他們一直專注於掌控飛機，直到現在才有心思顧慮到機上的乘客。

「我來告訴蘿萍目前的情況。」麥特說。

副駕駛按下呼叫鈕：鈴響了兩次，客艙後面的紅燈閃了起來。

緊閉的駕駛艙門後，蘿萍拿起麥克風，背對著乘客，期盼這通來電可以讓她放下心中大石，但是事與願違。她本來希望聽到艾德的聲音，但說話的卻是麥特。這讓蘿萍很憂心，因爲她知道艾德喜歡和客艙保持聯繫，以便完全掌控機上的情形。現在換成麥特可不是個好預兆。

「蘿萍，有一個發動機失效了，」麥特說：「我們已經向塔台告知緊急情況，現在要返回亞特蘭大。妳就……嗯……跟乘客大略說一下，到時候會緊急迫降。」

他的語調聽起來十分專業，以前「遵命，夫人」那種詼諧口吻消失無蹤。

在這種時候，受過訓練的蘿萍應該要問以下問題：我有多少時間讓乘客作好準備？要迫降的時候，會不會有警示或警鈴預告？疏散乘客的指示爲何？但是現在蘿萍什麼也沒問，她只是說：「好的，謝謝。」

飛機高度一萬呎，仍舊以每分鐘一千到三千呎的下降率急速下降。艾德知道他到不了亞特蘭大。「我們只能讓飛機……繼續下降。」他說：「得儘快找到機場降落。」

根據駕駛艙的規定，機長永遠是飛行的主控者，有最後決定權。一般情況下，機長與副駕駛每隔一個航段會輪流駕駛。當其中一人駕駛飛機時，另外一位則負責與航管中心聯繫及查核檢查表，規定很明確。飛這段航程的是艾德，所以由他指示麥特；麥特則負責與航管聯繫。

麥特用無線電通知亞特蘭大航管中心：「我們只能繼續下降，需要儘快找到機場降落，請把卡車和其他東西準備好。」

亞特蘭大航管中心回報說，靠近喬治亞州卡洛頓的喬治亞西區機場，在飛機的十點鐘方向，約在十哩外。

529班機大幅度往左轉，朝向喬治亞西部前進。

艾德想著下一步程序該做什麼，他告訴麥特：「請查核發動機失效檢查表。」

麥特原本可以在儀表板顯示螢幕上拉出檢查表，但他選擇了更快的方法。他對艾德說：「我自己核對。」他伸手到座位後方拿出快速參考手冊，翻到用彩色標籤標記的那一頁。「找到了，」他說：「空中發動機失效。」

他們一起查核檢查表。中途亞特蘭大航管中心詢問飛機的航向，然後再給一段到喬治亞西區機場的修正航路。

529班機試著往右轉。「目前飛機……有點難控制。」麥特告訴亞特蘭大航管中心，說完又繼續查核檢查表。

麥特：「油門狀態，順槳。」

艾德：「嗯。」

麥特：「的確已經順槳了。」他看了一下儀表板上顯示的螺旋槳速度，然後查核檢查表上的下一個項目。

麥特：「嗯，電氣系。」他看了看頭頂上的儀表板，找到電動順槳開關，這個開關在手動順槳失效時可以啓動。「嗯，的確已經順槳了，(發動機) 沒有著火。」

艾德：「好。」

麥特：「關閉失效發動機的主輔助發電機。」

艾德：「嗯，關閉了。」

麥特移到下一個項目：「好，輔助動力系統。上面說：『如果還能用，就啓動。』你要我啓動嗎？」

在那個片刻，艾德心裡想的不是要按照程序來處理，而是要保住性命。他說：「我們一定要平安降落。」

離墜機還有六分四十五秒。蘿萍按下廣播鍵，轉向她的二十六位乘客說道：「機長和副駕駛剛剛已經向我確認有緊急情況發生。有一個發動機失效。」她宣布飛機要飛回亞特蘭大。蘿萍心裡很害怕，但聲音聽起來卻很沈穩。

坐在6A的查克心想：「竟然碰上這種事！」

蘿萍不斷重申飛機可以只靠一個發動機飛行，也告訴乘客要爲緊急降落做好準備，以防萬一。她並沒有照著空服員訓練時學到的正式而冗長的緊急宣達方式，她一直覺得那篇東西太長、太慢也太無聊。她以自己的方式，講了裡面重要的部分。

她說，要確保你的安全帶放低扣緊。

把腳平放在地板上，再讀一次旅客安全須知。

她解釋什麼叫防撞姿勢。除了一些坐在艙壁旁的乘客外，所有人都要兩臂交疊，緊握住前座的椅背，前額緊貼手臂。蘿萍堅持每個乘客都要作。

「你們要作給我看。」她說。

蘿萍問乘客有沒有任何問題，沒有人提問。她把餐車推回去，走到通道上說：「我來看看你們作得如何。」乘客們開始練習防撞姿勢，蘿萍調整一下這個人的手肘，把那個人的頭往下按。她以前受過防撞訓練，沒想到眞有派上用場的一天。

因爲蘿萍的心理建設，大部分乘客都相信他們有可能平安降落。第四排的埃德，搭這班飛機是要與坐在3C的同事巴爾尼，一起去麻薩肖爾斯拜會杜邦公司。他想，飛機即將降落的簡易機場可能會蓋滿滅火的泡沫，降落時也一定會產生劇烈的衝撞。

第九排的年輕警官陶德，內心正在掙扎著替自己壯膽。小時候他坐上雲霄飛車時怕極了，但是努力忍住，結果並沒有想像中恐怖。陶德想，雲霄飛車也沒多可怕嘛，不是嗎？這次我一定也可以撐過去。

陶德伸長脖子往左邊看。左邊中間那幾排靠窗座位，有些窗戶的遮陽板並沒有拉下來，他看到扭曲變形的金屬。他的夥伴查爾斯也在注意同一個方向，看到了同樣的景象，一語不發。

查爾斯安靜下來，完全的靜默。

陶德不願飛機上其他人發現他的恐懼，尤其是查爾斯。

飛機在雲層裡左右搖晃。陶德提醒自己要像個執法人員般思考：腦袋保持清醒！遵照指示！他扣緊安全帶，仔細聆聽空服員的指示。接著他關上右側窗戶的遮陽板，彷彿如此就能忘記自己置身高空。

坐在第七排靠走道的大衛，相信飛機會如空服員所說平安降落。有一次，大衛搭乘的飛機在暴風雪中降落，機場跑道旁停滿消防車。落地那一刻，所有乘客都鼓掌喝采。

對大衛來說，搭機旅行是家常便飯。他總是在周日或周一離開明尼蘇達的家，飛到另一個城市訓練食品連鎖店的員工使用電腦程式。然後，在周五飛回家，洗了衣服、付了帳單，到了周日又繼續同樣的行程。

這就是大衛，職訓部門副總經理——他的工作便等於生活。大衛三十七歲、離過兩次婚，憔悴的面容顯示他沒有時間、也不會想去實現偉大夢想。他有著羅斯福總統般的濃密鬍子，多到後面可以躲人，眼鏡不時會從鼻樑上滑落，常常低垂著雙肩。

飛機不停地震動，讓大衛神經緊繃。他想看看左翼的情況，便把身子靠向左邊走道，視線越過第六排的查克。他看到螺旋槳葉片不但剝離彎曲，而且並沒有轉動。

乘客之間一片沉默，讓他很緊張。

他看看錶：中部時區早上十一點四十五分。他本來打算飛到海灣港後租一輛車，開到阿拉巴馬州的摩比。但是現在飛機要折返亞特蘭大，他擔心會多耽擱半天的時間。飛機從八千呎的高空持續下墜，試圖往右轉，而大衛心裡想著，自己可能要損失幾百塊美金了。

螺旋槳斷裂後，艾倫注意到的第一個聲響來自右發動機。艾倫坐在客艙右側6C，位於完好的發動機後方。他猜駕駛一定把右發動機的轉速調高，以彌補失效的左發動機。右發動機的運轉聲比之前大得多，也孤單得多。

艾倫等著讓蘿萍檢查他的防撞姿勢，一邊看著旅客安全須知，讀到漂浮裝備和安全門位置的說明。他看著卡上的小圖示想著：「如果眞的墜機的話，這張卡也救不了我。」

艾倫注意到，從走道對面查克所坐的位置往外望，可以看到左翼。那個男人不久前和空服員說話，聽起來十分沮喪。他在飛機起飛約半個鐘頭前，不小心坐錯坐到艾倫的位置。此時，艾倫似乎看到那個男人的眼中含著淚。

艾倫的腦海裡浮現一個令人心生驚恐的念頭：他坐那裡看得比我淸楚，如果他的眼中含淚，那就表示……

10 4分46秒

墜機前四分四十六秒。飛機繼續往下掉，幸好速度慢了下來，現在每分鐘大約下降一千五百呎。

蘿萍對5A乘客說：「我看看。」吉姆微微前傾，讓蘿萍看看他的防撞姿勢。

吉姆一直安安靜靜地坐著，一語不發，靜觀其變，跟身後的查克完全不同。查克嚇得坐立不安，吉姆比他穩多了。

吉姆的個性很多樣，使他生命的每一分每一秒都過得充實精采。在家裡，他是慈祥的父親，會在八個小孩上床之前說：「香一個！」孩子們就一個接一個親吻他的臉頰道晚安。他也是和藹可親的爺爺，不久前才對幾個孫兒說：「你看，爺爺今年六十三歲了，身高六呎三，而且有六十三顆牙齒喔！」吉姆也有強悍、陰沉的一面。他是個守舊派，過著紀律嚴謹的生活，脾氣像地雷一樣一發不可收拾。臉上的疤就是明證，那是大學時代在尼加拉瓜的一間酒吧大打出手留下的「紀念」。有一次講到這個，吉姆草草帶過：「我跟那個小子就是互相看不順眼。」如今成了六旬老翁，他還是像苦行僧一樣磨練自己，每天早上固定騎健身腳踏車，一騎就是一個多鐘頭，把自己累得汗流浹背，嘴上咕噥著：「這把老骨頭都要散了。」他對戴在身上的天主教勳章得意不已，對絕望者的守護神聖猶大有一份特別的敬意。吉姆在家裡掛了一幀職業拳手「颶風」魯賓・卡特的照片。卡特曾經坐了整整十九年的冤獄；吉姆用這張照片提醒自己：人生雖然艱辛坎坷，也不必自怨自艾，因爲比上不足，比下有餘。

吉姆相信宿命。有一年冬天他在家門口的車道鏟雪，女兒怕他傷了背，便勸說道：「爸爸，進來休息吧！蘭妮的叔叔就是鏟雪的時候心臟病發死掉的！」吉姆平靜地回答：「那都是命。上帝要我現在死也沒關係，我已經準備好了。」

可是現在吉姆完全沒有心理準備，他根本沒想到會墜機。他每天早上七點半都會望彌撒，也經常禱告，尤其是壓力很大的時候。有一次他還坐在沙發上對著電視機祈禱。那是一場籃球賽，由聖母大學出戰洛杉磯加州大學；雙方實力相當，進入延長賽。吉姆的太太南茜看見他在禱告，眼珠子差點掉出來：「不會吧！你在禱告喔！」吉姆臉都紅了，聲音像蚊子叫：「對……」

吉姆一生經歷不少大風大浪，從來沒有被打倒。此時此刻，飛機以每分鐘一千五百呎的速度下墜，離地面不到七千呎。吉姆相信，以他強健的體格、堅定的意志，如果有人能夠生還，他一定有份。

蘿萍看了看坐在安全門旁邊的幾位乘客，也就是第五排的吉姆、露西里，還有第八排的戴維。蘿萍問他們：「等會兒飛機停下來，你們能不能幫忙把安全門打開？」

露西里嚇得舌頭打顫：「不……不……不行……」她要跟丈夫坐在一起。她的丈夫朗尼嫌原來的座位伸展空間太小，坐到後排去了。

蘿萍問其他乘客：「有沒有人願意跟這位女士換位子？一定要有一個人坐過來，這樣重量才能平衡。」

半晌的沉默後，後排傳來一個男性的聲音：「我跟她換。」

司法部檢察官龐德・魯站了起來。他的身材高大，頭髮有些灰白，臉上的鬍鬚還有那股自信活像是大老闆。他的領帶上有小豬圖案（他覺得這就是美國南方的調調，出發以前還跟同居女友說：「我這趟是去鄉下地方。妳瞧這條領帶，多有鄉村風味啊！」）龐德任職司法部反組織犯罪與詐欺組，是組內最資深的檢察官。他的父親是華盛頓特區警員。龐德喜歡挑戰錯綜複雜的案子。他出來這趟有重要任務；過去傳出有幫派滲透密西西比州比勞克斯市一帶的賭船「賭神號」，歹徒用隱形墨水在撲克牌上作記號，賭桌上的同夥戴著能看到記號的特製眼鏡，把其他賭客殺得片甲不留。歹徒靠詐賭已經獲利超過五十萬美元。歷經兩年半的調查，歹徒終於在二個月前落網。目前陪審團已經成立，龐德是負責起訴的檢察官之一，這次是跟密西西比州立檢察署合作。

今年春天，龐德在華盛頓的辦公室跟上司法蘭克聊到退休以後的生活。法蘭克說：「我退休以後要開一家義大利餐廳，當酒保兼大廚。」幾個星期之後，法蘭克收到一張五十萬美金保單，上面註明他是受益人，那是龐德在機場買的航空意外險，保費很便宜。那次也是從亞特蘭大飛海灣港。龐德回來以後跟法蘭克說：「喂！老大，我讓你當受益人，這樣萬一我出事，你就可以開餐廳啦！」幾個星期後龐德又去了一趟海灣港，法蘭克再次收到一張五十萬美金保單。對於龐德的幽默，法蘭克微笑著搖搖頭。可是這一次，龐德沒有保意外險。

龐德最喜歡在陪審團面前一展辯才。如今他站在10B的走道，手上拿著旅客安全須知說：「別怕，這張我看過了，我知道該怎麼做。」他的臉上帶著微笑。

龐德換到5C，讓柏爾頓夫婦一起坐在後排。

整個客艙只有蘿萍的聲音。

大部分的乘客都跟陌生人比鄰而坐。許多乘客看一下窗外的飛機左翼，再看看蘿萍，然後又回頭盯著左翼。

右翼持續嘎嘎作響。坐在4B的珍妮佛發現她沒有帶證件在身上。早上她急著出門趕飛機，把證件忘在緬因州的家中。她想如果飛機失事，大概沒有人知道她是誰。

坐在9B的警官查爾斯要搭檔陶德拉開右側遮陽板，他想看看正常的引擎。陶德馬上拒絕：「我才不要看，如果螺旋槳沒在動，那看了不就嚇死了。」查爾斯只好作罷。

蘿萍要乘客把口袋裡的筆或尖銳物品拿出來，「把眼鏡脫掉，把飲料倒進前面的椅袋。」珍妮佛手上拿著健怡可樂，把前面的椅袋拉開，她聽到珍恩說：「這樣不會弄髒嗎？」珍妮佛說：「我想他們比較擔心外面那隻翅膀。」

坐在第六排的艾倫仔細聽著蘿萍的指示。他的頭腦冷靜，思慮淸晰，不過話又說回來，艾倫身爲中階主管，他的職責就是保持冷靜。他今年三十五歲，擔任一家連鎖零售商的地區人事主管，一向認眞敬業，有時候連周六早上也在工作。他現在每年調薪百分之三•三，在這一行裡逐漸駕輕就熟。兩年前，艾倫的上司在他的年度考績裡給了些許批評，艾倫沈著以對：「您說得沒錯……我一定改進，讓您刮目相看。」企業文化裡有各種規章與職稱縮寫，艾倫的夢想是當上HR（人事部門）的VP（副總裁）。

現在連冷靜的他都心生懷疑：「眞的要把飲料倒進椅袋？」從來沒有人會叫他這樣做。艾倫心裡明白蘿萍的用意。他閉上眼睛，默默祈禱：「上帝啊！我已經準備前往天國的家了，請祢答應我幾個小小的要求。讓我死得痛快。

賜予我的妻子力量，讓她把四個孩子扶養長大。

讓孩子們永遠記得我的愛。

艾倫有兩個兒子，一個七歲，一個十歲，應該會記得爸爸；可是一對雙胞胎女兒才三歲，知不知道爸爸好愛她們？幾十年之後對爸爸還有多少印象？艾倫祈求上帝讓孩子們永遠記得他。

祈禱完畢，艾倫的思緒回到當下：「掉下去會怎樣？我的頭會斷嗎？我的手腳會斷嗎？會很痛嗎？」他想像飛機四分五裂，銳利的金屬碎片向他飛來。「會有感覺嗎？能不能死得痛快些？」

坐在第四排的埃德．葛雷沒有向上帝祈禱。他不信上帝，他覺得人不需要宗教也能活得好好的。埃德注重精神生活，但是他不信神。

對埃德來說，墜機是機器故障的問題，跟上帝無關。

他聽到蘿萍叫大家把飲料倒進椅袋，他看看面前的柳橙汁：「這樣不禮貌吧！」埃德知道現在是非常情況，管不了那麼多了，倒吧！

埃德今年六十三歲，自己經營一家顧問公司，目前幫克里夫蘭的知名建設公司摩里森．努森服務。埃德一天到晚出差，孩子小時候都叫他「爸爸叔叔」，即使人待在家裡，也是公事重於家庭。公司只要一通電話他就馬上打包，走遍天涯海角：芝加哥、東京、倫敦。結婚四十年了，妻子芭芭拉開玩笑說其實只有二十年，因爲另外二十年埃德都在出差。埃德一家人住在康州西港市，房子不大，四周林蔭繁茂，老牌影星保羅・紐曼（Paul Newman）就住在附近。埃德夫妻有兩條散步路線：一條是「紐曼全餐」（一直走到紐曼家），另一條是「紐曼快餐」（全餐的一半）。埃德永遠把工作放在第一位，四十三年來幾乎沒休息過。他還要再工作七年，「爸爸叔叔」要繼續賺錢養家。

在埃德看來，左翼故障不是上帝的傑作，而是生命的變奏曲。

坐在9A的麥克・漢瑞克斯冥冥之中知道自己可能會葬身空難；這個念頭占據他心頭好一段時間了，他還跟另一半琳達提過。麥克今年三十五歲，是網路工程師。他懂飛機，也相信飛機。要不是視力太差，他說不定早就當飛行員了——就像他身爲機長的父親一樣。他退而求其次，在八〇年代拿到了美國聯邦航空總署核發的執照，負責維修機身和發動機。

麥克後來轉換跑道成爲工程師，常常需要搭飛機。搭上這班飛機的六天之前，他才剛到新公司上班，這份工作也需要常常當空中飛人。

麥克很務實，也相信宿命，前一陣子才跟妻子說：「我一天到晚搭各種不同的飛機，所以墜機的機率會比別人高。」

他還說：「如果飛機墜毀又著火，那我就死定了。」麥克當然不希望碰上墜機，但是他知道不無可能。

來自路易斯安那的安琪拉坐在第二排。年紀輕輕的她才剛被大西洋東南錄取爲空服員，卻得面對死亡的威脅。她剛才看蘿萍指揮若定，像是吃了一顆定心丸，可是現在她好怕，她想盡辦法讓自己別慌。安琪拉的眼眶滿是淚水，她抬頭看著天花板，不讓眼淚流下來。

年輕警官陶德還是不願意拉開遮陽板，他看著身旁的窗戶：「萬一窗戶爆開，我會不會被吸出去？」

駕駛艙裡，副駕駛麥特必須同時聽命機長以及亞特蘭大航管中心，絲毫不能分心。

亞特蘭大航管中心：「請告知目前高度。」

麥特：「低於七千呎。」

輔助動力啓動。

機長艾德：「還好會動。」

航管中心：「抱歉，ASe 529，請再說一次高度。」

麥特：「現在降到六千九百呎了。」

艾德看一下輔助動力：「輔助動力已經啓動，一切正常。」

麥特：「好，檢查下一個。」他一向照程序操作，他要仔細查核檢查表上每一個項目。

航管中心告訴他們，阿拉巴馬州的安尼斯頓機場也在附近，不過還要往西三十哩，比喬治亞西區機場還遠得多。艾德問麥特：「跑道是哪一種？」麥特馬上問航管中心：「喬治亞那邊的跑道是哪一種？」

航管中心還沒回答，艾德叫麥特先查核檢查表。

麥特一樣一樣解決，最後一項是還在運轉的右發動機。麥特問艾德：「要不要將推力加到最大？」

「好。」

右發動機的螺旋槳伸出，隆隆作響，速度越來越快，每分鐘達到一千三百轉。

關於喬治亞西區機場那條長達五千呎的跑道，航管中心有了答案：「是柏油道面。」

11　2分57秒

墜機前兩分五十七秒。航管中心呼叫：「ASe 529，航管中心失去你們的詢答機訊號，請告知目前高度。」

下墜，不停下墜，已經低於雷達偵測範圍。麥特回覆：「我們已經降到四千五百呎了。」

這時，ASA 529班機出現在航管中心管制員的螢幕上。「我看到你們了。」

距離喬治亞西區機場只有八哩，機場就在雲層下方。

「我們要目視進場。」艾德說。

「祝好運了，各位。」一個不知名的聲音傳來，顯然另一架飛機上的人員也發現驚險的一幕正要上演。

「謝了。」麥特回答。

坐在第三排的巴爾尼來自俄亥俄州，今年五十七歲，有張圓圓的臉，這趟是跟埃德一起出差。坐在機上，他想起了他的家人——老婆、子女、孫子，還有他的老母親。他們都住在不同的州。此時此刻，家人分散各地實在令他煩惱。他還有很多話想對他們說，對大家一起說。

大衛坐在第七排，和凱文比鄰。他們一句話也沒說，也沒對看過一眼，但兩人的肩膀因為空間太小而不時互相碰觸。

大衛不再為失去半日的收入而惋惜。周遭乘客的絕望表情讓他開始往壞處想。萬一眞的墜機怎麼辦？下一個念頭是，我不想死。大衛開始回顧過往的人生。他有點懊悔，尤其是對兩個兒子。

他出差的次數太多了，多到兒子們都搞不清楚他現在人在哪裡。他們跟大多數十八、九歲的青少年一樣，想要過自己的生活，而不是父親所期待的。大衛全心全意地愛著他們；身為單親爸爸，他為了撫養兩個孩子而犧牲奉獻，但兒子們並不想走父親期望的路——繼續唸書，拿到大學文憑。他幾乎有一種被騙的感覺。

他想起了前妻莉拉。他們的婚姻在十三個月前平和地結束——兩人連離婚都請同一個律師。他的工作毀了這場婚姻；太多個不在家的夜晚，太多次的出差。

飛機又震了一下。

大衛不相信他會孤獨地死去。他對上帝感到憤怒。為什麼是他？難道他沒有善盡義務嗎？十六歲時，一個女同學懷了他的孩子。年輕的他們感到害怕，把雙方父母都找來，聚集在大衛家坦承一切。他們決定結婚，並且到南達科他州舉行婚禮。幾個月後，他們有了第一個男孩，一年後又生了另一個。他們的婚姻並不長久，大衛取得了兩個孩子的監護權——這兩個孩子連自己的父親現在人在哪兒都不知道。

他感到孤單，前所未有的孤單。他聽到自己心靈深處的吶喊：為什麼發生在我身上？

他坐在一架正在墜落的飛機上，周圍都是陌生人。他希望有隻手來扶持他。

他感到憤怒而痛苦。如果眞的要死，死之前至少要再看某個認識的人一眼。

坐在1B的朵茵什麼都看到，也什麼都聽到了，不過還是搞不清楚到底發生了什麼事。她不只看到左翼大片金屬剝落，也聽到空服員跟駕駛艙的對話。

他們的對話讓她困惑而擔憂。她看到蘿萍拿起牆上的麥克風，聽到她緊張地說：「機長？」過了一會兒她又聽到：「好的，謝謝。」即使蘿萍告訴大家，飛機可以單靠一個發動機飛，朵茵仍然懷疑機長是否知道左發動機的情況。他們看得到那些噴出來的液體，還有外露的纜線和軟管嗎？他們有後視鏡嗎？為什麼空服員不跟他們報告這些情況？

朵茵得照料身旁的母親瑪莉珍。當葉片斷裂，飛機下墜，瑪莉珍問她：「發生什麼事？」

她們先從左側窗戶看出去，然後看著對方。瑪莉珍搖搖頭，對女兒說：「我有不祥的預感。」

在蘿萍要求前排乘客把飲料倒掉之前，朵茵說：「媽，妳最好把柳橙汁喝掉。不然萬一要迫降，會灑到妳的白褲子上。」瑪莉珍搖了搖頭。她的情緒高度緊繃，擔心著故障的發動機，而不是柳橙汁。朵茵把母親的杯子拿過去，把果汁喝完。

蘿萍要大家再仔細看一遍旅客安全須知。瑪莉珍問朵茵：「我們該怎麼辦？」朵茵小聲回答：「我們專心聽。」

當乘客們演練防撞姿勢時，蘿萍看到這對母女臉上驚嚇的表情，便避開了她們的眼神。當蘿萍去協助其他乘客時，朵茵教母親如何逃生。

朵茵要母親把安全帶扣上，鬆開，扣上，再鬆開。「如果我們前面的門堵住了，」朵茵指著他們左前方的主要出口說：「妳就要用爬的。記住，往後數到第五排，就是逃生出口。」瑪莉珍沒回應。朵茵知道母親已經嚇壞了。

朵茵想到了死亡。隨即又想到，我們可以活下去的。她知道她的生命操在駕駛的手上。她又開始懷疑，機長是否看到了左翼的情況。她相信這位駕駛，不管他是誰。她告訴自己，如果他能讓飛機降落，其他的事我就可以自己來。

她想起了丈夫賴瑞，還有兩個兒子盧卡斯與柴克。眞希望現在能和他們說話。

她決定寫張紙條，以防萬一。要是她墜機身亡，他們會知道，她在面臨死亡之際，心裡想著他們。她從腰包裡掏出一支筆。從窗戶望出去，觸目所及只有灰色的雲，一蓬蓬像棉花一樣。機艙裡，只聽見蘿萍的聲音從遙遠的某個地方傳來。她不想讓母親看到她在做什麼。她不想再一次嚇壞母親。

她微微轉身，用右肩擋住瑪莉珍，小心撕下手上那本小說《法國時光》的封面。朵茵的手在顫抖。我該對他們說什麼，讓他們好好繼續過日子呢？是的，她是個老師，一向聰明且思慮周詳——不過她現在也是個可能沒機會再看到兩個孩子的母親。她用指尖敲了敲筆。緊張的心情攪亂她的思緒。她從右肩上方瞄過去，只見母親沉默不語。

她動筆寫下：「你們是我生命中的光輝。永遠愛你們，媽咪。」

然後是：「盧卡斯跟柴克：要當乖孩子。」

以及最後一行：「記得禱告。」

她寫完了媽咪的話，感覺了卻一樁心事。她仔細地把紙條對折再對折，收進腰包。要是搜救人員找到她的遺體，便能發現這張紙條。

她聽到身旁的母親再次問道：「現在該怎麼辦？」

「我們禱告吧。」她說。

她們穿了純棉衣物和便於逃生的球鞋以防萬一。現在，這對母女緊握對方的手，為這場災難作最後準備。她們一起禱告：「願祢的國降臨；願祢的旨意行在地上，如同行在天上……」

12 2分9秒

墜機前兩分零九秒。ASA 529班機所在高度爲三千四百呎，正以每秒三十呎的速度急速下墜。

有七分鐘之久，機長艾德凝神注視著駕駛艙內的儀表設定、數據、油門手柄、燈光及螢幕，並隨著飛機的警示鈴響及合成語音警訊而應變，且不忘緊盯著空速、俯仰姿態及高度。

此刻，他第一次朝左後方定睛一瞧。

起飛之前完好的發動機跟四片螺旋槳葉片，現在卻成了一團廢鐵。

艾德對副駕駛麥特說：「發動機爆炸了，就掛在那邊。」

他還是頭一遭遇到這種事。

艾德言盡於此。這些儀表顯然並未反映出眞實狀況。這架巴西利亞型飛機並不單單只是發動機失效，像他這樣具有將近一萬個飛行小時經驗的機長，看一眼便知道大事不妙。機體受到結構性的損壞，嚴重到連發出去的詢問都收不到回答，想救也救不了。他看到一團廢鐵糾結在左側機翼前緣。飛行需要平穩的氣流，現在卻是晃動不已。艾德的巴西利亞此刻彷彿是隻受傷的鳥兒，奮力地想在空中飛翔，卻只是在做無謂的掙扎。

緊急檢查表上遍尋不著有任何指示，可以教艾德用單翼飛行。他受過緊急事件應變訓練，也對各種災難做過無數次的模擬練習。然而，那些臨危訓練、應變技巧和膽識，在此時此刻變得毫無意義。因爲單翼飛行是絕對不可能的。

艾德靜靜地轉過身，聽到航管員要麥特飛往喬治亞西區機場。「ASe 529，知道了。由定位台三十四跑道進場。嗯？你有辦法飛航向么—八—洞嗎？嗯，對不起，是么—陸—洞。」

「可以。」麥特確認。

麥特坐在右邊的副駕駛座上，看不到機體結構性的損壞，無法自行評估情況的嚴重性。他只知道機長交代的事項，而艾德直接了當地告訴他事實：發動機壞了一個，就掛在那邊。艾德說完後足足有三十秒不發一語。他曾告訴過妻子，他能把飛機安全地降落在田裡，現在的他有辦法做到嗎？此刻飛機正穿越雲層急速下墜，他能找到空地並及時將飛機開到空地上方嗎？即使他腳底下有塊空地，在飛機狀況不佳的情形下，他有可能將這架兩萬四千磅重，以每小時一百五十哩速度飛行的飛機，降落到地面上嗎？有人可以生還嗎？

如果飛行員在回答這些問題時還得猶豫的話，便不夠稱職。艾德的家族中早就有人在二次大戰中當過飛行員，而他也克紹箕裘。小說家沃夫（Tom Wolfe）寫道，那些擁有高度膽識、應變能力、豐富經驗、頭腦冷靜的戰鬥機飛行員，泰山崩於前而色不變，是金字塔頂尖的菁英，「是挑選出來，授予重責的飛行員，該具備的條件全都有了。」對艾德而言，此刻無關乎男子氣概，而是取決於這架飛機。光憑膽識、應變能力和經驗，便能夠開好這架「回天乏術」的飛機嗎？

現在，聽到麥特確認航路是先往南飛個幾哩，再轉向喬治亞西區機場的跑道。艾德心想，是啊，光靠一個發動機是可以照那樣的航路飛，但只剩一隻機翼是辦不到的。他們急需一條跑道。因此艾德對副駕駛說：「只要給我們雷達引導，我們可以目視進場。」艾德要麥特問明方位，好讓他可以看得到那座鄉間機場，便可以直接降落。泰山眞的要崩了，他必須面不改色，臨危不亂才行。

喬治亞州西部上空，從拉格朗治向北到羅馬城，航管員和駕駛員間彼此用簡潔的行話交談，聲音此起彼落。

雷達管制員爲了讓ASA 529班機能緊急撤回亞特蘭大，一直管制著該市附近的上空。亞特蘭大機場南方二十哩處，爲亞特蘭大航管中心位於喬治亞州漢普敦的總部，其東南方大部分的空域多爲該中心管轄範圍。一般而言，空域的基本高度是一萬一千呎，若低於這高度，通訊的工作便得移交，但亞特蘭大航管人員卻多引導了ASA 529班機達七分鐘之久。

當ASA 529班機降到四千五百呎，通訊工作才轉到亞特蘭大進場管制單位。進場管制單位是在較窄的空域內監測飛機，責成範圍爲亞特蘭大哈茲菲爾德國際機場方圓四十哩內，其中涵蓋了喬治亞西區機場。

當時亞特蘭大進場管制單位有個雷達管制員持續地監控ASA 529班機。有一度螢幕上高度顯示爲「100」，意謂著飛機大約在亞特蘭大西南方五十哩處環繞，所在高度爲一萬呎，並且正在下降。

約莫四分鐘後，高度顯示爲「045」（四千五百呎），其後便不再出現任何數字。這是因爲飛機下降速度過快，電腦監測不到。

縱然這些警訊歷歷在目，這名雷達管制員仍然不夠警覺，沒有在螢幕上啓動緊急情況時使用的一號地圖。一號地圖詳盡地標示出喬治亞西區機場附近的道路、湖泊和醫院，包括ASA 529班機飛行航道東北方的316號高速公路。有了一號地圖，萬一他們到不了小機場時，航管員便可建議兩位駕駛採取可能的緊急迫降。但管制員心想，即使一具發動機失效，也可以至少再飛個二十哩，所以並未啓用地圖，且管制員也沒從副駕駛的聲音裡，聽出絲毫的壓力和惶恐。當然，兩位駕駛並未直接了當地描述左側機翼受損情形，以至於航管員無從得知這項關鍵訊息，也是造成誤判的原因。

副駕駛向亞特蘭大航管中心宣布進入緊急狀況，並且請求派遣消防車及救難隊，時間業已過了五分多鐘。

但就在航管工作由航管中心交接至進場管制單位時，發生了一項失誤——沒有人緊急通知凱羅郡消防隊：有一架飛機正從空中下墜。

蘿萍一走到第八排，年輕工程師戴維便脫口說道：「我知道該怎麼做。」他指的是他座位旁的安全門，也是客艙後段唯一的出口。他到時要負責把它打開。

戴維全心全意地想著這件事，把它當成一項重責大任。他盯著門把來回看了好幾十遍。萬一把手卡住了，門打不開怎麼辦？他反覆閱讀旅客安全須知，心想如果後面有女性，我得先讓她出去。他看到第十排有兩位女性：桑雅和露西里。

當蘿萍站在他眼前，戴維眼睛看著安全門說道：「我知道，我負責打開安全門。」戴維的話語之中充滿自信，蘿萍深爲感激。

她感激有人可以讓她信賴。

但當她與戴維四目相交的那一刻，她意識到對方已經察覺她的恐懼。

蘿萍看到左側的旅客正緩緩拉開遮陽板。

戴維認定他今天不會葬身於此。他感覺自己百毒不侵，一定大難不死。人之將死，總會有點預感。二十八歲的他深信，今天，這種事不會發生在我身上。

就這麼簡單。戴維感覺得到飛機正在下墜，但還沒嚴重到令他反胃，把他的魂魄給嚇散。他心想，飛機飛得還算平穩，而且也有降落的裝備。

他好幾次聽到空服員說，飛機靠一具發動機便能飛行。實在沒理由認為自己會死。

此外，戴維的人生還有很多規畫。他有個好工作，婚姻美滿，他喜歡他的生活。他是工程師，每次跳槽時，新老闆總是會直接或是暗示他說：「你的前途不可限量。」他的薪水調漲了不少，證明的確是「錢」途無量，而且每年有十六%的薪資，會進到401(k)退休基金帳戶。他正努力朝未來邁進，打算唸個MBA，期盼能在四十歲前當上營運副總裁——如果人算不如天算，也許五十歲才辦得到。說不定那時他已經退休，雲遊四海，做做義工。

從8C座位上往前看過去，中間隔了幾排，有個男的穿著針織衫和藍色牛仔短褲，他就是吉姆。戴維和他素未謀面，卻覺得跟他有點緣分。他們都受雇前往海灣港，未來要共事一陣子。戴維覺得自己一定得特別觀察吉姆的一舉一動，這讓他不會感到那麼孤獨。

戴維唸了段《玫瑰經》，從信仰中尋求力量：「我們的天父，萬福瑪麗亞，光芒萬丈……起初如何，今日亦然，直到永遠。阿們。」

13 1分28秒

墜機前一分二十八秒。蘿萍從戴維旁邊走過去，走到最後三排形成的U字型區，注意到最後一排的露西里，靠在丈夫朗尼身旁站著。

「妳在做什麼——？」蘿萍拉長了尾音，厲聲問道。「快坐下！」朗尼連忙傾身去幫忙太太。十一個月前，在朗尼的退休餐會上，夫妻倆同坐主桌。介紹到露西里時，朗尼緊扣雙手，默默為她打氣。那時，他像祈禱般雙手合十，感謝他們共同走過的歲月，也對未來要相伴的日子由衷感激。此時，朗尼幫忙結褵四十三載的妻子把安全帶扣上。

這時，蘿萍發現情況有異。雖然她說不出到底是什麼，但她覺得應該要到機艙前頭去。

她轉身往回走，手臂高舉，扶著走道兩邊座椅上方的行李櫃。蘿萍一邊走，一邊左看、右看，再次左看、右看，確認乘客平安無恙。走了十二步之後到了第一排，她再次轉身看著她的二十六名乘客。

什麼地方不太對勁。

是機艙內的光線。

現在比較亮，感覺像窗簾被拉開的那一瞬間。

乘客都往外看。越過1C的瑪莉珍肩頭，蘿萍也向外看。

飛機已經降到雲層之下。窗外出現鄉間風景：農田、松樹，和零星散布的房舍。

她在亞特蘭大降落不下千回。這裡不是亞特蘭大機場。

飛行中一切都按表操作；遇到緊急情況時，有時還不只按照一個表。所有程序都要嚴格遵守。因此當 ASA 529 班機穿出雲層時，機長艾德打算找下一個表來遵循，儘管當時他的聲音早已不聽使喚。

他講話從來不結巴，現在卻顫抖地說：「請……給我……單……單發動機操作表……」

麥特說：「在……哪裡？」在《快速參考手冊》中，單發動機操作表最難找到。

亞特蘭大塔台再次呼叫：「ASe 529，請告知高度。」

麥特回答：「我們目前降到一千九。」

飛機的高度直逼樹線，只見喬治亞松樹林矗立在平疇沃野間。

「我們降到雲層下了，」艾德對副駕駛說：「告訴他們。」

麥特沒機會開口。

「你們下降到一千九了？」這個高度嚇壞了航管人員。ASA 529班機一分鐘前還在三千四百呎，一千九聽起來不對勁。降得太多、太快了。

麥特回報說他們準備目視進場，「給我機場的方位。」

航管員說：「ASe 529，左轉，呃，朝航向洞－四－洞飛行。機場在你的十點鐘方向，六哩之外。雷達引導此刻中斷。」

529班機消失在雷達螢幕上，在這麼低的高度，是很正常的。進場管制員剛聽到急劇的下降速度時有點擔心，但當他聽到麥特以平穩的語氣重複「洞－四－洞，ASe 529」後，認爲飛機應該在控制之中。管制員心想529班機應該會平安降落。這是他最後一次和529通話。

14 38秒

墜機前三十八秒。ASA 529 班機在搖晃中下降，嚴重左傾。正常情況下，只需一位駕駛就能讓飛機平穩降落，但現在兩個人卻得拼命試圖用手動控制。艾德和麥特幾乎站了起來，安全帶繞在大腿上，兩條吊帶越過肩膀，連接在固定的捲輪上。吊帶的設計讓駕駛可以活動，但在劇烈撞擊時會鎖死，確保駕駛不會撞到儀表板。兩位駕駛現在伸長了腿抵住方向舵的踏板，背往後仰，使勁將駕駛桿往身體的方向拉。兩人用盡所有力氣，前臂的肌肉都繃緊了，好像不是在開飛機，而是和一群驚嚇過度的牛做拉鋸戰。

艾德和麥特看到眼前出現起伏的丘陵、茂密成叢的樹林，和星星點點的房子。

他們看到左手邊的松樹林間有一小塊空地。空地的一邊是成排的房舍和電線桿。

飛機搖搖晃晃。航管員指示，離喬治亞西區機場只有四哩遠。不重要了，巴西利亞正朝著空地下墜。兩位駕駛決定不放輪子，直接以機腹著陸——書上是這麼教的。曠野的地面不平，不利於降落，如果放下輪子可能會使起落架斷裂或深陷地面，導致機身翻覆。

駕駛艙內嘈雜不已，合成語音和急速的嗶嗶聲此起彼落，隨即出現警示：目前高度五百呎。

航管員的聲音再次響起：「ASe 529，請調到我的頻率，一一八點七……」

左翼傾斜向下，空速減到時速一百三十八哩。

「起落架未準備」，合成語音提醒駕駛，起落架仍在收起狀態。

陸地越來越近。

蘿萍以近乎吼叫的聲音，向所有乘客宣布：「記住，把頭低下，迫降後要等到飛機完全停止，我們才能出去。」

蘿萍知道，其實大家都沒在聽。右側的乘客，以及左側後面幾排的乘客，都盯著窗外看。

蘿萍再次越過瑪莉珍的肩頭向外看，她看到的是……樹梢！駕駛艙怎麼還沒給我降落指示？沒有指示、沒有警告、沒有鈴聲。只有樹梢。

她該做的都做了嗎？喔，糟了，我還沒回到座位！

蘿萍面對著乘客，倒退走了一步、二步、三步，一邊發令道：「把頭低下！彎下腰，抱住頭！防撞姿勢！防撞姿勢！彎腰！低頭！」完全依照空服員手冊第一章第二十三頁的指示：「墜機前給予下列指示：『防撞姿勢！彎下腰，抱住頭！把頭低下來，把頭低下來。』」

資深警官查爾斯和準空姐安琪拉抬起頭來再看一眼窗外的樹叢。

蘿萍提高嗓門：「把頭低下！把頭低下！」

15 目擊

亞特蘭大以西四十哩，都會景觀被大片農地所取代。那裡有很多像柏威爾路這樣自成一區的社區。雙線道的柏油路，從環繞小鎮的牧場與林地之間穿過。

此時，在柏威爾附近，一名男子從屋後露台走出來，看到一架飛機從西方飛來，機身向左傾斜，飛得很低，可以清楚看見機尾鮮豔的ASA字樣。飛機的左發動機不太對勁，這是怎麼回事？發動機看起來是黑的，看樣子外表的金屬都不見了。男子還沒來不及仔細看，飛機就飛過去了。

寇赫牧師正和鄰居聊天，聊到幾個星期前颶風艾琳的威力，還有一些被襲擊的樹木待砍。此時從上空傳來發動機轟隆隆異常巨大的聲響。寇赫牧師站在衛理公會的停車場，抬頭尋找聲音的來源。

他看到頭上有一架飛機，高度不過幾百呎，機身左傾，正朝著柏威爾路社區的一排樹直撲而來。

連空氣都在振動。牧師的友人丹尼斯說：「那架飛機要出事了！」他們倆沒看到毀損的左翼。寇赫感覺到駕駛正拚命不讓飛機掉下來，儘管飛機仍朝著樹叢的方向直衝。有一瞬間，寇赫覺得飛機彷彿像滑翔翼般寂靜無聲、毫無動力。飛得這麼低，他連「嗚——噓」的聲音都聽得到。

16　8秒

墜機前八秒。隔著緊閉的駕駛艙門，蘿萍聽到囉嗦貝蒂不斷發出警告。

在驚恐之中，她繫緊座椅上的安全帶，挺直身子，僵硬地貼著牆，薄牆的另一邊就是艾德的頭。蘿萍將雙手放在大腿下，那是她的防撞姿勢。

她對乘客大喊：「大夥兒撐著點！會撞得很厲害！」然後她閉上了雙眼。

麥特繼續奮鬥。他看到底下的樹叢、感受到飛機的震動、聽到警告聲大作、和囉嗦貝蒂及航管員的聲音、然後艾德機長的懇求透過耳機傳來：「幫我、幫我穩住、幫我穩著、幫我穩住……」麥特在一片混亂當中不知該聽什麼看什麼，卻仍穩穩地抓住駕駛桿。

此時，他的腦海中浮現妻子的臉龐，那是一幀美麗的最後影像。乘客朵茵在紙條中寫下道別的字句，麥特則用說的。駕駛艙通話記錄器所錄下的最後一句話是：「艾美，我愛妳。」

17 墜落

墜機。查克保持防撞姿勢，第一次把身旁的遮陽板拉下，告訴自己，你已經死了。他沒聽蘿萍的指示把眼鏡拿下，因爲不戴眼鏡，他的裸視只有〇・〇五。查克覺得，人之將死，有權決定自己要不要戴眼鏡。他要看清楚死亡的樣子。

凱文臉上掛著詭異的微笑。他轉身對同坐第七排的大衛說：「祝好運。」大衛看了看他，一語不發，轉身將臉埋在前座椅背後。

第三排的工程師巴爾尼看到樹叢和寬廣的田地，他在很多機場周邊都看過相似的景觀。他將前額緊貼手腕，心想等一下就會看到跑道。巴爾尼對自己說：「沒什麼大不了的。」

第一排，坐在女兒身旁的瑪莉珍在胸前畫了十字。

飛機衝進樹叢，動力絲毫未減。左翼在牧草田撞出一個大洞，飛機前排傳出女性的尖叫聲。再也不想當空姐的安琪拉聽到了那聲尖叫，低聲喚著：「喔，上帝，喔……」

18 那是什麼？

寇赫牧師在停車場聽到樹木斷裂的聲音，聽起來就像地方上伐木季節時，在短時間內砍倒大批樹木一樣。然後，在樹林的另一頭，大約九百呎遠的地方，傳來飛機墜地的巨響，彷彿無數個大鐵桶和石頭撞成一團，駭人的聲響持續不絕：鐵桶撞擊石頭，石頭撞擊鐵桶……最後，終於陷入一片死寂。

寇赫牧師踩著舊皮靴，奮力奔向他的貨車。他對死亡和垂死之人並不陌生。越戰時，他擔任醫務兵；這位來自紐澤西州的青少年，隸屬第二十五步兵團。有個下半身被炸得血肉糢糊的年輕士兵，不敢低頭看自己的胯間，抬頭看寇赫，顫聲問道自己的那話兒是否完好。他發現，人體即使承受極大的痛苦仍然能夠存活，但一個小傷口便足以奪走一條生命。他在十九歲那一年，已然通曉生死的哲理。

寇赫認定自己一生的使命是作爲人生的哲學家。他兩年前才來到柏威爾路社區，但是他很了解這個地方和這裡的居民。他寫道：「柏威爾是個偏遠的小教區，房舍相距遙遠，居民感情緊密……哲學家住在這，工匠也住在這。大廚和玉米農、老師和牧草農之間相處融洽。喜愛鄉居生活者在此地如魚得水，與雞農和牧農上同一間教堂。在柏威爾，即使是罪人，我們仍關愛他，對於成功的人，我們也不忌妒。」

現在，寇赫牧師從停車場開了九百呎，轉到柏威爾路上，輪胎聲嘶嘶作響。他心中明白，等他開到樹林的另一邊時，一定會看到焦黑的地面，以及冒煙的大洞。

保羅·巴特勒也聽到樹木斷裂的聲音。他本來坐在客廳裡看書，把後門敞開，讓夏風吹進來。保羅把視線從書本移開，往後看過去。透過敞開的門，他看到一個巨大的金屬物體在草地上滑行，滑過屋外的雜物間。然後他聽到——那是什麼？摔到地上的金屬片？搞什麼鬼？

保羅一開始以爲有人弄倒了堆草機。保羅是泥水工，他從老羅賓森手上買下這塊地已經有三十年，不是用來耕種，而是定居其上。凱羅郡的經濟活動以木材和畜牧爲主，農地主要是用於種植牧草。在保羅印象中，他屋子後方的農地，從未種過牧草以外的農作物，可能有養過牲口，但那也是他買下這塊地之前的事。這塊農地有一部分是山坡，幾十年前開墾成梯田，防止土壤流失。經過長久的時間後，梯田已經磨成圓滑的小丘。這塊農地十分寧靜，只有在夏天晚上，蟋蟀唧唧的叫聲、樹蛙咯咯的鳴聲，和貓頭鷹嗚嗚的鳴叫此起彼落。

保羅衝出屋外，發現農地之中盤桓著巨大的灰雲，過了一會兒才散去。保羅站在那裡，不知道發生了什麼事。後來他看到一架撞毀的飛機，駕駛艙朝著他，看起來像是太空船的殘骸。

他聽到電話鈴聲，衝回屋子，是岳母康妮打來的。康妮住在對街，她聽到撞擊聲時，正要把髮膠放回浴室的櫃子。她本來以爲是雷鳴，探出頭去卻看到墜毀的機尾。她打電話問保羅：「那是飛機嗎？」

保羅回答：「沒錯，把電話掛掉，我要打911。」他立刻報警。

保羅的小姨子寶羅拉住在媽媽家隔壁，她聽到樹木斷裂聲時，人坐在餐桌前。她轉過身，看到窗外即將墜地的 ASA 529。她的丈夫從客廳跑過來，她喊道：「比爾，墜機了！」傑特夫妻看著巴西利亞撞到地面，被第一階梯田彈到空中，然後再次撞擊地面，整架飛機隨之四分五裂，機尾的那一塊緩緩轉了半圈才停下來，看起來就像兩架飛機，而且兩塊機體都滑向傑特家的玉米田：距離兩百呎、一百五十呎、一百二十五呎……

寶羅拉說：「比爾，快跑，它往這邊過來了！」

V
大火

19 死亡之舞

這架巴西利亞型飛機將成排的樹撞出一個V字形缺口，左翼尖的零組件散落在松木林中。然後，飛機滑向左側的牧草田，碾過田裡等著在秋季收割的牧草和苜蓿。

接著，根據物理學定律，死亡之舞開始了。飛機以時速一百三十八哩的速度撞擊地面，然後是一連串的彈跳、旋轉、扭動和滑行，直到地面的摩擦逐漸損耗機體的動能，飛機才慢慢地停下。

左翼最先插入地裡。機翼與機身分家，泥土、灰塵、石塊紛飛。燃油從斷裂的機翼油箱中冒出。

然後是機頭；機頭左下方接近機長的方向舵踏板部位，最先接觸地面。

剩下一個機翼的飛機，又彈跳到約一百呎高的山脊，再滑過農地，機腹經過之處，畫下一道約一百五十呎長，四吋深的狹長溝槽。

艾德的頭重重撞上駕駛艙厚實的風擋；蘿萍的頭撞到座椅後的薄壁；不斷禱告的吉姆從5A座位彈到5C；坐在安全門附近的檢察官龐德，倒在前排的會計師珍恩身上。

這架由巴西航太製造，預定飛往密西西比海岸的飛機，在喬治亞州西部的農地上側滑，機身斷成兩截。由於扭力作用，載著飛航組員與前四排乘客的前半截機身跟著轉到右方；機頭最後停下時，與機身挖出的溝槽形成直角。後半截機身以機尾為中心，繞著機頭旋轉，接著往右翻覆；角度非常奇特，機腹部位幾乎與駕駛艙的窗戶相對。

和母親坐在前排的朵茵不斷尖叫，但金屬碰撞的聲音太大，她根本聽不到自己的聲音。

坐在2A的年輕退役女兵蕾妮，先是感覺到機腹在地面滑行，然後泥沙迎面襲來。

在飛機即將墜地的時刻，左翼以非常奇怪的角度向下傾斜，把坐在後段的大衛嚇壞了。那是他從未有過的落地經驗；那個角度對他而言似乎是無法恢復原狀的。他聽到一陣巨大的聲響，但不知從何而來——那是飛機撞擊樹木的聲音。他身體前傾，做出防撞姿勢，兩手抓住前方6B的座椅靠背，額頭靠在雙臂上。大衛感覺到地面與機腹強烈摩擦，擔心自己的雙腳會被扯斷，便把腳抬起來。

坐在大衛旁邊7C的凱文聽到金屬斷裂的聲音——不，那聽起來比較像金屬的淒厲尖叫，比他在緬因州的船塢聽過的任何聲響都還要刺耳。他感覺到一堆東西掉到他身上。他緊閉雙眼，感覺到飛機搖晃，然後往右邊翻倒。他的右肩重重撞上機艙壁，強勁的衝擊力道挫傷了肩膀。直到睜開眼睛後，他才發現他們正在牧草地上滑行。他的臉被壓在窗上，右頰緊貼窗玻璃，驚愕地看著眼前幾公分的地方，牧草和泥土紛紛被劃開。窗子會破掉嗎？我會被甩到外面去嗎？他聽到自己對著窗子禱告：千萬別破掉！千萬別破掉！千萬別破掉！

坐在前一排6C的艾倫在睜開眼睛的一瞬間，看到一堆東西朝他飛過來：手提行李、機艙頂的碎片，和其他搞不清楚是什麼的東西。

每次搭飛機總是焦慮不安的查克坐在走道的左側，他的身體像布娃娃一樣被甩來甩去，只能等著陷入無意識的漆黑之中。

飛機終於靜止下來，機身四分五裂。

乘客和組員必須儘快逃離，因爲六十秒後機身便起火了。

飛機從空中到墜地之間的九分二十秒，感覺只有一瞬間；接下來在牧草地上的五分鐘，卻彷彿長達一世紀。

五分鐘後，第一輛消防車抵達保羅的牧草地。

20 跨過我的屍首

機體散落在牧草地上，塵土飛揚。這外來的異物把蟋蟀嚇得停止鳴叫。機身的前半段仍舊筆直，連接著右翼，機身後半段則朝右傾倒，機腹幾乎翻了上來。兩段機身唯一相連的只有同樣的命運。客艙內部形成一個風洞，強風呼嘯而入，原本整齊的機艙內部變成一團混亂；淒厲的狂風撕扯著行李櫃和絕緣內壁，拔起地面的椅座，拉出了天花板內的緊急氧氣面罩，捲起眼鏡、皮夾、報紙和幾包花生，還揭起了靠近珍恩4C座位旁的金屬機身外殼。雖然有些人傷勢嚴重，所幸機上二十九人在墜機時無人喪命。客艙內，乘客或暈眩、或困惑、或害怕、或流血，也有的意識不太清楚。後段的乘客有的頭上腳下，有的則是完全被掉落物覆蓋住。駕駛艙內一片死寂。濕氣、亮光以及成堆的泥沙湧了進來，機身不停震顫，最後終於所有動作都停了下來——除了燃油仍然不斷流出。

右翼的一個洞湧出了燃油及液壓油，火勢一觸即發。這架巴西利亞型飛機有四個油箱，左右翼各兩個，一個在內側、一個在外側，被起落架輪艙隔開；油箱之間有油管相通以便傳油。左翼及其兩個油箱在墜機時扯落，掉在滿布殘骸的田中，離機身有一百二十五呎遠。而未受損的右翼內有大約一百七十五加侖的燃油，其中大部分從內側油箱流出，在後半段機身旁形成一灘灘的油漬（發生迫降時，大型噴射民航機有一個可以放油的裝置；一方面減輕重量，其次可減少墜機後發生火災的機率，但巴西利亞型並沒有此種裝置）。

機身一停止震動，乘客隨即聽到斷裂的電纜及電線火花引起的爆裂聲。煙霧自燃油堆上緩緩升起，大約過了一分鐘就觸及這些火花，迅速引發火勢。一開始，火勢在機身裂口處之外的草地上以塊狀分布；但是煙霧四處遊走尋找起火點，最後在駕駛艙後面找到了氧氣瓶，一拍即合，火勢迅速蔓延，吞噬了氧氣瓶周邊後又轉往駕駛艙，火苗自發出爆裂聲的氧氣瓶中不停竄出。沒過多久，火焰已經上衝高過機身，向外蔓延，火勢半徑達十五呎。

有些乘客在火勢未爆發前便迅速逃離機身，然而，大部分乘客所在的機身後半截朝右翻覆，並不容易脫身。這些乘客面對的是一個不斷逼近、狂暴又以燃油爲食的煉獄，攝氏九百八十度的藍橘色火焰在黑煙中蛇行，從燃油到褲襪、合金金屬到人身，盡皆吞噬。

英國心理學家穆爾（Helen Muir）作過相關研究。他曾經觀察過，在模擬飛機上，當組員發出緊急疏散通知時，眾多自願受試者跨過座椅，互相推擠、情況混亂，反而堵住安全門。因爲在這項測試中，第一批逃生者可以得到美金七元八分的額外獎金。

「基本上，」穆爾表示：「人都很貪心。」

穆爾在克蘭菲爾大學航空學院所作的測試數據顯示，年輕男性存活的機率最大，孩童與老年人偏低，而男性存活率通常高於女性。

穆爾指出，大約有八%的人可以生還；就算機會渺茫，這些人也有辦法逃生。大約有十二%的人幾乎在任何情況下都難以存活；這些人「慣性不採取行動」是因爲覺得「如果發生意外，自己就必死無疑」，所以乾脆束手待斃。

雖然不同的背景與經驗會使人的行爲反應有所不同，穆爾認爲其中仍然有共通點。他在皇家航空學會一九九六年五月號期刊上發表了一篇論文，上面寫道：「在察覺到生命危在旦夕的情況下，乘客們不會想到要彼此幫助；此時支配其行爲的主要目標是使自己得救，或是使家人得救……疏散時情況往往相當混亂，有些人爭先恐後要擠出安全門。」

此時此刻，ASA 529班機後半段的乘客若要逃出機身，就得面對並且穿越地獄般的火焰。穿過火焰的時候分秒必爭，若是不愼跌倒，便必死無疑。

牧草田裡的火苗四處竄燒，散發出熾熱高溫，足以燒透人體的層層保護——皮膚、肌肉和神經。

燒到神經之後對肉體反而是一種解脫；因爲一旦神經壞死，受難者便再也感受不到痛苦。

機身前半段的駕駛艙後面，暫時失去意識的蘿萍，清醒後發現自己置身於令人毛骨悚然的黑暗之中。她仍坐在組員座位上，就像還在飛行，但是她的身體倒向左側，面向廁所和櫥櫃。蘿萍望向地板：「可惡！鞋掉了一隻！」她對這架巴西利亞型飛機瞭若指掌，現在卻不認得周遭的景物。天花板上懸吊著金屬線、電線和飛機殘骸，以奇怪的角度對著她。金屬餐車橫倒在走道上，上面覆蓋著一大堆碎裂物，像一堵牆把蘿萍困住。她轉向右側檢查主乘客艙門，門往內扣死無法打開。她頓時恍然大悟：「天啊！我們墜機了！」蘿萍先是聽到幾聲呻吟，接著呻吟聲此起彼落。她的四周一片漆黑，只隱約看到唯一的橘色光源，她知道這是火。「出去！」她對殘骸另一頭的乘客尖聲喊道：「趕快出去！」

巴西利亞的下腹部滑過地面時，7B的大衛知道死神已在不遠處，自己將會孤單地死去，陪伴他的只有自己對上帝的憤怒。

不一會兒，飛機的摩擦聲、滑動聲以及震耳欲聾的聲響漸漸終止。大衛先聞到煙味，然後隱約看到一絲亮光。

此時此刻，他壓根兒沒想到坐在旁邊7C、飛機墜地前曾祝他好運的凱文；也沒想到前一排仍卡在座位上、雙手抱頭的艾倫；更沒想到6A的查克被安全帶扣住，懸吊在他上方。

大衛腦海裡就只有那個光源。出自人類最基本的自保本能，他解開安全帶，站在機艙右側艙壁上往前移動，腳下踩著的是覆蓋住吉姆的機身殘骸。

大衛往前走了五步，視線始終緊盯著光源。

他看到冒出火花的電線，心想：「這飛機會爆炸！」珍恩4C座位旁被強風掀翻的大洞蔓延到第五排，邊緣呈鋸齒狀，寬度足夠兩個人一起通過。

大衛走出殘破的飛機時，有什麼液體濺上他的鞋子。此際，他已然置身廣闊寬敞的田野，而不是狹窄的機體中。

大衛快速奔跑，心裡明白每一秒鐘都很重要。他只是個業餘慢跑者，但是這個穿著襯衫領帶、寬鬆長褲和休閒鞋、常常搭飛機的生意人，現在卻跑得像運動員一樣快。大衛知道如果不跑快一點，可能會被相繼逃出的其他乘客推擠踐踏。他邊跑邊留意身後是否傳出飛機爆炸的聲響。

大衛跑向松樹林，企圖趕上另一個跑在他前方三十呎處的男人。這個男人精瘦健壯，引起大衛的注意。這個人是誰？大衛並不知道他是坐在6B的空軍少校恰克，就是大衛作防撞姿勢時，前額靠著的座位主人。

大衛繼續跑了九十呎遠、一百五十呎遠，跑到牧草田略爲上坡的地段。他想，這個身穿制服、朝著遠方樹林快速奔跑的男人一定是機長。「機長竟然逃走了！」這可把大衛弄糊塗了，他怎麼想都覺得不對：「機長怎麼能丟下乘客自己逃走？」

跑了好一段距離後，看樣子已經安全了。大衛停下腳步，並沒有意識到自己的鞋浸滿了油。他轉身往回看。

大衛沒看到驚慌逃竄的乘客，也沒有人從飛機裡出來。「大家都到哪去了？」就在這時，他看到火勢爆發。

機身的前半段一陣混亂。2A的蕾妮在泥沙襲擊而來時昏了過去。她失去意識不過幾秒鐘，醒來後發現座椅已經剝離地面，自己正躺在2B與2C的乘客之上。

蕾妮看到自己的T恤上有血跡，但不是她的，而是來自被她壓在下方的2C乘客安琪拉。安琪拉的眼睛上方有一道傷口。

2B的工程師約翰忽然起身，把蕾妮的座椅推離他的胸口。第二排到第四排間的艙壁像鋁箔紙一般，往內剝落捲曲，約翰快速穿過洞口，這個洞口成了飛機前幾排乘客主要的逃生通道。

一陣驚慌中，約翰跌了一跤，站起來後又跌了下去。他想要趕快逃跑，但是看到身後神情茫然又流著血的安琪拉，就把手伸向她，安琪拉握住約翰的手跟在他後面出去。

蕾妮踏出洞口，神情恍惚地向前走。看到草地和松樹林，她問自己：「我在哪兒？」然後這個來自密西西比的姑娘自己回答：「前不著村後不著店的鬼地方。」

巴爾尼把同事埃德從4A的廢墟堆中解救出來。巴爾尼說道：「老哥，別緊張，我會把你救出去。」他拖著埃德越過走道，穿過之前約翰和蕾妮走過的洞口。

埃德離開機身時聞到一股煙味，然後褲腳就著了火。他聽到有人喊道：「埃德，快在地上打滾！」他困惑地看看四周是不是有其他叫做埃德的人。巴爾尼趕緊把他推倒在地，埃德打滾了一陣，褲腳的火熄滅了。他抽搐了一下，突然抓緊胸膛。

巴爾尼繼續拖著埃德遠離飛機，一路直擔心埃德是不是心臟病發作。

蘿萍不找丟了的那隻鞋，反而用力踢掉另一隻。她緩緩爬行，通過殘骸堆間被火光照亮的小洞，然後越過金屬餐車，渾然不知前排的朵茵和她母親還困在餐車底下。

蘿萍以爲越過餐車後會看到其他乘客；結果卻一個也沒見到，眼前滿目瘡痍。客艙右側靠近第四、五排的地方已經完全損毀，牆壁和天花板坍塌，大塊大塊地墜落。右側艙壁的洞口透出光亮，蘿萍本能地移過去。她看到約翰努力在牧草田裡穩住腳步，想跑卻一直被殘骸絆倒。蘿萍大喊：「快往前移動！」

蘿萍步出機艙踩上右翼，腳上只穿著絲襪。她的左太陽穴鮮血直流，右手腕和鎖骨骨折。她再次大喊：「快點！我們快走！」她往下跳了幾呎到達地面，並沒意識到逃出來的路上，意識不清的珍妮佛被壓在客艙裡的殘骸堆下。

珍妮佛本來坐在第四排，靠近珍恩和龐德。

珍恩不停顫抖，失去方向感，坐在座椅上微微向右傾。她好不容易推開壓在身上的龐大身軀，穿過右側艙壁的洞口走到牧草田裡。她聞到燃油的味道，知道自己全身沾滿了油，然後聽到身後有人尖叫。發出尖叫的是原本壓在珍恩身上的龐德；他全身著火，被困在機身的洞口處。穿著碎花洋裝的珍恩，回到火場中打算去救一個不認識的人。珍恩看到龐德眼中的恐懼，她協助龐德在草地上打滾滅火，跟龐德說自己不會棄他而去。

珍妮佛的座位在珍恩的左側，只有幾吋之遙。她沒珍恩那麼幸運。墜機的力道讓珍妮佛受到重創；她的背部有兩處骨折、肝臟割傷、鎖骨斷裂，還有一個肺葉萎縮塌陷。珍妮佛已經失去意識，卻沒有其他乘客注意到她。她的身體往前傾，仍舊維持著防撞姿勢。

本來她很可能就這樣死去，但是卻感覺到身上覆蓋的殘骸之上，有某個人的重量加諸其上——可能就是蘿萍。珍妮佛清醒過來，因爲煙霧和火勢的包圍而咳個不停，她使勁解開安全帶，愈咳愈厲害。她抬起腳上的皮靴用力踢著右側艙壁的殘骸，終於衝破重圍，卻陷進火窟。

朵茵再怎麼努力，都無法讓壓在自己身上的重量移動分毫。裝滿飲料和點心的巨大餐車橫壓在她的胸膛，把她釘在1B的座位動彈不得。朵茵的母親瑪莉珍很快從1C座椅脫身，跪下來想把餐車從底部往上抬，仍然不成功。灼熱的飲料燙傷了朵茵的頭部、肩膀和背部，她縮緊下巴放聲尖叫。

瑪莉珍大喊：「請救救我女兒！她被燙傷了！」但是她們所在的這一區並沒有其他人。所幸，熱燙的飲料一會兒後不再四處飛濺。

不知怎麼地，母女二人合力之下，竟然把朵茵身上的餐車推開了，但是朵茵的雙腳仍舊卡在掉落的物品中。她先拔出右腳，卻發現右腳的鞋已經脫落。朵茵覺得不可思議，這雙鞋可是她特別挑的堅固鞋子，應該只有在解開鞋帶的時候才會掉下來。

接著朵茵想抽出左腳。當她使力把左腳拔出，左腳掌突然搖搖欲墜，幾乎要脫離左腳。朵茵尖聲慘叫，心想：「天啊！我的左腳沒了！」

朵茵把自己推回座位，坐在靠枕上。她仔細看看客艙的前段。觸目所及是成堆的金屬和玻璃、粉碎的行李櫃還有毀壞的餐車。朵茵發現空服員的座椅是空的：「空服員到哪去了？」

接著她往後看，濃密的煙霧看起來好像有人在第四排座位掛起了一張黑色床單。她看到四周座位都是空的：「大家都到哪去了？」

這時，瑪莉珍說她找不到眼鏡和皮包。「怎麼辦？」

朵茵說：「管不了那麼多了。」

朵茵把自己拖向第二排，用左腳骨撐著前進。到了約翰坐的2B，座椅是空的，她繼續往2C移動。爲了保持平衡，她扶著機身右側崎嶇不平的艙壁殘骸，瑪莉珍跟在她後面。右側艙壁的大洞，往前排延伸到了瑪莉珍的座位旁，漸漸變小成三角狀。朵茵透過洞口往外望去，看到約二十呎遠處，機翼另一端的奇特景象：空服員和一個只穿內衣的男人站在田裡，旁邊的另一個男人手上拿著像是公事包的東西。

黑煙翻騰，滾滾而來。「我們還在這兒！」朵茵大叫：「誰來幫幫我們！」

她看到空服員轉過頭，但是沒人有反應。

她知道得靠自己了。

朵茵已經盡全力爲突發狀況做好準備，她穿了棉質衣服和堅固的鞋子。飛機開始墜落時，她唸誦《玫瑰經》，也寫了遺言給丈夫和兩個兒子。朵茵現在不去管左腳的疼痛，一寸寸地爬出洞口。她在機翼那坐了一會兒，接著往離地面只有幾呎的翼尖移去。她聽到母親尖叫：「幫我！我身上燒起來了！」

瑪莉珍在朵茵身後，躺在機翼上，底下的火焰往上竄升，燒到了她的鞋子和白色棉褲。朵茵不願丟下母親一個人走。她撐起雙腳，慢慢爬回去，抓住母親讓她更靠近自己。

她們兩個想辦法往靠近駕駛艙窗戶的地面移動，終於離開了機身。

朵茵爬行了幾呎，接著回頭看母親，瑪莉珍止步不前。朵茵說：「媽，我們得趕快離開這裡！」

麥特發現自己身陷飛機駕駛員的地獄：他卡在副駕駛座上無法移動，不斷吸進濃煙。從艙頂的儀表板熔化的塑膠，滴落在他的肩膀。麥特看不到火焰在他的背部、雙腳以及左臂上閃動。他看不到自己的身體在著火，但是可以感受到火焰一路燒灼到皮膚的底層。一旦火燒到神經末端，所有的痛楚就會消失。

全身各部位的燒燙傷程度很少一致，可能是淺層燒傷（一度）、部分皮層燒傷（二度）或是全皮層燒傷（三度），某種程度上來說，是依照火勢的熱度以及暴露於熱度的時間長短而定。一般而言，皮膚覆蓋身體表面的總面積超過二平方公尺，不過大部分的厚度都不到兩公釐。當火焰侵襲皮膚時，外層的表皮幾乎沒有抵抗力，很快就會相繼壞死。底層的眞皮比較厚、也比較強壯，賦予皮膚彈性。眞皮常常因爲燒傷而變色，轉成暗黃、死灰或是燒炭般的褐黑。一旦燒傷的程度更深，侵入肌肉甚至是骨頭，眞皮就會失去保護作用。

火場裡的受難者即使燒傷面積達百分之百，仍然可能輕鬆走動、說話條理清楚，至少短時間內毫無異狀；畢竟，皮膚不是維繫生命的器官。皮膚能調節身體的溫度，功能就好像水鬧一樣，同時也是免疫系統的一部分，可以保護身體不受感染。只要氧氣持續輸送到大腦，燒傷患者仍舊可以照常說話甚至行走。有很多報導說燒傷的人往往沒有察覺到自己傷勢的嚴重性，甚至一點也不覺得痛。不過短時間內，尖銳的痛楚就會伴隨其他的併發症來襲：胸腔腫脹、肺部和心臟負荷過重，而且呼吸困難。

麥特看了一眼燒傷的左臂——他不該看的。他的手臂已經變成死白色，像是皮膚嚴重割傷，暴露裡面的白色脂肪組織。他索性把手臂擺在身後，眼不見爲淨。

一旁的艾德已經死了。他宛如腹中胎兒般地蜷曲著，身體轉向左側，繞過肩膀的安全帶已經燃燒殆盡。他的臉背過麥特朝向側窗，下半身已經扭曲，整個身體彷彿擱在左腳上。當飛機墜地時，強烈的撞擊使艾德不省人事。顯然他的身體仍然感受到火焰的熱度，極力避開，但空間過於狹窄，無處可移。

才到職五個月的年輕副駕駛，努力讓自己鎮定下來。他提醒自己正確的操作程序：機長死了，由副駕駛接管。我們在荒野之地……

濃濃的煙霧飄來，他需要空氣。

駕駛座後面有把緊急短柄斧，是美國聯邦航空總署規定的緊急設備。他伸手取出，往右邊的玻璃窗猛敲，敲了一次又一次，好像鑿厚冰塊般吃力。右肩一陣疼痛，他連忙換手亂揮，一動一停像啄木鳥似地敲打，直到他累得快喘不過氣來，大聲叫著：「誰來幫我啊！」

飛機墜地時，吉姆從5A座位被甩出去，飛過通道，掉進機艙右側混亂的殘骸之中，他六呎四吋高的身體躺在右側窗戶上，意識模糊，身旁是毀壞的座椅和行李櫃。就在他頭部後方不遠處，機身裂開一個洞口。

那洞口是機身後半段十四名乘客唯一的逃生出口。飛機從下墜到撞擊，乘客們驚魂未定。然而，由於機身後半段往右翻覆，乘客現在是踩在窗戶及原本是在艙頂的行李櫃上，產生了空間迷向。吉姆身體後方的洞口，在六十秒後變成一面火牆，所有從洞口出去，穿過熊熊烈火的人，都必須先跨過吉姆。

第六、七排的兩名乘客大衛及恰克，很快地從座位脫身。當時還沒起火，幾乎可以確定的是，他們逃出去時一定踩到了吉姆，只是他們毫不知情。其他人動作沒有這麼迅速。這些迷向的乘客剛開始看見藍橘色的火焰時，感到敬畏又驚奇。說來奇怪，熊熊火光之下，乘客們反倒彼此客氣起來，很有默契地排成一列。

然而機身表面迅速燃燒，釋放出劇熱高溫，乘客也顧不得什麼禮貌了，每個人都拼命地想逃出去。其中有五個人看到吉姆動也不動的身體。他們會停下來救他，還是逃命要緊？

飛機終於停止滑行，坐在7C的凱文努力推開四周的掉落物；一開始比較慢，後來便奮不顧身地亂踢亂推。等到他好不容易脫困，想站起來，可是，怎麼站，要站哪兒啊？

凱文這時才發現，機艙右側艙壁已經成了地板。

在他四周，乘客們也紛紛開始挪動身子，從掉落物中爬出來。機艙中間部分有些座椅已經脫離了地板。

凱文往前幾排看去，看到光線從機身裂開的洞口透進來。他看到了樹木和草，原來飛機墜落在田野之中。

此時凱文聽見頭頂上方傳來一個聲音：「誰來幫我啊？」說話的人是查克。他張開眼睛，不確定自己身在人間還是來世，只發現自己困在座位上，吊在半空中。他猛捶安全帶，但就是無法解開。他往下看到第五排的兩個座椅，都已經被壓毀在地板上。查克沒有看見躺在混亂殘骸之下的吉姆，也沒有看到任何人或聽見誰的聲音。

查克再次大喊：「誰來救我下去？」

凱文站在右側艙壁上，雙膝顫抖。他看看洞口，知道自己應該火速逃走，但是他卻扶住腳旁的行李櫃，想辦法幫忙查克。

坐在6C的艾倫兩個肩膀脫臼，摔斷了兩根肋骨，還有一堆東西壓著他，根本無法放下手臂。一開始，坐在旁邊的6B乘客恰克也壓在他上面，不過後來恰克就掙脫出去了。

艾倫用腳頂著地板，使盡力氣想掙脫安全帶，但是沒有用。

透過殘骸的縫隙，他看到機身的洞口。離他只有七呎左右，但感覺似乎還要更遠。定睛看了看洞口，他嚇了一大跳：洞口黑煙瀰漫。

艾倫獨自奮戰，全力對抗壓在他身上的重量。慢慢地，他先把這邊的東西推開，再把那邊的東西推開。終於，他的雙手可以放下，連忙鬆開安全帶，站上右面傾斜的艙壁。那裡已經有乘客排隊等著出去。

火舌蔓延到洞口的左下緣，洞口的其他部分都被黑煙籠罩。炙熱高溫逼得乘客往機艙裡退。

艾倫往前邁步，差點被絆倒。仔細一看，腳邊有個人，動也不動地躺在右側艙壁，那個人是吉姆。他看到前面的人是踩著吉姆走出去的。

艾倫彎身把手伸向他，但他毫無反應。艾倫撥開吉姆胸前的覆蓋物，發現他眼睛是閉著的。此時，艾倫聽到上方傳來呼救聲，但是他的注意力仍然停在吉姆身上。炙熱的高溫迅速在機艙內擴散。

不一會兒，艾倫再次聽見頭頂上的求救聲：「救救我！」求救的人是坐在第六排走道另一邊6A的查克。艾倫先前已經聽到他的呼救聲，但是沒有立即回應。再次聽到他的求救，艾倫回過神來，抬頭一看，發現查克的安全帶金屬扣垂在半空中。「誰來幫我啊？」查克大叫。

艾倫聽到機艙後面有人高喊：「老天啊，誰去幫幫他啊！」艾倫與凱文同時衝過去幫助查克。

安全帶扣一解開，查克摔下來，跌在艾倫身上。查克站起來，往洞口走出去，沒有遭火紋身。

片刻後，艾倫才站穩身子。

而現在是分秒必爭的時候。

機艙後半段還剩下十一位乘客：九名男性，兩名女性。除了艾倫、凱文，還有兩位維吉尼亞州警官陶德及查爾斯、朗尼及露西里夫婦、年輕牧師史蒂芬，來自德州、身材嬌小的桑雅——她仍被安全帶綁在10A座位上。三位來自不同公司的年輕工程師：剛到職新工作第二周的麥克；菲律賓籍的艾弗烈德；還有戴維，這趟旅程唯一和他有點關係的人是來自同一家公司的財務顧問吉姆——即使他們沒打過照面。

這十一位乘客置身混亂之中，心中充滿恐懼和焦慮，難以相信眼前發生的一切。每個人心裡只想著怎麼逃出去，彷彿急著向前衝的馬匹。事後，這些乘客不記得站在身旁的人，但是十五多呎遠的火舌卻是歷歷如繪。人記憶的形成，是由眼睛所收集的影像，通過神經，傳到大腦而加以記錄。在極度焦慮的情況下，有些影像可能看過卻記不住，人會記得的是眞正要緊的，例如洞口快速蔓延的火舌。

心理學家表示，每個人的應變能力各不相同。在心緒混亂的情況下，很少人有辦法顧及別人。這十一名乘客自保的念頭高於一切；柏爾頓夫婦例外——他們互相照顧。

火勢越來越猛，幾乎掩蓋整個洞口，但是一下子又忽然削弱。艾倫站在乘客之中，心想消防車一定已經趕來了。他想飛機應該沒有偏離跑道多遠，外面有成群的救援人員準備就緒，消防員正在滅火。「救兵來啦，」他在隊伍中興奮大叫：「救兵來了！」但是一陣風吹來，火舌再次逼近洞口。艾倫的希望落空，他心想：必須找到其他逃生出口！

他往機艙後面看，映入眼簾的是一片超現實景觀：機身倒向一邊，後面唯一的安全門——在8C座位旁——頂著地面封死了。後面幾排漆黑一片，困在其中的人神情木然。艾倫沒有聽到尖叫或哭號聲。他們看起來像是畫中人，雖然活著卻毫無生氣，像殭屍一樣！

時間一分一秒過去，飛機墜地已經超過一分鐘。艾倫把目光轉回前方，聽見自己大叫說：「你得衝過去，快快快！」

艾倫不想丟下躺在腳邊的人，但是看見前面已經有兩個男人往火裡跳。現在輪到他最接近洞口了，藍橘交織的火光在眼前急速竄升。他看著火焰忽大，忽小，忽大，忽小。算準了火焰消長的節奏，他終於奮力一跳，滾了一圈跌到牧草地上。

凱文就站在艾倫後面。他沒仔細注意火勢，卻盯著洞口前，從堆疊的椅墊下伸出的一雙腳。這個人躺在椅墊下面，硬生生地被其他人踩過去。凱文跪了下來，推開椅墊，想繼續剛剛艾倫沒完成的任務。

隨著覆蓋物一件件被推開，「吉姆」的形象越來越清楚：他穿著滾了一道紅條紋的運動襪，和牛仔短褲。

凱文正努力與時間賽跑。他獨自一人挽救吉姆備感吃力，忍不住大叫：「誰來幫我啊？」奇蹟似的，眞的有人來幫他。凱文不知道對方是誰，只是對著他說：「幫我抬他！」兩人拉住吉姆的手臂，抓住他的衣領，半抬半拖著吉姆，把他的上半身抬離艙壁。這不是個簡單的任務，因爲吉姆體型不小；再加上空間狹窄，四周又有惡火環繞，吉姆的身軀顯得格外龐大。

凱文看了一眼吉姆五官深邃的臉孔，額頭有血，好像剛剛挨了揍。艾倫看到的吉姆緊閉雙眼，現在凱文看到的吉姆卻是瞪大眼睛；他的眼神空洞，好像沒看見凱文。凱文心想，這種恍惚的神情太嚇人了，活像死人一樣。

一回頭，凱文才注意到洞口外的火勢之大。本來透過洞口，還可以隱約看見遠方的田野和灰暗的天空。現在火勢一發不可收拾，炙熱得要把人熔化。

突然傳來一陣噼啪爆裂聲，火勢持續擴大蔓延。他聽見火舌的另一端，牧草地上的乘客發狂的尖叫聲。凱文握住吉姆一隻手，這隻大手軟趴趴地攤在他的手掌。

凱文意識到自己性命難保，他放下吉姆的手。現在他是距離洞口最近的人。看著熊熊烈火，他用雙手摀住臉衝過洞口，感到右腿一陣滾燙。

應聲支援凱文的，是坐在8C的戴維。這位年輕工程師原本以爲命不該絕，但是這份信心在飛機墜落時開始動搖。當機身後半段往右邊倒時，他用右手臂抵著艙壁。他感覺到地表崎嶇不平，擔心樹幹或石頭會砸破窗戶。他舉起左臂擋住朝他飛來的行李和金屬碎塊。機身停止滑行後，他知道蘿萍賦予他的任務自動解除了，因爲後排唯一的安全門隨著機身傾斜而被地面堵住，根本無從開啓。

戴維的眼光越過高聳的殘骸，看到了火焰。他本能地只想到自保。當他好不容易從座位掙脫而出，已經有乘客站成一排等著出去。正當他急著擠向洞口時，在他後面有人——或許是查爾斯吧——大聲發令道：「不要慌，大家互相幫忙！」

這聲鏗鏘有力的命令，把戴維從求生的反射意識中點醒。他重新整頓自己，感覺到周遭其他人也是如此。眾人稍稍緩和急躁的情緒，並對彼此保持些許的禮貌。

分秒必爭之際，戴維瞥見烈火燃燒的洞口附近，躺著哪個人的下半身，前面的人卻視若無睹地踩過去。他彎下身想幫忙，發現另外一個人正在動手。戴維和凱文一起又拖又抬，讓受困者的上半身從殘骸堆中掙脫。

戴維看一看那人的臉，一認出對方是誰，他不禁跪了下來。

他喊道：「吉姆！」一邊拉著那人的衣領搖著他。「吉姆！」飛機墜落的過程中，他一直注意著吉姆。吉姆幾乎保持不動，也沒有回頭看其他乘客。然而，吉姆就像是戴維的心靈座標，在這場災難中給了他慰藉。

戴維貼近吉姆的臉大叫：「我們得趕快逃出去！」但是對方毫無反應。

戴維高聲吼道：「你一定要起來！」

戴維仔細檢查吉姆的身體，並沒有發現傷口。吉姆的眼睛瞪得好大，可是神情朦朧恍惚。

戴維跪在殘破的機艙內，聽見烈火在洞口外噼噼啪啪地燒著。

這時，他赫然發現凱文已經離開了。此時此刻沒人還顧得了禮貌。

火勢凶猛燃燒的聲響，把大家嚇壞了。好幾個人匆匆從戴維旁邊過去，還有個人擦撞到他，害他的右膝重重跌了一下。

戴維現在腦袋裡只剩下吉姆和外面的火海了。他看著大火：火焰圍繞的洞口是他的逃生出口，也是吉姆的，這是他們倆唯一的生路。

戴維喊道：「你快起來！」

吉姆睜著雙眼，仍然沒有回應。

戴維聽到金屬嘶嘶作響，不斷發出或大或小的爆裂聲響。燃油四處竄流，不斷引爆火勢。

他不得不丟下吉姆。

戴維年少輕狂的傲氣已經消失殆盡。主禱文、聖母經、聖三光榮經，他都唸過了。現在他要算好時間，等到火焰強度最弱的時候就跳下去。

然後他就跳了。在一片火海之中，戴維聽到噗通一聲——他的球鞋和牛仔褲浸在燃油裡——他伸手撐地，想要站穩，卻感覺破碎的金屬片刺入他的右掌。

兩位維吉尼亞警官是最後逃出去的。機艙停止滑動後，陶德發現查爾斯的身體壓著他，而陶德自己的臉緊緊貼著第九排的窗戶。他將查爾斯往上推，不一會兒，兩個人都站起身子。

陶德回頭去看最後一排的兩位女性。他看到露西里神情恍惚，但似乎沒有受傷。半個小時之前，陶德看著她與丈夫一同走進飛機，注意到她和藹的面容。而現在，這名退休教師踩著艙壁，靠在丈夫身旁，陶德聽到她輕聲祈禱。陶德先前看到桑雅在機上閱讀報紙，而現在的她被懸在半空中。陶德走向桑雅，幫她解開安全帶，讓她採著自己微微扭傷的肩膀下來。他和查爾斯自願讓桑雅及柏爾頓夫婦排在前面。

陶德盯著第四排和第五排之間的洞口，陽光灑了進來。然而，不過幾秒鐘的光景，熊熊火焰取代了陽光，作勢逼近。他看到前面的乘客嚇得往後退。

然後陶德聽到有人說話——是查爾斯的聲音。查爾斯不愧是查爾斯，他對著前面的人發號施令說：「沒有其他逃生出口了，大家必須衝出去！」

早在螺旋槳出問題之前，陶德就已經把這位五十七歲的資深警官視爲榜樣。查爾斯追捕通緝犯的經驗老道，辦案無數，備受敬重。此刻，就在此刻，陶德更是對他肅然起敬，注視著他的一舉一動。

乘客一個個衝向火窟，等待的隊伍越來越短。

陶德想到他的手槍。起飛前他在亞特蘭大機場擔心有人會搶他的槍，此時槍還藏在他腳邊的黑色旅行袋，裡面還有一些換洗衣物。趁著排隊等著逃出去時，陶德拎起他的包包。

這位年輕警官看著排在前面的乘客，連助跑都沒有，就奮力往外跳入火海，自己跟著壯起膽子：如果他們辦得到，我一定也行！查爾斯站在他的前面；陶德看見排在查爾斯前面的年輕人縱身跳入火海，可能就是戴維。

正當查爾斯走近洞口時，陶德聽到他開口說話——不是對陶德，而是對躺在地上那個人。陶德沒聽到查爾斯說什麼，只知道他話語簡潔，如同他一向的作風。

然後陶德看見老警官往火窟裡跳。查爾斯衝過火焰時，他的皮夾和銀警徽掉了出來。

陶德感覺到炙熱撲面而來，他想像他的臉會在高溫中熔化。然後他看見查爾斯剛剛對著說話的人；那是個身材高大，穿著牛仔短褲的男人。

那個男人對陶德說：「把我救出去！」陶德人已經奮不顧身地往大火走去，他大聲回答：「你快點出來！」接著，陶德舉起黑色旅行袋擋在臉的前面，邁入火海之中。

火舌舔噬著陶德的手臂底部，他高舉雙臂；為了保護他的臉，而向火神獻上自己的手臂作祭品。

陶德跳過一塊機身殘骸，踏上牧草地，開始全力往遠方的樹林奔跑。

還有三個人在飛機上：機長、副駕駛和吉姆。

21 生之戰場

消防車和救難人員抵達現場時，保羅的牧草地看起來就像一處戰場。乘客分散四處；有的走著，有的嚴重燒傷，有的嚴重燒傷後仍然走著。

有些被燒傷的乘客說話仍然條理分明；即使已在瀕死階段，他們竟還可以走路穿越牧草地，讓人誤以為他們的傷勢沒那麼嚴重。

寇赫牧師的卡車急駛向保羅家，繞到房子後面的牧草田。他本以為會看到一個冒著煙的大凹洞，周圍土地都被熏黑；但眼前出現的卻是燃燒中的飛機殘骸，渾身著火的乘客陸續走出來。

警官查爾斯步出機艙時，寇赫連忙跑過去，心想，此情此景眞像是回到了一九六九年，他是那個年輕的醫務兵，在越南戰場上奔跑著。這時，他看見火焰從查爾斯頭上竄升。

寇赫大喊：「快躺下！」查爾斯沒聽見，繼續走著，離飛機大約三十呎遠。他渾身上下都被火舔噬，腳步不穩，然後倒了下去。寇赫馬上用雙手拍打火焰，然後把自己身上紅色的吊褲帶扯斷，脫下寫著「J團——侍奉耶穌」的短袖汗衫，撲滅了查爾斯身上的火。他聽到警官問：「這是哪裡？」

艾弗烈德已經逃到牧草地上，他的腰部以下都著了火。他不知道該怎麼辦，不知道身上哪一處的火該先撲滅；腳掌？腿？還是手臂？艾弗烈德哀求別人來幫他。

「在地上滾！」身後的蘿萍高聲喊道。艾弗烈德在地上滾動時，感覺到球鞋和牛仔褲熔入肌膚的劇痛，他的上衣也跟著著火。艾弗烈德身材矮小，只有五呎七吋，看起來一副娃娃臉，幾個乘客還誤以為他是青少年。查克伸手要幫艾弗烈德，但是熊熊熱焰逼得他往後退。

蘿萍心想，要是能把艾弗烈德的球鞋脫掉，就可以脫掉他的褲子，不過當她再次注意艾弗烈德的球鞋時，球鞋已經消失了，全部熔進他的腳底。蘿萍尖聲驚叫：「滾！滾！滾！」然後，不知還能怎麼辦，她只好轉過頭去。

艾倫、凱文和戴維三人都曾經試圖把吉姆抬離現場，也因此延誤了逃脫時間。那時他們不知道吉姆是死是活，必須當場做出決定：究竟要等看看吉姆會不會有反應，還是自保為重？

吉姆呆若木雞的神情，讓他們不抱期望。與此同時，機身外呼號求救聲四起，火勢不斷蔓延，死亡的威脅近在咫尺，所以他們最後留下了吉姆。

他們並不知道，就在他們離開之後，仍然仰躺著的吉姆，突然開口對陶德說：「救我出去！」其實吉姆人是淸醒的；也許就在他開口求助之際，眼睜睜看著查爾斯與陶德消失於火海之中。眼見燃燒的機艙內只剩下他一人，吉姆激發出強烈的求生意志。他站起身來面對著火海；然後走向炙熱，走向亮光。

吉姆的身體承受著攝氏九百八十度烈焰的啃噬。是什麼力量讓他起身踏入火海？是他的家人，畢生的事業，還是保佑絕望者的聖猶大？這些想必都曾經出現在他的腦海。或許是人類最根本的求生本能喚醒了他，促使他起身迎向火海，因爲那是唯一的逃生之路。

但他走得太晚了。火勢已經延燒到牧草地，從機身向外燒出一個半徑三十呎的半圓形，而且不斷擴大。吉姆步出機身，一腳踏入油坑。他渾身濺滿燃油，聽著此起彼落的刺耳尖叫聲。

陶德已經順利逃離火海。他撲倒在地，滾動身體，幾乎沒有被燒傷。他站起身回頭看，發現火勢旺盛的機身洞口出現一個人，那是剛剛跟他說過話的吉姆。他走得很慢，太慢了，雙手不斷對著火焰上下揮舞，隨後倒在一處難以救援的地方。陶德看著他與火合而爲一，發出一道亮光。

陶德的耳中充斥著此起彼落的呼救聲，令他不忍聽聞。有許多人在他四周跑著，滾著，扭動著。他聽見草叢間傳來女人的哀叫聲，就在離他不遠的那排樹附近。這個女人就是剛剛在機艙裡向上帝柔聲祈求的露西里。陶德馬上朝她跑去，把她身上的火撲滅。她在草地上呻吟著，懇求著要找她的丈夫。

吉姆躺在蘿萍身後靠近飛機右翼的地上，火焰從他的胸口噴出，他已經勉力爬離機身十五呎。其實，很少有人會在空曠處被火燒死；火災造成的死亡通常發生在密閉空間，由於致命毒氣無法排除而不斷被吸入人體。發生在開放空間的火災，其致命原因很可能是心臟衰竭或窒息；因爲火舌裹住受難者，耗盡所有氧氣，使受害者不得呼吸，不久便失去意識，而後喪命。

蘿萍衝到吉姆身旁，脫下自己的背心拍打他身上的火。查克在蘿萍的指示下，也脫下自己的褲子撲打著火的吉姆。吉姆滾過查爾斯掉落的皮夾後，已經不再動彈，但查克還是脫下自己的襯衫繼續拍打。吉姆仰躺在地上，身體腫脹變色，手臂跟大腿變得僵硬，無法彎曲。

蘿萍低下身想繼續挽救吉姆，但不曉得是誰輕輕地碰一下她的手肘，這時她才明白，她的乘客已經死了。

蘿萍全身顫抖，血流不止，渾身痛楚。她看到有些迷惘的乘客掉頭往燃燒中的飛機走去。

蘿萍大叫：「快離開！」她用左手扶著斷了的右手腕，高聲喊道：「所有人都遠離飛機！」她眼看著火舌蔓延，乘客死去，耳邊傳來曠野四處的哭喊聲。

凱文來到保羅家後面。他走近一個坐在草地上，穿著碎花洋裝的女子。他問候對方：「妳還好嗎？」這個女子是會計師珍恩，每周都要搭機飛往海灣港。珍恩因爲害怕而發抖，說她的背很痛。凱文安慰她，兩人互相擁抱。凱文坐在她身旁的牧草地上，感覺右腳疼痛，便把痛腳往上抬。

「唉呀！」這位緬因州的船塢副塢長看到自己肌肉燒傷的慘狀。

「我不要看。」珍恩轉過頭去。

忽然之間，凱文覺得自己快撐不住了，但這位穿碎花洋裝的女子使他平靜下來。他看著她燙成大波浪的美麗捲髮，散發著淡棕色的光彩；她心地十分善良。凱文一會兒淸醒一會兒昏迷，心裡想著這位穿碎花洋裝的女子。他不認識她，卻把她當成得救的象徵。「她是誰？」他想也許是他的守護天使。不管她的眞實身分爲何，凱文知道自己一輩子都會愛著她。

大衛逃離飛機二十五秒後，看到黑煙自身後扭曲的鋁材中冒出。飛機的T形尾翼往側邊傾倒，鼻錐皺成一團像是汽水瓶蓋。大衛才剛剛逃出的那個洞口已經幾乎被火舌封住。

「大家都跑去哪了？」大衛很疑惑。他都有時間足足跑了一百五十呎遠，其他人怎麼還沒出現？在這個安全地點，他看不到飛機另一頭的情況。他以為其他乘客一定從另一邊逃走了。

實在很奇怪。不到一分鐘前他才憤怒地接受自己會死的事實，現在，他反倒好像不是這場意外的受害者。他站在離一排松樹不遠的草地上，像一個旁觀者般看著正在燃燒的飛機。他打算繼續往前跑——如此至少可以拯救他自己。「管他們呢！我跑我的就是了！」可是，其他乘客到底哪裡去了？他十分困惑。「什麼事讓他們耽擱這麼久？」

終於，他看到飛機另一頭有動靜了；一個身上著火的年輕人，也許是史蒂芬牧師，衣服都已經扯破，赤裸著身子往樹林跑去。

其他乘客陸續出現。他們身上也都是火，一邊尖叫著，一邊撕扯著衣服。他們的呼號迴盪在牧草田上。「救命！救——命——」

大衛一下子不知如何是好。「我要怎麼做？」他甚至不認識這些乘客，他們彼此是完全的陌生人。在這個仲夏時節八月中旬的正午時分，大衛站在一片草地中央，耳邊傳來其他乘客的呼救聲，視線穿過黑煙尋找他們的蹤影。「我該怎麼做？」他大可留在原地，離飛機這麼一段距離，他一定可以活下來。他才剛逃過一場預期中的劫難，是最早離開飛機，也是現在離飛機最遠的乘客之一。不過，眼看火勢熊熊，他非但不再逃離，反而決意赴湯蹈火。當其他人迫不及待地走出來，他卻往火坑走回去。

瑪莉珍身體左側燒傷，頭髮焦枯，坐在離駕駛艙不遠的草叢中。她力氣耗盡，痛楚不堪。女兒朵茵回頭爬向她，勸道：「媽，我們不能停在這，可能會爆炸。」瑪莉珍只是搖了搖頭。

蘿萍跟幾位乘客走到她們身旁。蘿萍拜託瑪莉珍不要停下來，但是老太太不為所動。除了身上燒傷外，瑪莉珍右腳也有多處骨折。

朵茵繼續往前爬行，一邊對著後頭喊道：「媽，我們要離飛機遠一點！」沒有聽到回音。「媽，我們不可以停下來！」

蘿萍持續對草地上的乘客喊著：「遠離飛機！越遠越好！」她不懂為什麼有些乘客回頭往燃燒的機身走去。是驚嚇過度嗎？

她大聲向朵茵說：「妳不催妳媽，她就不肯動！」朵茵再次催促瑪莉珍。

最早一批逃出飛機的恰克折了回來，把朵茵帶到安全一點的地方。他拉著朵茵時，她緊緊抓住自己的腳。她說：「拜託去幫幫我媽，把她拉開飛機那裡。」

年輕警官陶德走向瑪莉珍，極力勸她趕快往前移動。

「您有孫子嗎？」

瑪莉珍點頭。

「趕快起來，不然他們就見不到您了！」

這時，朵茵獨自一人在草地上爬著，她看到藤蔓上美麗的百香果花。她看到一隻蝴蝶，伸手要去捉。蝴蝶在花叢裡飛來飛去，她爬著，追著，就像在玩捉鬼遊戲——蝴蝶當鬼，她當人——好像回到孩提時代。蝴蝶離飛機越來越遠，輕拍雙翅，繞過一朵一朵百香果花。朵茵一路追隨，左腳的鮮血汩汩不止。

當她痛到快昏厥時，便跪地念頌主禱文：「願祢的國降臨，願祢的旨意行在地上，如同行在天上……」

朵茵看到前方土丘上站著三個人，他們是附近的住戶。她發狂似地朝他們揮手。退休的電力公司工頭艾伯特趕到她身旁，伸手要幫她。艾伯特個性隨和，友善的臉上堆滿皺紋和熱情。他擁著朵茵，向她保證會一直待在她身旁。

朵茵從腰包裡拿出給丈夫和兩個兒子的遺言。她把那撕下來的小說封面交給艾伯特。朵茵的神色和聲音充滿恐懼。艾伯特把她的腿抬高，讓血不致大量湧出。他拿來一條濕毛巾幫朵茵擦臉。朵茵請他打電話給遠在馬里蘭的丈夫，她把電話號碼唸出來。艾伯特保證他會打電話。

朵茵看著眼前的草地變暗，越來越暗。她就快要失去意識了。

去看看我媽媽怎麼了，她央求道。

朵茵口渴極了，於是將毛巾塞入嘴裡咬著：一方面抵禦疼痛，一方面吸取毛巾上的水分。不久，她眼前的草地完全變暗。艾伯特發現她停止呼吸，馬上替她作人工呼吸。

大衛繞回到燃燒中的飛機旁，聽到煙霧瀰漫的駕駛艙內有聲音傳出。

「誰來幫幫我！」

透過熏黑的風擋上的一個破洞，大衛看到副駕駛麥特被困在座位上；只見他手裡握著一把小斧頭，已經在側面風擋上敲出一個洞。

大衛隔著玻璃窗跟副駕駛說話。他看到麥特的年輕臉孔充滿驚恐，被熱氣蒸得泛紅。他也瞧見飛機被扯裂、布滿凹痕的鋁材表面，以及機頭傾斜摺皺的底部。

麥特把臉湊近洞口告訴大衛，艙內空間不夠，沒辦法用力敲打窗戶。他把斧頭從洞口遞給大衛，要求這個陌生人幫他的忙。大衛猛力砍著厚重的風擋；玻璃碎片射向他的臉和鬍子，大衛把眼睛閉上。左手痠了，他就換右手。

駕駛艙裡瀰漫著黑煙，麥特把臉貼著洞口，大口大口地呼吸。大衛這時腦海裡浮現澆花用的長水管，現在要是有一條就好了。他發現機上最年輕的乘客——十八歲的空軍新兵傑森出現在他的身旁，想要幫忙。大衛先前才看到他攔下好幾個身上著火的乘客，抱住他們在地上滾動。傑森身材矮小結實，動作敏捷彷彿在作戰一樣，充滿衝勁，目標明確。大衛想，不管這傢伙到底是誰，他眞是個英雄。

大衛一砍一鑿地把洞口從六吋擴大到八吋，然後十吋，形狀接近三角形。大衛說：「來，快把你弄出來。」他把手伸進駕駛艙，想把六呎三吋高，肩膀厚實的麥特拉出來。但這個洞只夠副駕駛勉強地鑽出頭跟一隻手。「不用拉了，」麥特說：「洞太小了。」

這時，駕駛艙下響起砰的一聲，一股突如其來的熱氣朝大衛的腿間襲來，把他向後逼退了好幾步。

飛機的一側燃起熊熊烈火，駕駛艙內濃煙更多了。

大衛聽見麥特身後傳來一陣喧囂的聲音。他沒看到，在駕駛艙的另一側，緊急用氧氣瓶的氣閥已經被炸開，一道長焰源源不絕地噴出。

大衛驚嚇之餘，不知道該怎麼辦。

在麥特看來，飛機沒有理由在這個時候爆炸；那種情節只會出現在電影中。他認爲，這些噼哩啪啦的聲音，一定是鉛酸蓄電池過熱使得液體流出而造成的。(不過，他沒考慮到氧氣瓶的問題。根據凱羅郡消防局長湯瑪斯的說法，氧氣外洩也有可能在駕駛艙外引發火勢。要不是鋼瓶的氣閥已經打開，鋼瓶內積聚的壓力可能會讓鋼瓶變成一顆砲彈，發射到數百碼遠的地方。)

麥特大喊：「你不會眼睜睜看我死吧!?」

副駕駛的恐懼神情，讓離駕駛艙不遠的乘客們心頭一凜。陶德想到他的旅行袋裡有把手槍：我要不要拿槍來射玻璃呢？

大衛看到他身後的蘿萍頭部有個傷口，大量鮮血不斷湧出，她用左手扶著右手。蘿萍本以爲兩位駕駛都已經逃出來。她沒跟大衛說什麼，不過從她嚴峻的神情看來，大衛知道她要自己回到駕駛艙那裡。

大衛砍得更加用力，更多玻璃碎屑噴向他的臉和咬緊的牙齒。他瞇著眼，迅速、急促地劈砍著玻璃。他覺得飛機隨時會爆炸。他想把副駕駛救出來，但不想因此犧牲自己的生命。

大衛將斧頭往後揮動的時候，斧刃掉了下來。他一邊怒聲咒罵，一邊把斧刃接回去。沒多久，凱羅郡消防局副局長波普出現在他身旁。大衛把斧頭遞給他，手指著麥特說：「副駕駛還困在裡頭。」

現在輪到波普用力揮砍玻璃。麥特對他說：「裡頭越來越熱了，趕快救我出去！」斧頭的斧刃又掉了下來。大衛聽到警笛聲越來越近，不久，消防車開了過來。波普趕緊叫人去保羅家裡拿斧頭。麥特看到斧頭壞了，大聲喊著：「跟我太太說我愛她！」聲音大到草地上每個人都聽得見。

他的身影逐漸消失在黑煙瀰漫的駕駛艙內。

傑森跳上第一部抵達的消防車，很快拉起一條消防水管拖向駕駛艙。有了多借來的兩把斧頭，駕駛艙側面風擋已經被打破了。波普和傑森一同將水管拉往窗玻璃的破洞。波普擔心來不及救出副駕駛，但是，他仍然對著麥特喊道：「抬起頭靠過來，保持呼吸！」出乎意料地，麥特伸出頭來，大口地呼吸著。

水壓太過強大，傑森抓不住水管，由波普接手，不讓水柱直接射向麥特。他先把水柱瞄準著火的氧氣瓶，然後對著麥特把噴嘴調到噴霧位置。

有某個片刻，一切沉靜下來，圍觀的人擔心會發生最壞的情況。但不一會兒，他們聽到麥特變得更微弱的聲音：「再往我身上多噴點水……」

很快地，麥特聽到有更多人拿著斧頭來幫忙。他默默想著：「我還有任務在身，我要確認所有乘客都已經安全離開飛機。」他甚至想著接下來有四天休假，要跟艾美一起去度假。涼爽的水霧灑在麥特身上，這是他生命中最美好的禮物。

消防分隊長史提夫率領隊員衝上前，將駕駛艙的火完全撲滅。此時有更多的水灑在副駕駛身上。

要把麥特解救出來得花一些時間。史提夫很清楚不可能把副駕駛從窗玻璃的破洞中拖出來。於是他的隊員們劈開金屬板，拉開燒盡的電線，終於從駕駛艙後面開出一條路。一踏進駕駛艙，史提夫看到背對著他的麥特一動也不動，從他的後腦杓一直到背部遭到三級燒傷，幾乎燒成了炭。十九年的打火生涯裡，他還沒看過有誰捱得過這樣嚴重的傷勢。多了一個罹難者，史提夫心想。

沒想到，這名罹難者轉過身說：「快救我出去！」

史提夫嚇了一大跳，喘了一口氣說：「這正是我們要做的事！」

史提夫爬到副駕駛座上頭，用他兩百二十磅的體重用力踹著座椅。

麥特被救了下來，身子還靠在椅背上。他抬頭看著分隊長，再次說道：「跟我太太說我愛她！」

史提夫現在比較有信心了，他回答：「不！你自己告訴她！」

另一個消防隊員緊跟著踏進燒毀的駕駛艙內。他發現了艾德，便向史提夫報告：「機長，編號48」，這是死者的代稱。後來的驗屍報告記載，艾德死於燒傷和吸入過多濃煙。

大衛看著麥特被醫護人員抬走，燒傷的手臂僵直地伸出來。大衛心想，他捱不過了。

大衛快步穿越草地，走向保羅家後頭的臨時醫護站，聽到燒傷乘客的呻吟和哀號。他感覺有個救護人員盯著他看。大衛的襯衫前襟被扯出大大的裂口，好幾隻手指頭也有燒傷。他把救護人員的神情解讀爲：「你這王八蛋，你逃走，你竟然逃走！你還有臉活著，也不想想還有很多人需要照顧！」救護人員其實一句話也沒說，但是大衛心裡充滿罪惡感。

附近居民和大批救難人員紛紛趕到現場。上衣已經不見蹤影的艾倫沿著草地邊的一排樹急急走向機尾，顧不得滿臉的眼淚。他極力想要協助其他人，手指在撲滅某個人著火的襪子時燒焦了。雖然艾倫不清楚對方是誰，他還是用力拍打襯衫，抓起一把一把的草和土，往他身上熾烈的火焰擲去，可惜徒勞無功。這時，直到這時，艾倫才背過身去。他知道救不了這個人，他不忍心親眼看著有人被火吞噬。

艾倫碰到另一位大約三十多歲的乘客，身體大部分都被燒傷。這個男人身上只穿著內衣，其他衣物顯然都被燒掉了。他正朝著草地邊緣的一棟房子走去。「爲什麼你沒被燒到？」男人的語氣很平靜，好像只是隨口問一個無關緊要的問題。

艾倫不知該說什麼。能說什麼呢？艾倫以爲自己是唯一沒被燒傷的人。

艾倫老實回答說：「我不知道。」他不敢正眼看對方。

被燒傷的是麥克，這位工程師才剛剛開始新工作沒有多久。麥克離開艾倫，走到位於玉米田的另一側，保羅家隔壁的房子。他在走廊上遇到寶羅娜。不久之前，寶羅娜看著飛機滑向她家，她的丈夫比利已經到田裡去幫忙救人。她和麥克面對面站著，兩人默然無語。

「我剛從飛機逃出來。」麥克先開口。

「嗯，我看到了。」寶羅娜說。

麥克說他要打電話給遠在馬里蘭的太太。寶羅娜看到麥克因為疼痛而微微彎下了腰。「先來這裡坐著。」她把電話拿到前廊。麥克唸出電話號碼，寶羅娜幫他撥通，緊張之下，她撥錯了一碼。麥克接過電話自己撥號，另一頭傳來答錄機的聲音。因為吸進了不少火，他只能輕聲說道：「琳達，我的班機失事了……」

這是個鳥不生蛋的地方，蕾妮看看四周後作了結論。她在恍惚之中離開飛機。她遇到一個燒傷的中年男子，坐在草地上。男子穿著白色襯衫，袖口捲到手肘，脖子上繫著領帶，但是褲子不見了，鞋子早已熔化，雙腿幾乎燒到見骨。

他說他是龐德，就是跟不想坐在安全門旁邊的女人交換座位的那個男人。

龐德問蕾妮是否覺得他會死。她說：「不，你沒那麼糟。」他的臉和手看起來像曬傷一樣，頭髮燒焦了。「你看起來像剛剛曬過太陽。」

龐德問：「我的領帶歪了嗎？」有小豬圖案的領帶幾乎都快熔掉了。

蕾妮點了點頭。

「妳幫我弄正，好不好？」

蕾妮深深地吸了一口氣，然後說：「我們乾脆把它拿下來……」

保羅站在自家的牧草地上，將毛毯一一分發給受傷的乘客。他碰見心煩意亂的龐德。

「我要死了。」龐德說。

「哎，你只是看起來紅紅的，沒那麼糟啦。」保羅哄騙他。

「一定會死。我有三級燒傷，我一定會死。」龐德堅持。

「老兄，冷靜下來。」保羅把毛毯蓋在龐德身上。

穿著T恤牛仔褲的蕾妮，走到草地的另一邊。她坐在草地上翻著一包香菸。大衛走了過來：「給我一根吧！」蕾妮身上那包雲斯頓淡菸差不多全壓爛了，只剩那根「幸運菸」——蕾妮先前爲了祈求好運，把這支菸從剛開封的菸中抽出來，再倒插回去。蕾妮跟旁邊的人借了火點燃香菸，和大衛坐在草地上抽了起來，一邊看著冒出黑煙的機身。大衛伸出手：「我叫大衛。」他的鼻子有一處流血的傷口。蕾妮過了一會兒才回答：「我叫蕾妮……」

查克覺得喉嚨很乾。他走到保羅家門口，喊了幾聲都沒人回應。他往對街看過去，三個女人站在那邊看著他，其中一位是保羅八十二歲的岳母康妮。

查克往對面走，身上穿著染血的T恤、內褲、棕色平底鞋和襪子。手上拿著腰帶和皮夾，那是從草地上撿回來的。

康妮剛剛接到女兒寶羅娜打來的電話，寶羅娜就住在保羅家隔壁。電話裡寶羅娜的聲音顫抖：「媽，妳沒事吧？」「沒事。」康妮掛了電話，走到屋外的陽台。她不知所措，忍不住低頭哭泣：「上帝啊！救救這些人。」不久兩位鄰居走了過來。

查克走到康妮家的陽台：「不好意思，可不可以給我一杯水？」康妮端來一杯水，查克要借電話，康妮帶他進屋。查克撥了通電話到康州的家，沒人接電話，查克打到辦公室，他的同事答應轉告他太太。

查克問康妮：「這是哪裡？」康妮說了三個附近的地名：柏威爾路、柏頓、凱羅郡，查克壓根沒聽過。兩個人聊了一會兒，醫護人員來了，把查克送上救護車。查克謝過康妮，救護車就開走了。

過了好久，康妮才發現她連對方的名字都沒問。

寇赫牧師正在安慰資深警官查爾斯。查爾斯癱倒在地，身上冒著黑煙。同伴陶德跑過去看他，只見查爾斯的頭髮、眉毛、衣服都被火吞噬得一乾二淨。

陶德告訴牧師：「這位是我的朋友，他是好人，大好人。」陶德臉色蒼白。

陶德對查爾斯說：「馬上送你去醫院，撐著點。」

查爾斯的聲音非常微弱：「痛死我了，眞的痛死我了……」

陶德想拍拍查爾斯，可是查爾斯已經被火燒得體無完膚，陶德只能輕輕把手擱在查爾斯的肚子上。

「不要太用力。」查爾斯抖了一下。

陶德點點頭。他自己身上的襯衫不見了，只穿著牛仔褲。他看著老搭擋，一點也幫不上忙，只好再次說道：「牧師，他是好人……」

寇赫牧師聽見查爾斯的喉嚨咯咯作響，這是吸入濃煙所造成的，寇赫知道情況不妙。

寇赫看到駕駛艙前聚集了一群人，有人在砸窗玻璃。他轉過頭，一群受傷乘客站在他的卡車邊，草地上到處都是傷患的軀體。寇赫想起軍醫作業程序，應該把這些人按照傷勢輕重分類。他看到機身火勢猛烈，黑煙不斷冒出，天空成了灰色。他看到空服員受傷流血、蓬頭垢面、歇斯底里。

「我要回飛機那邊。」蘿萍說。

「不行，飛機會爆炸。」寇赫連忙阻止。

寇赫看見一個高大的黑人拖著蹣跚的腳步走著：「我在找我太太。」他是朗尼，臉部和身上的皮膚脫落，長褲被火燒光了。寇赫在越戰戰場上都沒看過這麼嚴重的傷勢。

寇赫對朗尼說：「你必須坐下來。」朗尼照做，不過一下子又站了起來。他的神智雖然清楚，卻相當焦躁不安：「我要去找我太太。」誰勸也沒用。

寇赫看到機尾後方大約二十五呎的地方有個年輕女人，上半身幾乎完全赤裸，只剩下一件牛仔褲；胸罩燒熔了，黏在皮肉上，臉上的皮膚也燒熔了。她腳步踉蹌，獨自一人茫然地邁著步子，全身上下冒著煙。後來她倒了下去，身旁不遠處的草地仍在燃燒。

寇赫挨近查爾斯說：「我要走開一下，那邊有人需要幫忙。」他對陶德點點頭，然後告訴查爾斯：「別怕，你的夥伴在這裡。」

寇赫蹲在那個女人身旁。她呼吸相當困難，寇赫幫她剝掉口鼻附近鬆脫的皮肉。「現在呼吸有沒有比較順暢？」她的牛仔褲燒破了，幾乎燒熔的登山靴黏在腳上。她的外表嚴重變形，看不清本來的長相。寇赫問她：「妳叫什麼名字？」

「珍妮佛。」

「我叫寇赫，妳好。」

珍妮佛告訴寇赫她的先生叫鮑伯，在緬因州班格爾市費爾菲爾德旅館上班。她把電話號碼給寇赫：「拜託幫我打電話給他，叫他馬上過來。」她又重複了一遍電話號碼。

珍妮佛看不清楚眼前的牧師，不過可以隱約聽見他說話。她覺得寇赫的聲音相當輕柔，感覺很舒服。她說：「我的腳好痛，可不可以幫我把靴子脫掉？」

寇赫感覺到火焰的熱氣從背後襲來。以前當軍醫的時候有繃帶、剪刀、清水可以用，現在他好希望身邊有這些東西。「現在沒辦法脫靴子。」風向一直在變，火焰不斷延燒，離他們越來越近。「珍妮佛，我馬上回來。」寇赫站起來，往外走了幾呎，用穿著皮靴的腳把火踩熄，清出一個直徑大約十呎的空地。寇赫回到珍妮佛身旁，她又說了一遍電話號碼：「叫我先生趕快過來。」

寇赫知道，在醫護人員到達之前，他必須一直跟珍妮佛說話，讓她想著心愛的人。「妳有小孩嗎？」「有一個兒子。」「叫什麼名字？」「強尼。」「幾歲？」「四歲。」

當火燒到牛仔褲，燒到襯衫的那一刻，珍妮佛想到兒子，她聽見有人喊：「一停！二躺！三滾！」消防隊員曾經到強尼的幼稚園告訴小朋友：「如果你身上著火了，要趕快躺在地上打滾，這樣才能把火撲滅喔！」小強尼回家告訴珍妮佛：「媽媽，被火燒的時候要一停二躺三滾喔！」還叫珍妮佛練習一次給他看。身上著火的那一刻，珍妮佛想起兒子的話。她想躺在地上滾，可是背部受傷沒辦法滾。她看見身上的皮肉著火了，不過她很快就失去知覺，感受不到絲毫痛楚。

寇赫找到話題了：「小強尼乖不乖？會不會把家裡弄得亂七八糟？」

寇赫提到自己有個二十三歲的女兒。

「小強尼喜歡吃什麼？」

「他喜歡吃熱狗、通心麵和起司。」珍妮佛回答。

火勢再度朝著兩人延燒。寇赫往機身的方向看去，大量的黑煙遮蔽了白晝。寇赫聽到一個男人尖叫：「救命啊！救命啊！」不久風向改變，又見白晝。突然飛機發出巨大的嘶嘶聲，寇赫心想一定是油箱要爆炸了，他直覺地用身體擋住珍妮佛。幾秒鐘後，氧氣瓶發出的嘶嘶聲停了下來。寇赫想把珍妮佛移到別的地方，可是他擔心她的脊椎可能已經受傷，移動會讓傷勢加重，只好繼續跟她聊天。

「我的腳好痛，背也好痛。」

「能感覺到痛是好現象。妳是怎麼離開飛機的？」

「一路踢出來。」

「眞不簡單。」

寇赫站起來，再次把周圍的火踩熄，然後回到珍妮佛身旁：「妳都能走出飛機了，一定可以度過這一關。」

救護人員來了，寇赫大喊：「這裡有人需要幫忙！」

一名急救人員走到珍妮佛身旁說：「我叫巴德。」寇赫說：「她叫珍妮佛，她有一個四歲的兒子強尼。」

巴德看著珍妮佛，她身上絕大部分都是三度燒傷。巴德發覺珍妮佛吸入不少濃煙。「珍妮佛，妳聽得見我說話嗎？」巴德心想她可能不會回答。

「聽得見。」

巴德不認為眼前這個女人可以活下來。他可以想像她的氣管會腫脹，然後休克，接著器官衰竭。巴德替珍妮佛戴上氧氣罩。巴德知道寇赫是牧師，他對寇赫說：「希望你和你的上帝都能與我同在。」

救護人員把珍妮佛抬上輪床，推進救護車。她全身上下大概只有腳跟沒被火燒到，巴德心想：「哪有人燒得這麼嚴重還能活的？」

巴德告訴救護人員：「這是我看過最嚴重的燒傷。」

救護人員回答：「你有沒有看到我負責的傷患？」巴德把頭探進救護車裡面，發現露西里那隻燒爛的手，簡直就像一隻鉤子。露西里淒聲哭喊：「上帝啊！讓我死吧！」

醫護人員陸續抵達現場，急救直升機也來了。寇赫看到有人走進樹叢蒐集飛機殘骸作為紀念品。傷患都還沒處理完，這些人就迫不及待要挖寶，真令人作嘔。

寇赫坐上卡車開回牧師公館，關上門，窩在沙發上，滿腦子都是珍妮佛的影子。

副駕駛麥特躺在救護車裡，身旁的女傷患因為疼痛而不停喊叫，她是朵茵；一會兒大哭，一會兒緊咬毛巾。麥特問救護人員：「她幹嘛叫個不停？」「她的腳傷得很嚴重。」淒慘的叫聲讓那名救護人員感到害怕又難過。他用力想撕開一袋靜脈注射液——麥特想大概是給那個叫個不停的女人用的——袋子是撕開了，不過注射液全灑在麥特身上。麥特想對他說：「慢慢來，沒關係。」可是臉上戴著氧氣罩。

耳邊又傳來朵茵痛苦的聲音：「聖母瑪麗亞啊！」然後突然靜了下來。同樣身為天主教徒，麥特很關心她的狀況。麥特向另一名救護人員瓊恩比了個手勢，請她去看看朵茵。

是瓊恩把麥特救出駕駛艙的，而她當消防隊員的先生當時正在一旁灑水。在草地上，麥特問瓊恩：「我撐得過去嗎？」雖然瓊恩覺得希望不大，還是對麥特說：「安啦！」瓊恩把麥特的衣服脫掉，把他的ＡＳＡ名牌塞進內衣，這樣醫護人員就可以知道他的身分。瓊恩看著麥特的臉，想起自己年紀相仿的兒子，心中百感交集。在救護車裡，她彎下腰靠近麥特，忍不住掉淚。麥特舉起燒傷的手，抹去她臉上的淚。

麥特說了一些話，但是瓊恩聽不清楚。她再靠近一些，麥特又說了一次，這次比較大聲。瓊恩點點頭，然後靠近朵茵：「他要妳繼續大聲禱告。」

朵茵接受了麥特的建議。

珍妮佛時而昏迷，時而清醒，周遭事物隱約從她眼前和耳邊通過。她聽見救護車裡露西里的哀號，感覺自己飄進醫院。身旁的人忙個不停，護士剝去她身上的衣服碎片，又拿下她的結婚戒指（不要給我搞丟了！）。珍妮佛一點都不覺得痛，她沒有任何感覺。她看到直升機，看到救護人員把自己抬進直升機：「天啊！又是飛機！」機上的人對她說：「我叫葛倫。」一另一個人（不知道是不是葛倫？）告訴她：「珍妮佛，現在要讓妳睡一下。」他們替她戴上氧氣罩，蓋住鼻子和嘴巴。她到了另一家醫院，躺在金屬材質的床上，天花板上的燈光像閃光燈一樣閃動。有人在談論她，也有人跟她說話。珍妮佛聽到神父的聲音（神父來這裡幹嘛？）：「聖父、聖子、聖靈……」珍妮佛突然又覺得痛，不是因爲傷口，是爲神父感到難過：「天啊！他來錯房間了！他應該要給別人做臨終儀式，不是我。」在燒傷墊片、繃帶和蠶食全身的傷口之下，珍妮佛平靜地思考著。儘管神父和醫生都還不確定，珍妮佛自己卻非常清楚：「我才不要去天國。」

VI 你是今天的英雄

22　來不及吻別

潔琪接到一個飛行員妻子最不願意聽到的消息。下午快兩點鐘的時候，她原本在喬治亞州都柏林的退伍軍人醫院開會，臨時離席去接一通緊急電話。那是她母親打來的。母女兩人同住在喬治亞東部的小鎮，感情親密，互動頻繁。

「潔琪，妳知道ASA墜機的消息嗎？」

潔琪並不知情。

「有一架飛海灣港的班機墜機了，應該不會是艾德的飛機。我只是想到，他那麼常飛海灣港……」

「海灣港？」潔琪說：「那不是艾德的飛機。他今天要去阿爾巴尼。」

她其實不是很確定，因為她不知道丈夫確切的航班表。潔琪告訴母親，她會打給ASA的航務中心。

潔琪今年四十二歲，大學畢業，生下三個小孩後又繼續攻讀社工碩士。她的一生就像典型的南方小鎮故事：和飛行員艾德結褵二十年來，仍然住在從小生長的小鎮，和丈夫一起養育三個兒子。

潔琪和母親講完電話後回到自己的辦公室。她努力回想早上出門前的一團混亂。今天是三個孩子的開學日，她和艾德就像其他上班族父母一樣倉促地交談。她在腦海中重新播放這些片段，試圖確定墜毀的不是艾德的飛機——哦，在我送孩子們上學前，艾德才說他要去阿爾巴尼；他壓根兒沒提到海灣港。

當然，致電航務中心，等於是承認墜毀的有可能是艾德的飛機。潔琪知道航務中心不喜歡接到任何人的電話，即使是飛行員的妻子。艾德在ＡＳＡ任職八年來，一再向她強調，只有在非常緊急的時刻，才可以打電話給航務中心。

潔琪立刻撥電話到航務中心。「我是甘納維太太。很抱歉打擾您，我知道打這通電話有些可笑，不過我聽說有一架飛往海灣港的飛機墜毀。我想確定那不是我丈夫的班機。」她的聲音柔和中帶著懇求，似乎這樣就可以讓對方告訴她根本不需要擔心。

但是她沒有得到確定的答案。不像以前她每次看到飛機失事的新聞而致電，航務中心的人都會叫她不必擔心，或是請她不必再打。

電話那頭一陣沈默，然後是：「甘納維太太，請稍候一下好嗎？」

她知道，艾德墜機了。

她癱靠在牆上，聽著航務中心主管說話。「我很遺憾，」對方說：「那確實是您的丈夫駕駛的飛機。」

接下來，聽筒那一端的話語像碎片般漂入潔琪的耳中：「就目前所知一切都還好……聽說有很多生還者……詳細情形我們還在了解……機體很完整……」

航務中心主管說話的同時，直升機正陸續搭載媒體記者前往失事現場。

壞消息已經得到證實，不需要再小心翼翼地說話。潔琪直接了當地告訴航務中心主管：「和我保持聯繫，隨時告訴我最新情況。」

她離開醫院去接大兒子羅倫和二兒子羅斯。小兒子羅伯特會搭校車回家。在這種時刻，潔琪和兒子們需要彼此相伴。接兩個兒子回家的路上，她告訴他們：「不會有事的。我們只要回家祈禱就好。」

在屬於他們五個人的家中，兩個小孩坐在媽媽身邊，盯著電視上冒煙燒焦的機身殘骸；那就是他們的父親駕駛的飛機。潔琪想要知道更多電視上沒有的消息。她打電話到失事現場附近的每一家醫院，一一詢問是否有姓甘納維的傷患。

每一通電話得到的回覆都是：目前沒有，但請再打來；陸續會有傷患送進來。

丈夫生死未卜，潔琪告訴兒子們：「爸爸沒事的。」她自己由衷相信這句話。她未曾經歷過喪失至親的哀痛，不讓自己現在就感受到那種傷痛，當然也不允許兒子們有那樣的感受。

不久，都柏林鎮上關心這家人的親朋好友，聽到墜機的消息後，紛紛趕到甘納維家。潔琪的父母傑克和瑪格麗特、醫院的同事和牧師都來了。鎮上幾乎所有人都認識艾德；他熱心參與公共事務，是扶輪社、橄欖球球友會、腳踏車隊、鄉村俱樂部、路跑聯誼社和童子軍的會員。二十來個親友陸續抵達，陪著甘納維一家看新聞。書房和客廳裡的電視都打開了。

三點鐘、四點鐘。沒有任何醫院傳來消息，航務中心也沒有回音。前來致意的朋友越來越多，站在門外低聲交談。潔琪和孩子們離開擠滿客人的書房，移到安靜的主臥室。母子四人此時此刻只需要彼此。

梳妝台上的電視機將一百八十哩外燒毀的飛機殘骸畫面，傳回艾德和潔琪的臥房；機長的妻子和三個兒子看著焦褐的草皮和燒黑的金屬。這架巴西利亞型飛機的上方依稀可見幾個紅色的識別字樣：N256AS。

現場到處都是消防隊員和救難人員。潔琪想確定飛機駕駛仍然生還。她仔細盯著新聞畫面上的牧草田，希望看到艾德在人群中走動，甚至幫忙救援乘客——艾德的個性就是這樣，他一定會幫忙救出乘客。

四點鐘變成四點半，然後是五點鐘。沒有人打電話來，沒有後續的消息。

潔琪盯著電視機，看著丈夫執勤所在的駕駛艙。兒子說駕駛座看起來很完整，「爸爸也許沒事。」潔琪更加仔細地察看，發現駕駛艙右邊的窗戶中央有一個怪異的洞。她想起艾德提過他的新副手，年輕有勁的麥特。她心想，坐在右邊的一定是麥特，不是艾德。

她繼續在田野間搜尋艾德的身影。今天早上她匆匆忙忙出門送孩子們上學後，就再也沒見過他。現在都快要五點半了，丈夫仍然音訊全無。她只看見他開的飛機，卻看不見二十一年前的某個夜晚，和好友出遊時認識的那個男人。

以前有一位女性朋友說要介紹潔琪認識一個英俊的男人，也就是她的大學同學艾德・甘納維。潔琪說：不了，謝謝，我不要再相親了。後來，有一次潔琪和另一位女性友人相約到亞特蘭大，一個長得很好看的男人邀她跳舞。她告訴那個男人：不了，謝謝。但是男人鍥而不捨，她對他也有好感。那是一位親切友善的紳士。

兩人開始共舞。潔琪問男人的姓名，沒想到竟是艾德・甘納維。潔琪和艾德一直認為兩人的相遇是一段奇緣。一年半後，他們結婚了；現在，丈夫和他駕駛的飛機卻墜落在遙遠的田野間。潔琪不禁又想起今天早上她趕著送孩子們上學，還得在學校的開放參觀日這天送花過去，那是她最後一次看到艾德……

糟了。他們每次離別時都會親吻對方。即使有人認為這個舉動很落伍，他們也不在乎。每一次要分開的時候，不論是要出發到機場、到醫院，或是送孩子們上學，潔琪總會和艾德吻別。現在，潔琪和孩子們坐在臥室裡等著她的丈夫、孩子們的父親平安活著的消息；她早上欠他一個吻。

有兩名罹難者。大兒子羅倫聽到新聞主播宣布這個消息。他盯著十三吋的電視螢幕，說服自己爸爸還活著。他告訴自己：駕駛艙看起來很完整，一定是後排的乘客不幸罹難。接著主播說，其中一名駕駛喪生。

羅倫告訴自己，父親有一半的生存機率。

他感到房間裡的氣氛越來越緊張。潔琪和羅斯、羅伯特坐在床上。甘納維家的客人在屋外輕聲交談。書房和客廳裡仍然有許多親友注意著電視新聞，或聚集在車道上低聲交談，等待艾德的消息。

時間過了五點半，距離墜機已經超過四個半小時。艾德的妻子和孩子們看到電視新聞畫面上，一名救難人員正拿著斧頭劈開駕駛艙的窗戶。那位救難人員告訴記者：「我們把副駕駛救出來了。我試著拉出機長，但是他已經氣絕身亡。」

潔琪伸手抱緊兩個小兒子。親友們哭著衝進房間。獨自啜泣的大兒子羅倫，倒在父親一位好友的懷裡。

走廊上，一位牧師告訴羅倫，現在家庭的擔子落在他肩上了：「雖然母親還在，但你是長子。」甘納維家的大兒子眼裡噙著淚，點點頭表示明白了。

最小的兒子羅伯特只想和他的狗歐提斯在一起。外婆陪著這個九歲小男孩走出後門，遠離聚集的人群。她看著小外孫抱著歐提斯哭泣。

潔琪的父親傑克，聽著滿屋子的親友替他們抱不平道：「上帝怎麼會讓這種事發生？」這句話讓他十分憂心。他把羅倫拉到一邊，強忍住淚水，哽咽而堅決地告訴他：「我們不明白上帝這樣做的旨意，但是我們要相信祂。」

23 燒傷病房

下午一點四十五分。原本在家中熟睡的外科醫生巴比，被電話鈴聲吵醒。電話那頭傳來急診室值班人員的聲音：「有飛機失事，機上將近三十人。請立刻到醫院。」

「喔，」巴比還沒完全清醒。「好的。」

巴比心裡其實在嘀咕：搞什麼，在這種時候把我扯進這種套好招的演習。飛機才不會在喬治亞的卡洛頓墜毀，至少不可能是三十人的飛機。

他心想這一定是幾年一次的緊急事故演習；醫院裡會有人假扮傷患，全身是血，彷彿身心受創；救護車假裝出勤，急診室裡醫生、護士演練傷患救治分配。

爲什麼偏偏要選現在？巴比很珍惜下午短暫的補眠。再過五個小時，他就要到坦能醫學中心的急診室值夜班。坦能是一家地區醫院，位置靠近喬治亞州和阿拉巴馬州的邊界。

不過，他突然想到急診室人員隻字未提演習的事。巴比迅速換裝，同時打開電視，聽到新聞快報：「以下爲您插播一則來自ABC新聞的特別報導……」難道是眞的嗎？

巴比是密西西比人，高大帥氣，雖然四十一歲了，仍保持健美的體格。他的氣質優雅、口才流利，使他的問診得到很高評價。他在坦能的急診室中游刃有餘。十年的小鎭醫院經驗，他看多了當地人爲自己的不成熟或魯莽付出龐大代價，從騎腳踏車受傷到酒醉駕車失事都有。有些醫生不喜歡急診室的步調，但巴比卻相反。急診室中「確切的急迫與需求」讓他充滿幹勁，儘管心情常會在歡欣與悲傷間擺盪、工作時間不定、時而錯過孩子們的球賽或生日派對。急診室怪事何其多；有的病人堅持要麻醉，有時候從病人的直腸中拔出稀奇古怪的東西，讓巴比啼笑皆非。難怪他在家族聚會上，總有五花八門的故事可以說。

巴比開著本田喜美上二十號州際公路，聽到收音機裡報導卡洛頓附近有飛機墜毀。是眞的沒錯。十五分鐘內，他就會進入這場風暴裡。一定有很多死者。飛機失事哪有人能生還？

接著報導提到生還者，巴比知道他即將面對的是什麼——燒傷，最嚴重的燒傷。

他駛進卡洛頓市區。這裡不大卻很熱鬧，郡政府是最大地標（還有聯邦紀念碑），加上別致的老房子，以及鎭中心的廣場。穿過警車和消防車圍起的路障，眼前閃爍的藍、紅燈是巴比有生以來看過最多的。轉上了迪克西街往坦能醫學中心，他放慢車速，一位警員敲敲他的車窗：「快進來，巴比，他們急著找你！」

下午二點二十分，巴比從後門進入醫院，走進醫師更衣室。

一分鐘後，巴比來到走廊上。他聞到一股氣味，味道強烈到似乎可以觸摸，有點像汽油，但濃烈得多——是噴射機燃油。簡直像灑了一地的油料般刺鼻。

走了十步左右，這股刺鼻味被另一種更可怕的味道取代——是皮膚的燒焦味。巴比太熟悉這種可恨的味道了。他以前處理過燒傷，深知這種味道會滲入他的衣服、鑽進他的鼻子，久久不散。

走廊上聚集著醫生、護士、警察、軍醫、醫院公關人員，和數十張陌生的臉孔。對巴比而言，這就像進家門時發現家中有陌生人一樣。

然後，在走廊另一頭，巴比聽到女人的哀叫聲：「喔，不！喔，不……」

這到底是怎麼回事？

走近內科醫師的辦公室，值班醫師湯姆簡短地和巴比打招呼：「裡面需要你。」他指著整型外科A病房。

巴比走進狹小的病房，裡頭已經臨時擠了四張病床。有五個護士和一個醫生在照顧傷患。

護士告訴他，最右邊的病床上躺著的是空服員。其他三張病床是機上乘客，他們身上蓋著無菌布、燒傷墊片和吸水腹墊，減少體表水分蒸發。蘿萍旁邊是麥克，然後是龐德。最左邊靠牆的是桑雅，她的哭喊聲迴盪在走廊上。

送往坦能的生還者有十三位，巴比首先要負責照顧這四位。當務之急是補充體液、從靜脈注射大量液體，並且追蹤排尿狀況。以無菌生理食鹽水泡過的包紮布，能降低傷患體溫。巴比還要注意傷患呼吸是否順暢、定時監測生命跡象。此外，他要找出對主要器官及脊椎造成傷害的外傷；最重要的是，他必須盡可能安撫傷患。

桑雅最先引起巴比的注意。護士已經用繃帶包紮她的臉部。「費特曼太太，我是巴比醫生，我……」

「喔，不！喔，不……」

巴比再說一遍，還是徒勞，桑雅沒在聽。巴比讓護士注射五毫克的嗎啡，很快又追加了五毫克，但是桑雅仍然不停哭叫。巴比掀開她的燒傷墊片和繃帶，只見她的臉部扭曲、肌肉緊縮，眼睛看起來不像是臉上的器官，像是面罩上的兩個大洞。

那時，桑雅逃出機身時絆了一跤，燃油濺到身上，短褲隨即著火。艾倫聽到她發出長長的尖叫。桑雅在田野上以「之」字形跑著，手臂和雙腿都著了火。艾倫和戴維追過去，把她撲倒在地。她解開短褲的鈕扣，艾倫幫忙她扯下來。桑雅脫掉上衣，兩手不斷拍打，想要降溫。一旁的人安撫她，她赤裸裸躺在草地上，兩手仍繼續揮舞。戴維想找東西蓋住她，陶德從自己的黑色旅行袋中拿出一件上衣和短褲。

幾分鐘後，牧草田另一頭的戴維看到桑雅一個人單腳跳著，然後跌到草叢中。他趕緊跑向桑雅。「天啊，我好痛。」她說著開始啜泣。戴維發現她嘴裡有血，她一定吸入火苗了。戴維極力安撫她，輕輕拍著她的手臂：「妳不會有事的。」桑雅舉起她灼傷的手臂，以四十五度角上下煽動。戴維鼓勵她：「繼續做。」桑雅想起在德州家裡剛學步的女兒安珀，告訴戴維：「我的寶寶很漂亮，她非常可愛。」戴維回答：「妳會再見到她的。」他心想，還好桑雅的上半身傷勢比較不嚴重。戴維對桑雅微笑說：「我們會成功的。」

「費特曼太太，」巴比往前傾靠近桑雅，兩名護士在一旁待命，他柔聲問道：「有沒有比較不痛了？」第一次，也是唯一一次，桑雅將眼神轉向他，但是很快又將目光轉開，瞪著天花板大叫：「喔，不！喔，不……」巴比心想，她的內心正試圖逃離此時此地。

巴比轉向右邊的龐德，這位檢察官一直沉默地看著醫生與桑雅的互動。他面無表情，像是有事待辦，耐心排隊等候。巴比注意到龐德嚴峻的臉上，兩道眉糾結在一起。

「你好，我是巴比醫生，我現在要看看你的……」

「我的燒傷面積百分比是多少？」龐德問。

這個問題讓巴比嚇了一跳，不是因為問題怪（其實這問題再實際不過），而是太出乎意料。從來沒有病人問過巴比這樣的問題。

「我得先檢查一下才知道。」

巴比的專長不在燒傷，不過他曾經擔任喬治亞西區救護服務中心及凱羅郡消防局的醫療顧問，照顧過燒傷病患，也訓練過消防隊員如何緊急處理傷患。

他掀開龐德身上的燒傷墊片，看到慘不忍睹的雙腿：三度燒傷、脛骨附近萎縮。如果他沒死，恐怕也會失去一條腿。檢查龐德的上半身時，巴比說：「這裡看起來沒那麼糟。」

這時，龐德坐了起來，像盒子裡彈出的小丑，用一隻手撐起身子，面對著巴比。他堅持要知道：「我有百分之幾燒傷？」

一呎之隔的桑雅仍在哭喊，走廊上傳來群眾的喧鬧聲。巴比猶豫了一下，然後告訴龐德：「嗯，看起來有百分之五十。」他低估了龐德的燒傷面積，雖然不完全是故意的。燒傷程度一開始很難估算。三度燒傷或全皮層燒傷一開始都不明顯，等到血管凝固、皮膚出現大理石般的死灰色時，可能是幾小時後了。

龐德重複道：「百分之五十？」他臉上的表情古怪而焦慮。「那我一定會死，我這種年紀不可能熬過的。」說完躺了下去。

巴比納悶龐德對燒傷的知識是從哪兒來的。他並不知道龐德曾經在馬里蘭州的喬治王子郡，參與縱火事件調查局的成立，也不知道龐德曾在一名被自己放的火燒傷的縱火犯臨終前，取得他的自白。龐德也懂「九的規則」：就是傷患身體分爲十一部分，各爲百分之九，用以估算燒傷面積。還有另外一種燒傷判定標準：傷患的存活率，可以用年齡加上全身燒傷面積的百分比算出；如果合計超過一百，傷患恐怕難逃一死。龐德也知道這點。五十六歲的人了，他知道百分之五十左右的燒傷面積代表什麼意義。

巴比極力安慰龐德：「沒道理這麼快放棄。你的腿部是有些嚴重的燒傷，雖然你已經五十幾歲，還是可以熬過去的。」

「給我一點止痛藥。」龐德回答。

在這間擁擠的病房中，四張床緊靠在一起。巴比轉向右側的麥克。在墜機現場，這位三十五歲的工程師曾走到寶羅娜家打電話給妻子。身處混亂的急診室，麥克感到全然的平靜。曾經有位年輕氣盛的南方佬，自不量力想要和麥克比機智。南方佬問道：「什麼風把你這個北方自由派吹到北卡來著？」來自馬里蘭的麥克頓了一下（會抓時間是他的長處），然後揚起一道眉毛說：「沒聽過傳教士嗎？」整個房間爆出一陣大笑。甚至連南方佬都甘拜下風。這就是麥克的風格：冷靜、自持、低調、風趣。而他對宗教、上帝、神祇都沒有太大興趣。

二十歲時，麥克險些在一次機車車禍中喪命；後來在醫院待了兩年，動了無數次手術，包括左手肘的復建。躺在病床上，他靠著電視影集打發時間，對影集主題曲倒背如流。幾年後，他有時會促狹地當眾哼出某一段主題曲。他的幽默和六呎三吋男人少見的溫柔吸引了琳達。一般魁梧的男人，通常會刻意挺起胸膛，證明自己的威武。麥克卻不然。琳達注意到，婚禮上，麥克刻意站在她身後一兩步，兩腿分開，讓他自己看起來沒那麼高。他是一位溫柔的巨人。

麥克臉上裹著生理食鹽水濕布，巴比幾乎看不到他的臉。巴比首先自我介紹，說要評估一下麥克的狀況。麥克平靜地說：「別擔心我，我還好。照顧他們就好。」巴比在繃帶底下察覺一抹孩子氣的微笑。

巴比無言以對。才剛照顧了一位聲嘶力竭的女性、一位令人倍感壓力的男子，第三位病人卻如此平靜。「嗯，我還是要看看。」巴比說。一旁的護士幫忙掀起麥克的蓋布，卻發現麥克的情況並不樂觀。他的燒傷是巴比見過最嚴重的：全身都是部分皮層或全皮層燒傷，面積超過百分之七十五，只有胸膛倖免，而且全身到處都脫皮。巴比倒抽一口氣：他死定了！

麥克面對嚴重傷勢，竟然如此鎮靜。巴比驚訝之餘，認定不是麥克的神經被燒死了，就是他有過人的忍受力，或是非凡的教養。麥克的體溫已經降到攝氏三十五點七度——通常體無完膚的燒傷患者都會有降溫現象。他的臉部燒傷，不過沒有變形，臉色泛紅，頭髮焦枯，腿部呈現死白色。

在麥克和急診室護士的對話中，談到的不是自己，而是他的妻兒。他想要確定有人會代替他說，他愛他們。

巴比問麥克：「你需要止痛藥嗎？」麥克聳聳肩。護士說：「他已經痛一陣子了。」巴比便開了嗎啡給他。

巴比移往右床，看看空服員蘿萍。她只有四肢輕微燒傷，不過全身到處都是淤青。護士必須把她的襯衫、胸罩和長褲剪開，剛好有機會可以開開玩笑、舒緩緊繃的情緒：「哇！大家來看蘿萍的粉紅小褲褲！」

蘿萍聽著桑雅的哭喊，問巴比說：「沒辦法讓她舒服點嗎？」巴比說他正在努力。

蘿萍問起兩位駕駛的情況：「他們還好嗎？」巴比說他不知道，但是會幫她打聽。

蘿萍說膝蓋、臀部和手臂都很痛。護士扶她起來，不過她幾乎無法站直。護士推著她的病床準備去照X光。

巴比回頭去照顧其他病人。

桑雅靜下來一會兒，然後又開始哭喊。

龐德又問了一次他的燒傷面積，他要詳細的數據：二級燒傷有多少？三級燒傷又有多少？巴比告訴他大部分都是深層二級燒傷。巴比這時明白，龐德不關心痛不痛，他關心的是生與死的機率。

麥克仍然一派安詳，問醫生他有沒有機會活下去。巴比認爲病患有權利了解實情，但一定要給他們一絲希望。多年前，一個當地流氓被送進急診室，胸腔中彈，大量出血。他不斷地問：「我會不會死？」巴比不確定地回答：「有可能，我相信外科醫師可以治好你。」流氓心裡作了最壞打算，要求見母親一面。巴比看到流氓爲自己少不更事而道歉，母子倆相擁而泣。不久，流氓死在手術台上。巴比領悟到，縱使自己的直言幫不到病患，卻幫了他的母親，讓她與兒子共度最後的時刻。自此之後，巴比更堅持「病患有知的權利」。所以現在他對麥克說：「先生，你還年輕，有機會活下去，但我也不敢肯定。」麥克的聲音聽不出任何波動：「我想也是。」

巴比又說：「現在的燒傷中心技術很好。」

蘿萍照完X光，護士推她回來。醫生幫她縫左太陽穴的裂傷。這時，她聽到一個細微的說話聲，是她聽過最充滿同情心的聲音。「妳還好嗎？」蘿萍把頭轉向右邊，是鄰床的麥克。

「我還好，」蘿萍說：「你呢？」

「還好。」麥克回答。

下午三點四十五分，桑雅、龐德和麥克轉院到亞特蘭大的葛來迪醫院燒傷病房。蘿萍繼續留在坦能觀察。

巴比跟著龐德的病床走到病房門口，安慰龐德說他情況還好，現在要轉到一家非常好的燒傷醫學中心，很有機會活下來。龐德向巴比道謝。巴比覺得龐德很客氣、是個好人。

巴比也陪著麥克出病房，麥克仍然非常平靜而機警。巴比說：「麥克，祝你好運。」麥克感謝醫生所做的一切。

看著麥克被推出去，巴比心裡想著爲何他會如此堅強？似乎有一股力量支持著他，但是力量從何而來？是信仰還是家庭？巴比希望找出答案，不僅因爲他很欽佩麥克，也因爲一個利己的理由：知道答案一定有助於巴比自己成爲一個更堅毅沈穩的人。他知道，能夠面對這樣的傷勢而穩如泰山，絕對已超出常人本性。一瞬間，巴比想到被釘在十字架上的耶穌。

麥克不只沈穩，而是超凡入聖。

幾小時後，巴比接到通知，要去參與艾德機長的解剖驗屍。他踏進坦能醫學中心的停屍間時，時間已近晚間十一點。

在場有好幾位病理學家，他們已經收到「毒箱」——也就是毒物採樣工具箱。他們要化驗機長是否有用藥情形，或是生理狀況異常而導致墜機。毒箱是一個十八吋的硬紙板盒，外表以保麗龍加強，裡頭裝有血液及組織樣本的小瓶子，並以乾冰保存，隨後將運送到位於奧克拉荷馬市聯邦飛航總署的民航醫學協會，進行化學分析。

站在艾德的遺體旁邊，巴比輕聲說：「這位就是機長啊。」

他靜靜地站了一會兒，心中除了不忍，還有尊敬。身爲一位急診室醫師，今天也夠不尋常的了，先是一通緊急電話，接著是收音機的新聞、紅藍兩色的閃光燈、桑雅的哭喊、龐德的疑問還有麥克的祥和。而現在，離飛機左翼尖撞擊地面後近十個小時，巴比看著機長，心裡想著，這就是那位緊握駕駛桿的人。

顯然房間裡其他人已經從新聞報導得知艾德的一些生平事蹟。有人提到他是個業餘跑者。「他本來做其他工作，後來才開飛機的。」

站在機長旁邊，巴比想到稍早他看到的那些受傷乘客。的確，他們都被燒傷，但是卻沒什麼嚴重的外傷。

巴比說：「他已經儘可能讓飛機以傷害力最低的方式降落。如果飛機不是滑過田地，而是一頭栽進去，那後果……」巴比幾乎要哭出來。「我想，如果機頭直搗地面，那大家就不可能……」他努力想講完自己的觀點：「其他人能夠生還，都是他的功勞。」

巴比感覺胸口一緊。如果艾德當初沒換工作呢？別的機長也能做得這麼好嗎？艾德幾年前的一個決定，在今天拯救了許多人。

巴比說：「希望不管他在哪裡，都能知道自己做得很好。我希望能當面對他說。」

然後，巴比決定要這麼做。他把右手輕輕放在艾德身上，然後說：「你是今天的英雄。」

24 珍，我來陪妳了

將近下午兩點。鮑伯．葛蘭貝走出緬因州班格爾市的一家銀行，坐上他的車，發現手機有五通留言，都是從他辦公室打來的。他很不耐煩地回電：「到底發生什麼鳥事！我不是說只出去二十分鐘嗎？」

「珍妮佛出事了，」電話那端回答：「你馬上打這個電話。」他記下波頓醫院的號碼。他跑回銀行，馬上打電話到醫院。「你必須過來一趟，」醫院的人告訴他：「珍妮佛受了重傷。」院方打算把她轉送到阿拉巴馬州伯明罕的一處燒燙傷中心。「你必須馬上過來。」

鮑伯當機立斷，打給人在一小時車程外的上司華許。華許父親的公司經營旅館及觀光事業，鮑伯和珍妮佛都是他的雇員。「珍的班機墜毀了。」鮑伯說。他請華許代為照顧唸幼稚園的兒子強尼。他告訴華許自己已經在前往伯明罕的路上。「我必須去看珍。」

鮑伯十分緊張不安，心跳加快。兩點零五分，他趕回旅館，開始分配工作。旅館的管理可以說是個人秀，而鮑伯就是這場秀的主角。經營一間旅館需要處理無數的細節，鮑伯就是能處理細節的人物。他工作時非常認眞，但也由於過度投入工作，他在五年前向珍妮佛求婚時送的定情物，不是戒指，而是一顆鑽石。「很漂亮的石頭，」珍妮佛面無表情地說：「不過要戴在手上有點困難。」

八個小時之前，他才跟強尼一起送珍妮佛到機場搭乘早晨六點半的飛機。而現在鮑伯要先趕到波士頓，再到伯明罕。他在商務航空公司的櫃台前排隊，排在第五位。商務航空是區間性的航空公司，與達美航空有營收共享的協議。往波士頓的班機二十分鐘後就要起飛，鮑伯不能錯過它。他走向櫃台，插到隊伍的最前面，站在等候線附近。他看到身後那些人不悅的表情。他站著不動，等著引起櫃台人員的注意。

「請排隊。」服務人員終於抬起頭。

「但我有急事……」

「會輪到您的，」他回答：「請回到您的位置。」

鮑伯想起珍妮佛，但他還是無奈地回到隊伍中。他看看牆上的鐘，試著打電話回辦公室，但沒接通。隊伍中有位女士轉過身對他說：「你可以排在我的前面。」他向她道謝。

終於輪到他了。他告訴櫃台人員，他太太搭乘的達美航空班機墜毀。服務人員說：「我們沒得到任何消息。」

「我說我太太搭的是達美航空的班機……」

服務人員說他完全不知道這件事，而且，往波士頓的班機客滿了。鮑伯急得像熱鍋上的螞蟻，只好先訂了五點的班機，離現在還有兩小時才起飛，晚上十點才會到伯明罕。

他怕那時候已經來不及了。

「我要搭這班飛機，」他要求對方：「去找個了解情況的人過來。」服務人員離開櫃台。兩分鐘後，服務人員給他一個達美聯營大西洋東南航空的電話。

鮑伯厲聲說道：「把我排上候補名單！」

服務人員說，這班飛機只能載三十五人，而鮑伯在候補名單的第九位。

鮑伯看著其他乘客登上紳寶340。他急得開始大聲嚷嚷，但他知道自己是搭不上這班飛機了。早知道應該更大聲點。

他打給達美航空，說他是珍妮佛．葛蘭貝的丈夫。「你在哪裡？」達美的人問道。

「緬因州的班格爾，」鮑伯說：「商務航空現在有個往波士頓的班次，但他們不讓我上去。」

電話那端說：「請等一下。」鮑伯看著最後一個乘客登上停機坪上的飛機，他看到螺旋槳開始運轉。達美的人員回到電話上，告訴鮑伯他已經跟商務航空交代過了，「請您稍候，我們沒忘了你。」

這時，一個商務航空的服務人員走過來。「請問您是鮑伯・葛蘭貝嗎？」他點頭：「跟我來，我們會讓你登機的。」

從班格爾到波士頓的航程有二〇一哩，對此時掛念著珍的鮑伯來說，七十分鐘的飛行簡直比一輩子還漫長。他在整段飛行都恍恍惚惚、坐立難安。他對鄰座的乘客說：「抱歉，我現在非常緊張。我太太的班機失事，而且我不清楚情況如何。」

善於處理細節的鮑伯，拿出紙筆寫下要做的事，要通知的人，以及安排照料強尼的事。一個念頭閃過：珍和我連遺囑都沒擬過。他在待辦事項中加入這一項。

他覺得很孤單。他感受不到任何人任何事，只隱約聽到自己聲音的迴音。所幸鄰座乘客及時伸出援手，讓他感受到一陣溫情。「希望最糟的情況不會發生。」他對鮑伯說。

在波士頓的羅根機場，達美航空原本說會派人接鮑伯，卻沒人出現。在機上鄰座的那位乘客，帶他到達美航空的貴賓室。鮑伯又打電話回辦公室：華許家族已把總部暫時關閉，準備全力協助鮑伯。他們打算租一架飛機，把鮑伯直接從波士頓送到伯明罕。

鮑伯打給波頓醫院。院方告訴他，珍妮佛已經轉送出去；但不是送到伯明罕，而是查塔諾加的爾蘭格醫療中心。他的新朋友找來達美航空的服務人員，並告訴他們：「如果這位先生需要搭乘班機，就把我的貴賓點數給他用。他想去哪就讓他去哪。」鮑伯感謝他的關心，新朋友遞了一張名片給鮑伯說：「讓我知道結果如何。」

從波士頓到亞特蘭大的九四六哩，更難熬的兩小時五十五分。鮑伯忍不住想著，珍說不定快死了。

在機上，鮑伯打電話到查塔諾加。院方表示珍妮佛的情況很糟，恐怕活不過今晚。鮑伯的弟弟大為剛好到亞特蘭大出差，現在已經趕到爾蘭格醫療中心，而且找來牧師，準備進行臨終儀式。珍妮佛的母親正從華盛頓特區趕去。鮑伯聽到電話留言：「儘快趕來。」

從飛機上看到亞特蘭大的夜景，鮑伯想到他的孩子。我要怎麼向強尼解釋？然後他又想到：死了老婆的丈夫叫什麼來著？他只知道「守寡」這個詞不太對。

飛機終於降落，滑行至登機門。鮑伯聽到身後有個男人輕聲地說：「準備好了嗎？」鮑伯驚訝地回過頭，看到一個空服員。

「什麼意思？」

「跟我來。」他說。

飛機停了下來。機長對乘客廣播：「大家請先留在座位上。」機長說，一位乘客有緊急要事，必須先下機。空服員把門打開，登機梯停在飛機旁。鮑伯不敢相信，珍妮佛的老闆葛林就站在上頭！

「來吧，鮑伯，我們走。」葛林說。

鮑伯站到登機梯上，看到下面有輛車等著。他們迅速步下階梯，坐上車，馬上出了機場。

「我們要去哪？」鮑伯問。

「我弄到一部直升機，」葛林回答。他們要搭直升機前往一〇六哩外的查塔諾加。

華許家族的力量眞大。

直升機在亞特蘭大的黑夜中升空，駕駛對鮑伯說，他下午載了幾個記者到空難現場。「飛機斷成三截。」他說，有幾個人已經罹難，但大部分人撿回一命。「很難想像，飛機墜毀在一間房子後頭，好像是個牧場。不過機長已經盡力了。」

「卡洛頓在哪邊？」鮑伯問。駕駛指向西邊：「那邊。」

鮑伯再次想到，稱呼一位死了老婆的丈夫到底要用哪個詞？

一小時後，直升機到了查塔諾加機場，鮑伯和葛林搭上救護車。警笛刺耳，燈光閃爍，加速駛入城中。

晚上九點四十五分，鮑伯走進了爾蘭格醫療中心，距離他收到珍妮佛出事的手機留言已經過了七個半小時。在燒燙傷中心的等候室，他看到弟弟大爲和珍妮佛的母親。「情況很糟，」

大爲強忍住眼淚：「非常糟。」

鮑伯被帶到一個小房間，和克萊夫特醫師會面，克萊夫特醫師是爾蘭格燒燙傷中心的主治醫師，經驗豐富。他的預測非常不樂觀。珍妮佛全身有超過百分之九十的燒傷。如果光就燒傷來說，她的存活率大約是百分之五；但她的脊椎斷了，存活率又得再減一半。她的一片肺葉已失去功用，肝也受到損傷。克萊夫特說，這種情況下，他無法爲珍妮佛動手術。

「你是說已經回天乏術了？」鮑伯問。

「我們只能靜觀其變。」醫師回答。

鮑伯穿上防護衣，走進病房。這時他才明白爲何醫師的預測很不樂觀：眼前的人全身幾乎纏滿繃帶，眼睛腫得張不開，嘴唇也腫脹不成形。她的喉嚨插著管子，頭髮燒焦了。

我怎麼知道這是珍妮佛？

我怎麼確定她是？

鮑伯看到她旁邊的桌上放著一張小牌子，是給護士的指示：「特殊翻身法」，幫她翻身一次需要五、六個護士一起來，必須特別注意她斷掉的脊椎。

鮑伯走近這個看起來一點也不像他太太的年輕女子。我怎麼知道是她？他輕握她的手。眼中噙著淚水，他低頭在她耳邊輕聲說：「珍，我在這兒。」

珍妮佛微微把頭轉了過來。

25 智慧與心靈的考驗

ASA 529 班機左翼撞上地面三十七分鐘後，聯邦飛航總署通訊中心與位在華盛頓的國家運輸安全委員會聯繫，委員會立即對這起墜機事件展開調查。午後，漢克・休斯人在維吉尼亞州北部的家中，他的呼叫器震動起來，來電號碼是航空事故生還因素調查部門的主管。漢克很清楚這通來電意味著什麼，腎上腺素跟著加速分泌。

漢克是國家運輸安全委員會輪值機動調查小組的一員，調查小組成員每周一輪替一次。若美國本土或其他國家發生墜機事件，不管失事地點是在山區、海上或是平地，只要該失事飛機通過美國認證，或是機體主要零件爲美國製造，漢克都得率領國家運輸安全委員會的生還因素調查團隊，負責研究乘客、組員生還或罹難的原因。

按照處理程序，漢克撥了通電話給部門主管，部門主管告知有架巴西航太 EMB-120 型客機，墜毀在亞特蘭大西方大約一小時車程的田裡，機上乘員廿九名，有人生還也有人罹難。

接著，部門主管通知調查小組出勤的細節：下午四點在華盛頓國家機場集合，然後搭乘聯邦飛航總署的 G-4 號飛機——這是架十二人座的雙發動機飛機，由灣流公司出廠——飛往亞特蘭大。漢克迅速整理他的「出勤包」，裡頭裝了縫有交安會標誌的海軍藍工作褲、調查用記事本，以及一整組可在失事地點使用的工具，包括一卷百呎長的金屬捲尺。

前往亞特蘭大途中，調查小組陸續接獲關於此次大西洋東南航空空難更多的資料。部門主管向漢克透露：「機上似乎有個乘客是你的朋友，是從勞頓來的，以前跟你共事過。目前我們還不知道他的身分，也不知道他的狀況如何。」

漢克十分驚訝。以前跟我共事過？墜機事故的調查不該受到個人情緒的影響，特別是在調查生還因素時。

擔任生還因素調查的任務需要具備某些人格特質。空難現場往往慘不忍睹；這個小組成立多年來，有些調查專家仍然無法面對屍橫遍野的慘狀。

調查失事飛機的硬體問題考驗著調查者的智慧；而調查生還因素則考驗著調查者的心靈。

漢克的調查工作幾乎看盡人類的苦難。有一次，在一處靠近匹茲堡的空難現場，他親眼目睹屍塊掛在四十呎高的樹上。他必須讓自己的情緒與工作保持一定的距離，這種距離是他保護自己的盔甲。

漢克接受過法醫學、航太病理學、測量及土木工程等的訓練。以前當過警察的他，內心深處仍把自己當成警察。維吉尼亞州勞頓郡的警察局裡，他認識至少十幾位警察，大多數是以前在維吉尼亞州費爾費克斯郡警局裡的同僚。

現在，漢克坐在飛機上，腦海中不斷浮現昔日同僚的名字：薩德蘭、查爾斯、丹勃、透納、庫伯……會是誰呢？為什麼要飛到亞特蘭大去呢？

他想到了查爾斯，他的良師和老友。他們約好下周共進午餐。他知道查爾斯在勞頓郡的任務是追緝逃犯，這正可以解釋他為何會飛到亞特蘭大去。大約廿三年前，查爾斯曾是漢克在費爾費克斯的訓練官。查爾斯很受人敬重，甚至那些被他抓回來的犯人也敬他三分，令當時仍是菜鳥的漢克崇拜不已。

漢克曾和查爾斯搭檔，深入種族關係極為緊張的地區。查爾斯好像是電影「執法悍將」裡的凱文・科斯納：車門一甩，車燈熄滅，高大魁梧的查爾斯從巡邏車中走出來；漢克留在後頭，猛嚥口水。兩人共事頭幾年，查爾斯總是跟在漢克後頭，掩護著他，就像個大哥一樣，也傳授他重建死亡車禍現場的學問與技術。查爾斯對於事故後現場的勘查、目擊者調訪、事故現場拍照與測量、後續研究，以至於將整起事故重建的功力，在在讓漢克懾服不已。一九八五年，漢克告訴查爾斯自己即將到國家運輸安全委員會工作，查爾斯以他為榮。其後數年，他們的情誼依舊，一如往昔。

想到這裡，漢克感到一陣不安。拜託，千萬不要是查爾斯啊。

今年四十七歲的漢克出身自賓州小鎮，離過兩次婚。幾乎打從漢克一出生，暴力、戰爭等各種苦難便在他的生命中連番上演。然而，他卻以這些折磨來淬礪自己，並設法克服難關。

太平洋戰爭時，他的父親被炸彈炸傷，從坦克車後方摔了出去，下半輩子不斷進出醫院。父親過世時，漢克還是個孩子。一九六八年，漢克年方二十，在軍隊中負責偵訊越戰戰俘。為了套出情資，他無所不用其極。雖然自己對這種手段也覺得不妥，但他堅信為了要拯救美軍，非得這麼做不可。一九七〇年，漢克返抵美國，參戰的經驗讓他有所領悟，其後擔任警職，在費爾費克斯郡警局待了十四年。

漢克所屬機構負責調查的五大類事故，包括高速公路、鐵路、輸油管線、海上及航空意外，漢克都曾參與調查。他訪談過一個十四歲的女孩，她所搭乘的教堂專車被酒駕車輛撞擊，引發大火，慘遭毀容。訪談過程中，女孩哭了，漢克則是盯著筆記瞧，猛眨眼睛，硬是把淚水往肚裡吞。

有一回漢克花了一天多的時間，牽著搜救犬在飛機失事現場，尋找一名尚在學步的幼童。最後漢克找到了他的屍體，把他抱出飛機殘骸。

他從來沒有忘卻初衷，認為調查工作是為了減少往後無謂的傷亡。

在空難現場，漢克仔細地測量，將各種引起災害的機械及固定系統製作成文件資料，並檢查飛機的內部結構、安全設施及各個緊急逃生出口。如果有生還者，他會安排訪談，記錄他們生還的原因。

過去當警察時，漢克經手的案件死者都是個位數，到國家運輸安全委員會後，往往得面對十位數甚至百位數的罹難者。一段時間下來，他的腦海滿是鬼魂的影像。但漢克深信，只要他盡忠職守，這些鬼魂便不會傷害他。他叫它們是「好朋友」。

下午一點半，當漢克的呼叫器震動起來，此時的查爾斯躺在坦能醫學中心，向醫生打聽他的搭檔陶德的狀況。他想見見這位小老弟。

醫生把查爾斯病房的房門打開，讓陶德慢慢從門外走過。

當天傍晚，查爾斯轉到亞特蘭大葛來迪醫院的燒燙傷中心，稍後陶德也坐著凱羅郡警局的巡邏車趕過來。

到了葛來迪醫院，陶德要求見查爾斯一面，院方表示只有病患家屬才能進入。陶德感覺自己違反了警界共同遵守的默契：絕不離棄搭檔。他絕不會在此時拋下查爾斯。

陶德說：「我是他在此地唯一的親人。」院方後來才放行。

陶德穿上隔離衣，戴上口罩，覆蓋住手臂和臉上在牧草田裡沾到的泥垢。一進到查爾斯的病房，他看到他的伙伴身邊圍著許多醫護人員，一根根的插管將點滴送進他的體內。陶德從未看過這樣燒傷腫脹的臉。

查爾斯已經毫無意識。陶德心知查爾斯命不久矣。陶德自己也即將入院接受隔夜觀察。在離開之前，他想爲查爾斯做點什麼，也應該要做點什麼。他在心中對著查爾斯大喊：老哥，我在你身旁。

「**你**有乘客名單？」

漢克的聲音明顯透露出緊張和著急。調查小組一行人在天黑後進駐卡洛頓的一間汽車旅館，在那裡設立臨時指揮中心。漢克會見了當地警局的隊長，隊長手上有名單。

「機上有誰是警界人士？」漢克問道。

隊長查了一下名單說，有位叫龐德·魯，隸屬於司法部；還有兩位是從維吉尼亞州來的：陶德·湯普森及查爾斯·巴頓。

是老查。

隊長又說查爾斯人在亞特蘭大的葛來迪醫院，雖然撿回一命，卻嚴重燒傷。

漢克打算馬上趕往葛來迪醫院，即使調查小組預訂在晚間九點半舉行組織會議。他去找包柏談。包柏領導國家運輸安全委員會的調查團隊，做事有條不紊的他，是委員會的老將。包柏服役空軍的廿二年期間，駕駛過許多重型運輸機；任職國家運輸安全委員會七年間，也帶領團隊進行過許多備受關注的調查，其中包括美國聯合航空在錫奧斯的墜機事件；以及在此之前，一九八八年阿羅哈航空公司的空難事件：一架波音七三七型客機因機體結構失效，導致飛行途中艙頂金屬疲勞而裂開，一名空服員殉職。

漢克說：「包柏，我有一個好朋友在那架飛機上。他人在亞特蘭大，情況很糟。」漢克說他得去探望查爾斯。

包柏自己也有類似的經驗；六〇年代晚期，他受命調查一架空軍 T-38 教練機墜機事件，他的鄰居在這場空難中殉職。包柏知道空難事件的調查，有時候很難排除私人情緒的影響。空難發生後，國家運輸安全委員會照例會要求航空公司派出認識機師、能辨識出他們聲音的人，以便將座艙通話記錄器的通話內容譯為文字。對這些人而言，聽到同事生前最後幾分鐘的聲音，簡直是一大折磨，但這是必要程序，包柏必須奉命行事。

包柏要求漢克留下來開會。漢克沒料到包柏不肯放行，一時無法思考，更不知如何反應。從來沒有任何一次的任務曾涉及他所認識的人。但漢克還是留下來開會。

會議中，包柏談到了調查的規則及程序。他宣布機長艾德．甘納維及三名乘客（吉姆．甘迺迪、朗尼．柏爾頓、露西里．柏爾頓）已在此次事故中罹難。包柏說明調查將細分為數個項目，並列出個別名稱及目的；包含了調查飛機性能、飛航資料記錄器（俗稱黑盒子）、座艙通話記錄器、生還因素、飛航管制、維修紀錄及氣象。

國家運輸安全委員會甚受全國矚目，有大約四百名認眞工作的幹員，另外有五位成員是由美國總統直接任命。該委員會是美國國會於一九六七年所創立，任務在透過調查，找出導致各種交通意外事故可能的原因，並且向政府單位提供安全上的建議，避免類似事件重演。該委員會採取「多方參與」的調查方式，與該起事故有連帶責任的單位都可以參與調查，以判定失事原因。此次調查便延攬了大西洋東南航空、巴西航太及漢米爾頓標準公司的代表。一般來說，這些不同單位的代表，對可能面臨的訴訟皆抱持著戒愼提防的態度，彼此提出不同的說法來解釋飛機失事的原因，並在國家運輸安全委員會的主持下，捍衛自己的論點。

組織會議進行了超過一個小時，漢克勉強集中精神。國家運輸安全委員會亞特蘭大分部的調查人員尙未找到ASA 529班機的飛航資料記錄器；這些記錄器仍在飛機殘骸中。包柏接到總部指示，要即刻找到飛航資料記錄器。當時已經過了深夜十一點，他起身離開會議現場，立刻前往失事現場那片牧草叢生的田野，在強力探照燈的照射下，搜尋飛航資料記錄器的下落。

會議結束後，漢克召集了好幾位生還因素調查小組的成員，包含了美國聯邦航空總署的一名官員、一位大西洋東南航空代表、一位飛行員協會的代表、以及三位空服員協會的會員。漢克提醒他們這項工作相當敏感，而且有時會讓人情緒決堤。他無法斷定這些成員裡有誰會經歷到人類恐懼的極限。過去在一些空難現場，他曾看到有些技工——即使是體重重達二百五十磅的彪形大漢——因爲心理壓力太大，當場昏倒，反而是身材嬌小的空服員仍直挺挺地站著。漢克告訴這些面色凝重的成員說：「如果你想退出，也沒有關係。」

午夜過後，漢克才出發前往亞特蘭大。途中他迷了路，卻仍執拗地不肯問路，認爲自己可以找到葛來迪醫院。原本七十五分鐘的路程，漢克卻足足花了兩個小時。

他一路上想像著查爾斯燒傷的樣子。

他想到他們原本約好下星期要共進午餐。他很氣包柏，在此之前他是那麼地尊崇他；漢克也對自己生悶氣，怪自己沒種當場起身離開會議現場。

半夜兩點過後，他走進醫院，表明自己是國家運輸安全委員會的調查員。事實證明他的預感是對的。

——不到一小時前，查爾斯過世了。

漢克考慮是不是要去看查爾斯的遺體。畢竟，爲乘客的死亡作記錄亦是他工作的一部分。但這一次，他沒有去看。他無法容忍看到遭受火焰摧殘的查爾斯。

闃黑之中，漢克開車返回卡洛頓，長路漫漫。從事這個工作十年來，他第一次感到內心崩潰。

他想退出這次的調查工作。

26 現場重建

一夜沒闔眼的漢克，帶著生還因素調查小組成員，在清晨六點進入那片牧草地。在柏威爾路待了一晚的媒體記者也紛紛甦醒（早上六點開始，大家就不斷去敲門借廁所，讓保羅不勝其擾）。國家運輸安全委員會的其他小組組員，透過稀薄的日光，四處撿拾飛機的殘骸，判讀四散的飛機組件和地上的刮痕，不斷測量，企圖找出更多線索，以助於還原 ASA 529 班機墜機的經過。

漢克走過牧草地，追溯飛機滑行的路徑。他看了巴西利亞衝撞樹林留下的V型大洞；他看到了灼爛燒毀的座艙、半徑約三十呎，被大火燒得焦褐的牧草地、熔化而扭曲變形的小塊金屬、滿是刮痕的石頭，還有一隻受到波及、無端喪命的松鴉。

他想起了查爾斯。不知道飛機往下掉的時候，老查在想什麼。

這眞是令人難堪的巧合：漢克得負責意外的後續處理，訪問生還者和目擊證人，往前追溯，還原事件全貌，找出查爾斯的死因。然而重建現場正是查爾斯最擅長的工作。

漢克在他的現場勘查簿裡記載：地形為百分之四的向上斜坡；他特別注意觀察飛機左翼和發動機，以及在草地中燒毀的情況。他拿出卷尺，測量機身最後撞擊樹林的地點與飛機停止位置間的距離（四百九十呎）。他檢查了殘骸間的關係和位置，檢視了飛機的氧氣系統，以了解氧氣系統是否助長了墜機後駕駛艙的火勢（後來證實是的）。漢克在扭曲的金屬間發現了一個裝日常雜物的小袋子，並在袋子裡找到一張證件；照片上是個微笑的中年男子，蓄著小鬍子，名叫「龐德．魯」。啊，是司法部的那位仁兄。每次有執法人員罹難，漢克都覺得像是失去自己的親人一樣。在此同時，電視的攝影鏡頭從背後捕捉到了漢克工作的身影；他半彎著腰，現場勘查簿插在背後，卡在皮帶和身體之間。（後來他在賓州家中看電視的母親跟他說：「漢克，我今天又看到你上電視了；你的背面比正面好看。」）

一九六〇年代以來，儘管美國的飛機數量成長了兩倍，航空失事率卻大幅降低了八十五％。漢克也明白，超過五分之四的航空失事中（包括飛機結構的損壞，或是機上有人嚴重受傷），機上都有乘客能存活。生還率能夠提高，部分是因為改進了緊急應變訓練方法，以及加強了墜機保全能力的設計（包括客艙內採用耐火材料）。漢克按照既定檢查表的三項標準，判斷一場由任何運輸工具引起的失事，是否「可能無人生還」：

一、重力負荷（或是重力加速度）是否超過人體忍受極限。

二、飛行載具艙體變形程度是否超過百分之十五。

三、墜機現場環境是否被水、毒氣或火勢所改變。

漢克知道，那天在保羅的牧草地上，有如一幕活生生的人間煉獄：逃過墜機浩劫的乘客與組員，終究逃不過烈焰的折磨。

漢克仔細檢查燒得焦黑的駕駛艙內部。所有組員都受過緊急情況訓練，以協助乘客逃生；但看到副駕駛右座窗戶上的小孔，漢克知道，他沒有餘力幫助其他人。

漢克想，一定是別人費了好大的勁，才幫他敲碎窗戶的。

他暗暗想著，副駕駛經歷了一場充斥著火光與烈焰的夢魘。可憐的傢伙。

漢克派遣調查小組的其他成員去訪問醫院裡的生還者；不過依照程序，他會親自訪問能開口說話的所有飛航組員。

訪談中，幾位生還者表示，他們聽到飛機的左翼傳來一聲巨響，也看見整個拔起的金屬卡在機翼前緣。在空難隔天晚間的記者會上，國家運輸安全委員會委員韓姆斯密表示，可能有部分的螺旋槳組件卡在機翼上，「如果確實如此，這將是國家運輸安全委員會首次遇到的事故原因。」

小組成員根據乘客埃德的描述，繪製螺旋槳組件卡在529班機左翼前緣的草圖，圖上螺旋槳的四個葉片掉了一個；而乘客恰克的說法也幾乎和埃德如出一轍。

小組成員最初的調查方向，就是由加拿大普惠公司製造的 PW118 型發動機，和位於飛機左翼由漢米爾頓標準公司製造的 14-RF-9 螺旋槳葉片。

參與調查的航太工程師吉米・霍奇，四個月前才加入國家運輸安全委員會的團隊。他已經調查過好幾個案件，但這是他第一次的實地調查。星期一下午，吉米坐在位於華盛頓的辦公室裡，有一個同事突然從門外探頭進來說：「有一架掉下來了。」吉米身爲機動調查小組的成員，本來是上一件案件的副手；然而隨著事態發展，吉米變成了重要角色。

空難隔天星期二早上，吉米和其他調查小組成員，在失事現場的樹林四十呎外找到了巴西利亞的左翼組件。

在一百二十呎外，他們找到了左螺旋槳組件；三個葉片還保持完整，但有一個葉片折斷了。那截斷掉的四呎長葉片已經無從找起，調查人員因而研判，在飛機墜地前，那截葉片就已經斷裂脫離了（生還者的訪談也證實了這一點）。國家運輸安全委員會將使用電腦程式，計算葉片碎片脫離的軌跡，然後畫出可能的搜尋範圍。

吉米現在在牧草地上仔細檢視斷掉的葉片根部。儘管外部沾滿塵泥，葉片根部的表面仍顯示了典型的金屬疲勞斷裂痕跡——材料科學家把這種波狀平行紋路稱做「海岸紋」，因爲這和退潮後留在海岸上的砂礫排列方式很像。

此外，葉片的根部還透露了另一項重要線索——壓印在葉片根部的組件編號：861398。漢米爾頓標準公司的代表，看著吉米監督從組件上移除支座的工作。

吉米將葉片支座帶到卡洛頓的一家郵寄包裹店。他表明自己的身分，儘管他身上縫著國家運輸安全委員會標誌的藍色連身工作服已經說明自己是誰。吉米拿出螺旋槳葉片的支座，表示要以塡充氣泡材料包裹裝盒，馬上要運送。店員瞪大了眼睛。「多少錢？」吉米一面問，一面拿出皮夾。但店員搖搖頭，表示不該收錢，這是他能盡的一點心力。

吉米將包好的葉片支座送到亞特蘭大機場。支座預定從這個機場空運，將於星期二下午抵達位於華盛頓的國家運輸安全委員會實驗室。

星期三早上，編號861398的葉片支座，連淸都還沒淸，就送至國家運輸安全委員會實驗室進行電子顯微鏡掃描。碎片的表面有一層厚重的氧化沈澱物，進一步測試，發現這些沈澱物中有氯的存在。

過去十八個月來，漢米爾頓標準公司有另外三組葉片在飛行中失效；其中兩組葉片（分別在巴西和加拿大境內斷裂），發現氯在鋁製錐狀漸縮內徑中造成的腐蝕小孔。這兩組葉片分別在距離螺旋槳轂十八點五吋和十四點五吋處斷裂。

ASA 529班機的螺旋槳葉片也是在相似的情況下斷裂——距螺旋槳轂十三點二吋。國家運輸安全委員會的材料專家使用高倍數顯微鏡，發現接近葉片內中空部分表面的兩股裂痕，最後合成一股大裂縫。裂縫一直延伸到葉片的外側，然後環著葉片擴散，最後造成整個葉片斷裂。

材料專家也注意到，距裂縫一點五吋處的葉片內部表面，有打磨的痕跡。

吉米被鮑伯任命爲維修紀錄組的組長後，就開始追縱維修紀錄。他和組員開車到亞特蘭大和梅肯，研究這架巴西利亞型 N256AS 飛機的維修紀錄；包括該機的兩具加拿大普惠公司的發動機，以及漢米爾頓標準公司的葉片。

吉米特別注意編號 861398 葉片的維修紀錄。過去的維修紀錄指出，十三個月前，該葉片經過打磨的程序步驟處理，磨除材質的千分之二吋。這項程序要求將打磨區域恢復成原本的表面處理；然而在顯微鏡下觀察，打磨的技工似乎沒做到這一點。

由葉片支座切下的樣本也在國家運輸安全委員會實驗室作抗拉強度、傳導性和成分等分析。所有的分析數據，都符合鋁合金成分的標準。

國家運輸安全委員會建議美國聯邦航空總署：要求所有由漢米爾頓標準公司生產的螺旋槳葉片，從前次的檢測算起，凡是累計的運轉次數超過一千兩百五十次以上者，立即作超音波檢驗。美國聯邦航空總署同意執行。

國家運輸安全委員會主持的每一個失事調查案件各有不同的模式，複雜程度不一；有時過了好幾年仍毫無頭緒，有時很快就水落石出。ASA 529班機墜機七十二小時內，調查員已經查出螺旋槳葉片失效以及班機失事的原因。由於螺旋槳斷成兩半導致發動機損毀，一團混亂的金屬造成飛機的寄生阻力，使得左翼成爲墜機的罪魁禍首。

關鍵問題是：漢米爾頓標準公司的螺旋槳前一年才出過事，爲什麼他們還不加以改善，任悲劇再度上演？

吉米在文件中注意到，打磨的維修工作是由漢米爾頓標準公司的技工執行的；他的簽名縮寫是「CSB」。

調查員列出一長串失事的可能性，以及一長串的問題後，吉米的首要之務就是：找出CSB是誰。

27 CSB, 6/7/94

一九九五年八月二十二日，星期二。這一天對克里斯來說，原本一如往常。天還沒亮他就起床，換上牛仔褲，和繡著「漢米爾頓標準」字樣的襯衫，前往岩石丘維修廠。早上他比較能集中精神，所以他喜歡儘早做完枯燥、技術性的工作。通常在七點半的晨間會議之前，他已經做了很多事。

自從克里斯經手過序號 861398 的葉片後，已經過了十四個月。這段期間，他從裡到外都有所不同。他的人生經歷了兩大轉變，一個是職位提升。他工作表現良好，受到同事的尊敬、上司的賞識，不再是廠裡的菜鳥。他維修過的葉片連自己都數不清——一千個吧？還是更多？他的薪水調升到每個小時十二元五十分美金，從前可望不可及的東西如今都能如願以償，甚至是三房住宅。他貸款買下一幢一九四〇年代的老房子，並重新裝潢。房子位於密爾堡市的市區，距離他父母家只有五分鐘的車程。他不喜歡負債的感覺，所以恨不得早點付清房貸；

有時候一次繳兩個月的房貸。

此刻，克里斯的人生可說是諸事順遂，尤其春季的際遇使他的人生更有意義。那時他去探訪交往多年的女友。女友在德州的一處國際宣教學院受訓。他和女友的感情日益疏遠，倒是這一趟，使他對青年使命團有極深的歸屬感。他考慮自己要不要去傳教（有個禮拜日在禮拜堂，他聽到祭壇呼召。克里斯自幼年開始，就不曾在家人聚會的禮拜堂走向祭壇。但是這一次，他毅然起身向前）；從此他成了不一樣的人。他當下決定要辭職，投身青年使命團，傳揚上帝的話語。七月時，他向主管表示要辭職，不過會留任到十二月，幫忙訓練新進技工。

前程似錦、人生正充滿希望和目標的克里斯，走進了漢米爾頓標準公司的員工餐廳，參加七點半的晨間會議。

他站在後排。一位主管說：「相信有些人已經聽說了。」一名技工舉手同意，而克里斯不知道他們在說什麼。原來有飛機墜毀，是大西洋東南航空的 EMB-120 型客機。機上乘客有人罹難，也有人受傷住院。細節還不清楚，肇事原因尚未查明，主管說也許是發動機失效所導致。克里斯又聽到主管說：「也可能是螺旋槳葉片的問題。」

克里斯知道大西洋東南航空採用漢米爾頓標準公司的葉片。他還曾到過梅肯，示範檢測過程給大西洋東南航空公司的員工看。他知道北美地區採用的漢米爾頓標準公司的葉片，絕大部分都是在岩石丘進行維修。他不安地想著：「廠裡每個內部檢測的葉片都是我做的，萬一出錯的葉片是我修的怎麼辦？」

那次會議，克里斯緘默不語。他感到口乾舌燥，全身顫抖，覺得在場每個人都不敢直視其他人。一架載滿乘客的飛機墜落，肇事原因可能就是漢米爾頓標準公司的螺旋槳葉片。即使主管再三強調，詳情尚待調查，克里斯卻十分擔心，害怕失事原因是螺旋槳葉片，而那葉片就是他修的。

會議結束後，克里斯聽到同事在談論，聽說肇事原因是發動機失效在先，駕駛員勉強用單發動機飛行，導致螺旋槳葉片過度磨損。

稍後克里斯從同事口中得知，機上的14-RF-9型螺旋槳證實已經斷裂。國家運輸安全委員會已經查明葉片序號，並調閱相關檔案紀錄。

那天下午，克里斯和其他同事在一位主管的指示下，奉命檢查損毀螺旋槳葉片的維修紀錄。他們一起打開標示「861398」的文件袋。克里斯拿起螺旋槳葉片錐形內徑的檢驗紀錄，心裡噗通噗通地跳。

文件上記載，該螺旋槳葉未通過初步超音波檢測，而以磨砂混平法補救。

克里斯的視線繼續往文件下方移動。

他看到三個擠在一起的字母及日期，「CSB, 6/7/94」。那是他的筆跡。

是他修的葉片。

消息傳得很快，全維修廠的人都知道了。有位主管對克里斯說：「你沒事吧？」

克里斯點點頭，雖然他快崩潰了。

「如果你想請假回家的話……」

克里斯搖搖頭。他說只想出去透透氣。

他走了出去，讓自己靜一靜。他想到機上的乘客，不知道他們是什麼樣的人？墜機一定很可怕，他擔心是他害的。他跟自己說，或許是發動機的關係吧。他忍住了眼淚。

其他技工都來安慰他。有些人刻意跟他談點別的，有些人提起以前在空軍部隊，看到別的技工對自己疏失造成意外十分自責。他們告訴克里斯，這些技工後來心情逐漸平復下來。

那天晚上，克里斯獨自一人回到家。他打電話告訴媽媽和妹妹一整天發生的事。他說公司要大家不必妄加揣測，但是據說機上有好幾個人罹難，萬一是他修的螺旋槳葉片惹的禍，該怎麼辦？他在電話裡哭了起來。

夜裡，他向上帝祈禱。爲什麼發生這種事？他祈求上帝賜給他力量。

克里斯想不透他到底哪裡出了錯。但是他對自己說，如果確實是他犯的錯，他必須勇於負起責任。

28 不凡之人

墜機意外的隔天早上，徹夜難眠的吉姆小女兒安，急需牛奶和香菸。

對安來說，這一夜眞是漫長難熬。她的姊姊梅格、莫妮卡、瑪蒂和三位姊夫在午夜時分含淚離去。母親南茜正在廚房裡打電話告知親戚好友噩耗，每通電話都是聲淚俱下。

星期一下午接近三點半，南茜開車到康州紐鎭上，小女兒安的家。一進門就說：「妳爸爸墜機了。」

安說：「媽，別鬧了。」

南茜在公路上開著車，正要去探望女兒一家人時，在車上聽到新聞廣播說，一架從亞特蘭大飛往海灣港的通勤客機墜毀，至少有兩人罹難。她立刻心裡有數：妳嫁了這個男人三十七年，生了八個小孩；說不上來爲什麼，心裡就是篤定：吉姆是其中一個死者。

通常南茜從馬里蘭州的家裡出發後，便猛踩油門地衝到康州女兒家。但是一聽完新聞廣播，她的車速從七十降到六十，然後換到慢車道，降到五十。那天早上在洛克維的地下鐵車站，她和吉姆吻別。和以往一樣，他們匆忙道別：再見，親一個，然後他就走了。他說東部時區的三點半鐘會到達海灣港的公司，還說：「再打電話給我。」南茜抵達安的家時不到三點半——約定通話的時刻，南茜心中忐忑不安。

母親的恐懼讓安跟著緊張起來。她打電話給住在附近的姊姊瑪蒂說：「媽快崩潰了，她擔心爸已經墜機喪命。」瑪蒂掛了電話便火速趕到。

她們打開電視，看到飛機燃燒殘骸的畫面，又打電話到喬治亞州西部各家醫院詢問，都沒有吉姆的消息。梅格也趕過來了，三姊妹上網瀏覽新聞，看到警方與救難人員發表的消息，打電話去有關單位查詢，仍然毫無所獲。

瑪蒂說：「媽，爸可能撞到頭，結果暈倒或失去記憶，所以警方無法查明他的身分。搞不好他正在幫忙困在機艙的老人家。」

「媽，爸他沒問題的。」

三點半到了。南茜打電話到吉姆海灣港的辦公室，拼命祈禱他會接電話。他沒有接。南茜在答錄機留言：「我在安這邊。新聞報導有墜機事件，我很擔心你，請儘快打電話給我。」

吉姆的祕書蜜莉隨後回電。

南茜說：「蜜莉，我不確定他是不是搭那班飛機。」

蜜莉回答：「沒錯，他搭那班飛機。」她說，另一位同事戴維也在那班飛機上。戴維來過電話，說他看到吉姆搭同班飛機。

墜機後七小時，晚上八點多，瑪蒂的先生傑姆連絡到航空公司的人，得知有具屍體留在失事現場，等候調查人員抵達勘驗；幾乎可以確定，那具屍體就是吉姆。

深夜時分，安聽到媽媽打電話給住在紐約州、奧克拉荷馬州及加州的其他兄弟姊妹，一次又一次地說：「我有很壞很壞的消息……」每一通電話都比前一通更難啓齒。吉姆以前老是鐵齒地說笑：「我是無所不知，無所不能，無所不在。」直到現在他的妻子兒女才發現，他也只是一介凡人。

隔天早晨，安正要出門買香菸和牛奶。她把車子開出屋前車道，搖下車窗，伸手到信箱裡拿信。從一堆信函中，找到一封字跡很眼熟的信——是爸爸。她心頭一凜。好詭異，彷彿這封信是從冥界寄來的。

安倒車回去，衝進屋內，幾乎失聲大叫：「媽！妳看！」她拿著信，顫抖著指著信封上馬里蘭州日爾曼鎮的郵戳。

南茜說：「啊……我的……天啊！」

吉姆常常寫信給孩子。有時信中會附上新聞剪報，或是小額支票。

安緩緩打開信封，裡面有雜誌剪下的文章，是達美航空的「飛翔」雜誌，上面有許多狗的照片。照片上的狗兒被精心打扮，模樣既好笑又惹人憐愛。吉姆知道安、女婿史蒂夫，還有十四個月大的外孫女吉娜（吉姆管她叫「吉娜小不點」）都很喜歡狗，而且家中養了兩隻拉布拉多犬：「無尾熊」和「凱莉」。

安昨晚一直想著父親。在她最脆弱、最失意無助的時候，他總是能讓她把煩惱拋到九霄雲外；他會摟緊她，親親她的頭說：「沒關係，小布丁。」

安覺得父親現在正是這樣安慰她。她涕淚縱橫，大聲唸著他寫的信：

親愛的安——

我剛搭乘達美從海灣港出發的狗狗專機，這些是和我搭同班飛機的夥伴。有沒有妳認識的呢？如果沒有，無尾熊和凱莉可能認得牠們——

我想狗狗終究會帶我們爬到「終點」吧！

聽說妳家菜園還不錯。為什麼都沒請我吃蔬菜!?爸可不是肉食動物！

很想念妳、吉娜和史蒂夫。要好好對他啊，他為你工作這麼打拚！

愛你的爸爸

一九九五年八月十八日，剛剛到家

有哪個女兒看了這封信能承受得住？吉姆在星期五，也就是墜機三天前，寫下這封信。安把信重讀了一次，然後又一次。她在這一百六十個字裡，找尋父親在信中所留下的幾許隱而未顯的特別用意。

吉姆在兒女的心目中，一直是無敵超人，他可以把烏雲密布變成晴空萬里，把苦難變成祝福。就在讀著父親的親筆信時，安突然明白，爸爸早就知道自己會離開人世，或者他的靈魂早有所知。不然他又怎會提到「終點」呢？一定是的。他以前常常在講「聖徒」、「來生」，還說如果時候到了，他也不怕。

看完這封幽默、傻兮兮又充滿父愛的信，深愛爸爸的安，雖然傷心欲絕，但她相信，即使到最後一刻，爸爸仍是老神在在——至少在靈魂深處。

29 黑暗之地

躺在病床上，蘿萍在虛幻的夢境裡飄回空難現場。她對著乘客大喊：「趕快離開飛機！」她注意到牧草地的那一頭有個男人，穿戴著寬邊帽和靴子，遠遠看著飛機燃燒。蘿萍盯著他看，發現他拿出菸和火柴。「先生，請勿吸菸，謝謝。」她懇求道：「請不要點燃香菸。」太遲了，他把菸點燃。另一個身上著火的男人在蘿萍腳邊打滾，她不知道這個乘客的名字。蘿萍扶著自己折斷的手腕，左側太陽穴不停冒出鮮血，尖聲叫道：「他著火了，天啊！他著火了！」

克洛蒂聽見女兒的聲音，馬上從病床旁的帆布小床起身。她看見蘿萍在床上扭動，拉扯著點滴管。她搖著蘿萍輕聲呼喚：「蘿萍！蘿萍！」

蘿萍好不容易醒過來。「媽媽，我看到他臉色發青，他整張臉是慘綠的……」

漢克在空難隔天來到病房訪問蘿萍。他之前要求退出調查，想陪伴查爾斯的遺體回到維吉尼亞州，順便參加他的告別式，但是他的請求被駁回。漢克傷心又憤怒，本來想要擅離職守，但最後仍舊繼續埋首於調查工作中。

漢克到達坦能醫學中心時，蘿萍穿著病人袍，頭和手臂上纏著繃帶，嘴唇瘀青腫脹。漢克和蘿萍母女聊了十五分鐘，希望可以讓這位空服員放鬆一點。

蘿萍坦承有失落感和罪惡感，覺得自己在牧草地上沒有盡全力挽救乘客。漢克聽過其他空難事故的空服人員表達過類似的情緒。目前已經有五名罹難者：機長艾德、露西里與朗尼夫婦、吉姆，和查爾斯。

漢克引介其他生還因素調查團隊的成員，並徵詢蘿萍，是否能讓某位空服員協會成員參與這次的訪談。雖然蘿萍不是空服員協會的會員（她覺得繳會費就是多一張帳單），但她還是讓協會的幹事進入擁擠的病房。

訪談形式大抵都有固定模式，必要時會詢問失事現場煙霧和火災的情況。每場生還者訪談至少會有兩位生還因素調查團隊的成員參與：一人提問，另一人記錄。訪談目的在引導出真實的資訊。漢克指示訪談者不可打斷受訪者。每次訪問都是這樣開始的：「請用你自己的方式，儘可能仔細描述你所記得的，告訴我們發生了什麼事。」漢克吩咐其他組員：「這時候你們閉上嘴安靜聽就好。」

蘿萍告訴訪問者，她一開始以爲撞上了另一架飛機。她看到左翼露出一堆毀損的金屬，便把左側的遮陽板拉下。她安排兩位乘客互換座位，還要求每個人演練防撞姿勢。漢克很清楚蘿萍在說什麼，他已經從別的生還者那裡得知事發的概況。蘿萍的陳述，最後以救難人員抵達作結。

蘿萍很擔心自己在這場空難的處理有失職之處，雖然她並沒有對漢克說這些。她知道副駕駛麥特嚴重燒傷，而她是唯一能接受訪問的組員，這讓她更敏感而緊張。漢克注意到蘿萍沈浸在哀傷和羞愧之中：她痛失艾德，而且很擔心麥特。「我們休息一下。」漢克在訪問過程中提了好幾次。「不用，我們一次講完吧。」蘿萍說道。他們談了一個多小時。

漢克認爲蘿萍是他訪問過最勇敢的空服員之一。他告訴蘿萍：「妳和妳的團隊做得很好，才會有這麼多人保住一命。」漢克對蘿萍說，乘客都稱許她的表現傑出，足爲表率。他們說：「她就像訓練有素的野戰教官，沒有人能做得比她更好。」

蘿萍聽了放聲大哭。

訪問隔天，醫師診斷出蘿萍患有「急性創傷後壓力症候群」。當蘿萍和醫師談到這次空難時，會想起過世的父親。診斷報告中記載：「此外，這位女士的父親在三個月前過世，她的傷痛尚未平復。」

爲了舒緩蘿萍兩天來焦躁不安的情緒，醫師在處方中加入高劑量的鎮靜劑。

星期四，墜機過後第三天，蘿萍從坦能醫學中心出院，是第一批回家的生還者。她覺得這麼早回家，又多了一個愧疚的理由。醫師建議蘿萍在回家的途中，去飛機失事現場看看，有助於自我療傷。

離開坦能醫學中心前，蘿萍想去看看其他乘客。克勞蒂已經和幾位乘客講過話了；她一表明自己是「蘿萍的母親」，手上綁著吊腕帶的艾倫，就從輪椅起身擁抱她。在凱文的病房裡，支持者恭賀蘿萍出院。

當地媒體對蘿萍讚譽有加。生還者查克回到位於歐馬哈的家中，花了兩個小時接受NBC電視台的訪問，談蘿萍的英勇事蹟，以及在墜機前她怎樣安撫乘客，以免眾人過度驚慌；這段訪談在該電視台的晚間新聞和談話節目中播出。大家的注意力都集中在蘿萍身上，她自己卻充滿罪惡感，擔心有人會不滿。

現在克勞蒂把女兒的輪椅推進朵茵的病房。蘿萍想要感謝朵茵極力催促她母親瑪莉珍爬離著火的機身。

蘿萍母女到達時，朵茵正在接受診療，所以母女倆便在走廊上等。

醫生用別針和木板重新固定朵茵受傷的腳，強烈的痛楚不斷襲擊朵茵。除此之外，她的背部也被飲料燙傷。

朵茵的母親瑪莉珍被送往葛來迪燒燙傷中心。朵茵最後一次看到母親的時候，母親躺在著火的機身附近，筋疲力盡，完全不想移動。朵茵的丈夫賴瑞，請父母代為照顧兩個兒子，從巴爾的摩開了十四個小時的車，途中先到葛來迪醫院探望岳母，然後再趕到坦能醫學中心妻子的病床邊。

就算親人們極力保證，瑪莉珍還是不能確信女兒是否生還。她對其中一位親人說：「我知道你會告訴我眞相。朵茵人在哪裡？」瑪莉珍需要證據，她想聽聽女兒的聲音。

茱麗亞・伊森在空難當晚到醫院探視朵茵。空難發生後不久，她走出家門到牧草地裡握住了朵茵的手，她的丈夫艾伯特・伊森也來到朵茵身旁。茱麗亞看見了這個年輕女人臉上痛苦的表情。她答應朵茵，自己會到醫院看她。當天吃過晚餐，她便準備前往醫院，臨走前告訴丈夫：「艾伯特，我不確定什麼時候會回來。」

當晚才做完手術的朵茵，在病床上看到茱麗亞和善的面孔，聽見她柔和的嗓音問道：「妳還記得我嗎？」朵茵忍著身上的痛微笑著說：「記得，妳在草地上陪著我。」

茱麗亞留在朵茵的病房過夜。她為朵茵讀聖經，和朵茵一起大聲禱告。她的存在有股穩定的力量，能舒緩傷痛，是朵茵在黑暗中的一盞燭光。

克勞蒂把蘿萍的輪椅推進朵茵的病房。蘿萍對朵茵迷人的外貌印象深刻，她秀美的黑褐色頭髮襯托出柔軟白皙的皮膚。

但是蘿萍覺得朵茵對她很冷淡。躺在病床上的朵茵，訴說著在著火的機身裡，母親跟在她身後，她望向洞口外放聲求救。她說她看見蘿萍和另外兩個男人站在機翼的另一端，一個提著黑色包包，另一個只穿著內衣。朵茵說她和蘿萍的眼神曾經交會。

「妳爲什麼不回來幫我們？」朵茵質問。

蘿萍不記得曾和朵茵有眼神接觸，她不知道該怎麼回答。

過了一會兒，克勞蒂開口說：「蘿萍，妳當時沒聽見她們的求救聲嗎？」

「嗯，不是。」蘿萍回答：「我聽見很多人求救。」然後她轉向朵茵說道：「但我想我沒聽見妳的聲音。」

朵茵的責難讓蘿萍十分震驚且困惑。她不明白她當時到底聽到了什麼，也不知該如何思考或回答。在接受了這麼多讚美後……朵茵的說法證實了她對自己的懷疑。她想逃跑，離得遠遠的。蘿萍的母親將她推出病房。

幾個小時後，凱文的輪椅被推出坦能醫學中心的前門，外頭有媒體守候。醫護人員利用凱文轉移注意力，一路護送蘿萍和她母親到後廊，由側門出去；兩人驅車前往飛機失事現場，重新踏上這塊黑暗之地。

警方在空難現場四周圍上黃色警告帶，柏威爾路附近仍有媒體駐守。鏡頭補捉到蘿萍拄著拐杖蹣跚舉步，右手臂綁著吊腕帶，身上穿戴著墨鏡、棒球帽和白色毛織罩袍。

蘿萍走過駕駛艙，看著機身殘骸。這架飛機看起來一點都不像她熟悉的樣子。曾經帶給她如此巨大恐懼的飛機，現在燒得近乎全毀，看起來好小。

蘿萍只待了一會兒，沒有和在場的任何人說話。克勞蒂曾經要求院方派一輛救護車護送女兒回家，蘿萍卻不願意，她說救護車會勾起那段慘痛的回憶。退而求其次，克勞蒂希望大西洋東南航空能提供一輛寬敞舒適的大型豪華轎車，讓蘿萍可以躺下，順便把在醫院收到的許多花束帶回家。克勞蒂認爲女兒需要休息，而且蘿萍爲航空公司盡心盡力，公司至少該略表心意。

後來，大西洋東南航空提供了一輛黑色加長型轎車，攝影機鏡頭拍到蘿萍母女倆坐上車離開牧草田。

這輛黑色加長型豪華轎車停在亞特蘭大一個小鎮的藥房前。克勞蒂下車去替女兒拿藥，蘿萍則在後座休息。

克勞蒂在店裡聽到一位店員正在談論大西洋東南航空空難，以及空服員的英勇事蹟。她笑容滿面地說：「沒錯，你講的就是我女兒，而且她現在就坐在外面那台轎車裡。」

這位店員表示很想見蘿萍，克勞蒂帶著他走到轎車旁。看到斜躺在後座的蘿萍，店員伸出手說：「我們都非常以妳為榮，辛苦妳了。」他問是否可以碰碰蘿萍。

蘿萍微微一笑，兩人握了握手。轎車開走時，蘿萍對著媽媽搖搖頭，轉動著眼珠子說：

「妳眞是我的頭號公關……」

30 榮光不滅

在維吉尼亞州北方的寂靜鄉間小路上，查爾斯的靈車由二十九輛警用摩托車和九十輛警車護柩，後面追隨著長長的警車車隊，車頂警示燈藍光閃爍，綿延不絕。陶德放眼看去，藍光從一座山丘連到另一座，從普瑟菲爾到里斯伯格，直到他眼力不及的遠方。

陶德心想，這是查爾斯應得的殊榮。查爾斯是勞頓郡兩百三十八年來，第一位因公殉職的警員。

五百位參加喪禮的弔唁者使當地中學的禮堂幾乎容納不下。查爾斯的遺孀瑪西對友人說，每次查爾斯走出家門時，她都會告訴自己，他說不定不會回來了。她說查爾斯熱愛警察工作，他因公殉職，死而無憾。

陶德感覺到大家都在看他；彷彿大廳漆黑一片，而他站在聚光燈之下。陶德深信自己的朋友和同僚，都認爲查爾斯的死是他的錯。他聽到有人在喪禮中竊竊私語，心想他們一定是在譏諷他：陶德怎麼一個人活著回來？

陶德想在喪禮中談談意外的經過，解釋自己在牧草地上已經盡力了，但是他太緊張、太害羞，不敢在眾人面前講話，所以陶德告訴一位要上台追悼查爾斯的同僚，墜機後查爾斯如何在機艙後段領導乘客，要他們勇敢穿越火焰。

陶德的妻子潘兒也發覺眾人都盯著她的丈夫，但她認爲那是因爲陶德平安地回來，而不是因爲他獨自回來；大家都明白，他劫後餘生是個奇蹟。

但這位年輕警官仍然自責不已。

置身在查爾斯的喪禮中，讓他感到羞愧。

漢克也很不好過。他沒辦法參加查爾斯的喪禮，因爲他要求退出墜機事故調查，卻被國家運輸安全委員會駁回。漢克在星期五早上完成勘驗工作，解散生還因素小組後，他領悟到自己的事業生涯遇到了瓶頸：他不再尊敬委員會的管理階層。

漢克需要獨處，所以在卡洛頓多待一晚。他一個人在旅館房間裡，心裡仍然滿懷哀傷和憤怒。他領走了查爾斯的私人物品，包括他的槍和警徽。他想親手將這些物品交還給勞頓郡警長，讓它們閃耀出它們代表的榮光。

於是，漢克用自己的方式追悼查爾斯：他站在洗手台邊，用溫水沖洗查爾斯的銀色警徽，把燒熔在警徽上的尼龍和皮革清乾淨。

漢克還買了一罐老烏鴉威士忌。查爾斯總是在他需要時陪伴他，但他卻無法陪伴查爾斯。他來不及見查爾斯的最後一面，甚至連喪禮都缺席。

他打開電視，將音量轉到最大，掩蓋他的咒罵聲和哭泣聲。喝完威士忌後，他開始用牙刷仔細清理查爾斯的槍和警徽，直到將它們擦得閃閃發亮爲止。

31 帶你的靈魂回家

在緬因州、喬治亞州和維吉尼亞州，凱文、艾倫和戴維心中都在想著被他們拋在身後的吉姆。雖然朋友和家人都說他們能活下來是神的旨意，但三人心中仍有揮之不去的陰影。他們那時都看到吉姆躺在燃燒的機艙裡，意識不清且動彈不得。吉姆成為一種象徵，象徵他們的失敗，甚至怯懦。

在緬因州瓦特波羅的家中，凱文的掌心仍然感覺得到吉姆無力的手。他不知道被乘客踐踏而過的吉姆後來是否逃了出去。凱文不記得他什麼時候放開吉姆的手。我有帶他出來嗎？夜半夢魘中，凱文眼睜睜看著烈焰將他包圍，即將大口呑噬他……

有一晚，凱文在半夜驚醒；聽著妻子克莉斯汀的聲音，感覺到她溫柔的觸摸，但他眼前仍然只有燃燒的大火。甚至在清醒時，他也會突然看到被踐踏的吉姆。

救難人員將凱文送上救護車時，他注意到飛機外燒焦的草地上，有具被白布覆蓋的屍體。

那是他剛剛握著手的人嗎？

墜機意外隔天，艾倫人在喬治亞州的羅斯威爾，坐在廚房的餐桌旁，他的晚餐已經涼了。他的妻子貝佛莉在廚房另一邊講電話，一再附和對方：沒錯，艾倫能活下來眞是個奇蹟。

艾倫心裡想著那些死去的人；他雖然不認識那些人，但他當時或許有機會救他們——包括吉姆。他突然想到，再過一兩天就是吉姆的喪禮。他的思緒轉到墓園。他想像一個慟失親人的家庭質問他：你有盡全力救我的父親／母親／兒子嗎？他回想當時的情況。他試圖弄醒吉姆，但另一位乘客的呼救聲使他分心。在草地上，他脫下桑雅著火的短褲，然後試著徒手用草和泥巴撲滅另一位乘客身上的火焰。現在，艾倫坐在餐桌旁告訴自己：除非你爲了救人犧牲性命，否則你就是沒盡全力。他大聲宣告：「我還活著。」所以他必須招認：不，我沒有盡全力。

他哭了。當飛機往下墜時，他接受自己會死的事實，還祈禱妻子能堅強地養大四個小孩，但現在他看清自己的軟弱。

他從椅子滑到地上。

他的小孩在樓上酣睡，感謝爸爸平安歸來時，艾倫卻在樓下哭了一個鐘頭。貝佛莉摸摸他的頭髮，擁抱他。她從來沒看過艾倫這樣；他一向是個堅強內斂的人，不輕易流露情感。

她撥了電話給在德州的婆婆，然後把話筒交給丈夫。艾倫坐在廚房地板上，靜靜地聆聽母親為他祈禱。

星期五晚間，戴維來到康州紐頓鎮上的葬儀社，他要完成一個任務。

聽到他的同僚吉姆身亡的消息時，戴維心想自己可能是最後一個和吉姆講話的人——雖然吉姆並沒有回應。戴維覺得很沮喪，也覺得有義務替吉姆守靈，好讓吉姆的靈魂平安返家。

他排隊等著向南茜致意。站在南茜旁邊的是吉姆的八位成年子女；他們依照排行站成一列：凱特、琴、克萊兒、梅格、莫妮卡、瑪蒂、安和湯姆。甘迺迪家的成員眾多，十分顯眼。戴維和幾個同事站在一起，他很感謝他們陪同他出席，但仍然覺得孤單無比。

終於輪到戴維了。他低著頭，對吉姆的遺孀說：「我是戴維‧史耐德。」他的聲音顫抖：「我也在那架飛機上，妳知道嗎？」南茜點點頭。

「妳想知道發生了什麼事嗎？」戴維說。

「想。」她的聲音帶著哽咽。

「我看到吉姆，我想要把他拉起來。」戴維有些激動。吉姆的孩子側著頭，想聽清楚他說的話。「我說：吉姆，吉姆‧甘迺迪。快起來，我們得趕快出去！」戴維回想那一刻，他聽到輕微爆炸聲和尖叫聲，火勢越來越猛。

「或許，我應該試著把他扛出去。」戴維搖搖頭，眼淚奪眶而出：

「我很抱歉，我希望他不是因爲我而死。」

南茜和戴維還不知道後來發生的事與其他目擊者的敍述。他們並不知道，吉姆後來自行起身離開機艙。

南茜把手放在戴維的肩膀上。她說，驗屍報告記載吉姆死於「急性燒灼傷」，而且氣管內沒有任何黑灰。她告訴戴維：或許，當火燒到吉姆的肉體時，他已經停止呼吸了。

聽到這句話，戴維再次回想機艙內的情景：吉姆沒有眨眼，他的眼睛一動也不動。就是因爲這樣，他才沒站起來。他已經死了！

戴維鬆了一口氣。幸好吉姆不是死得很痛苦，而且不是因爲他幫不上忙而死的。他相信吉姆的靈魂已經平安到家。在紐頓鎭的葬儀社裡，戴維感到如釋重負。

32 861398

克里斯試著隱藏不安的情緒。空難後第九天，國家運輸安全委員會的螺旋槳維修紀錄小組抵達岩石丘。克里斯和每位組員握手致意：有三人來自國家運輸安全委員會、兩人來自大西洋東南航空公司；此外，漢米爾頓標準公司、美國聯邦航空總署、民航機師協會、巴西航太各有一名代表。

維修紀錄小組此行的目的，在於進一步了解 861398 號葉片的處理程序。維修廠經理帶領他們實地參觀處理流程。

紀錄小組組長吉米要求克里斯，示範他在錐孔上執行的工作——包括檢查和維修葉片的程序，以及任何他採用的新方法。

克里斯花了五個多小時做示範。

他假設自己手上拿著 861398 號葉片，先使用白光管道鏡檢查磨損葉片的內徑，也用了螢光滲透劑和紫外光（新方法）檢查。有幾名組員拿起管道鏡，實地了解克里斯看到了什麼。

接著，克里斯示範他的打磨程序。他表示，他會先核對文件和葉片上的序號是否相符，然後翻開《零件維修手冊》，找到「適當維修」的章節，作爲維修工作文件。

在示範過程中，調查人員的提問像雨點一般朝克里斯撒下來。吉米假設多種可能狀況，問克里斯：「如果是某個情形下你會怎麼做？」克里斯表示，如果他不確定或是有疑問，他都會去尋求維修廠經理的協助。

克里斯說，他從來不擅作主張。

克里斯和岩石丘的兩位經理都接受了漫長的面談。訪談中，克里斯談到了他在漢米爾頓標準公司接受的初步訓練。他表示，他至少接受了六星期的管道鏡檢驗訓練，才有信心不會錯失任何可疑的部分。他也說，他從來沒有在錐狀漸縮孔的部分看過裂縫——事實上，他說他從來沒有看過任何一張漸縮孔裂縫的照片。

吉米心想，有沒有搞錯？一個技術人員要怎麼找他從來沒看過的東西？

克里斯說，在每一個步驟中，如果他發現漸縮孔受損，他就加以打磨處理。

他還提到，在一九九四年春季廠裡最忙的那段期間，有時候他一星期工作超過六十小時；儘管經理從來沒有要求他加快工作速度。

吉米在岩石丘待了兩天；他對於克里斯的專業知識和誠懇態度印象深刻。第二天他和克里斯獨處時，吉米問道：「克里斯，你有沒有什麼事想問我？」

克里斯問起機上所有人的情況。

吉米告訴克里斯：有幾個人罹難；有些人嚴重燒傷，在醫院接受治療；有些人很幸運，只受了輕傷。

克里斯低下了頭，問道：「是因為我嗎？」

吉米表示他還有一些問題尚未找到解答，但他認為 ASA 529 班機的墜落，確實是肇因於克里斯經手的螺旋槳葉片產生金屬疲勞。

克里斯盯著地板，什麼也沒說。

離開岩石丘前，吉米感謝克里斯的耐心和坦誠；他給克里斯自己的名片和呼叫器號碼。吉米說：「如果你想找人聊聊的話，可以打電話給我。」

兩星期後，蛋農史都威爾在阿拉巴馬州的松林丘附近開著他的拖曳機和除草機，該地位於失事現場以西三十五哩。在有刺鐵絲圍籬外茂密的草叢中，史都威爾發現了一塊銀色金屬。

他走下拖曳機察看，是一個近四吋長的螺旋槳葉片碎片。

他知道這是什麼。

就在前一天，國家運輸安全委員會在藍道夫郡東北角尋找失蹤葉片的密集搜尋工作才宣告結束，藍道夫郡和凱羅郡比鄰，兩郡以阿拉巴馬州和喬治亞州的分界爲界。

葉片碎片由一萬八千呎的高空墜落，切下了一株小杉木的枝幹，然後輕輕著陸，沒有在地上留下凹痕。著陸的位置距國家運輸安全委員會畫定的重點搜索區不到一百碼；直升機日前曾在該區域來回逡巡。

史都威爾聽過相關單位的呼籲：「如果發現了葉片，不可觸碰！」他立即通知警方處理。葉片碎片運送到國家運輸安全委員會實驗室，以顯微鏡檢查。

漸縮孔表面的檢查結果與調查人員的判斷十分吻合：表面有厚重的氧化沈澱物、微量的氯，以及打磨的痕跡。

33 上帝之手

瑪莉珍想和女兒朵茵通電話，好幾天都不能如願。最後，在葛來迪醫院燒燙傷中心的全力協助下，瑪莉珍終於聽到了女兒的聲音，忍不住喜極而泣。

她告訴朵茵，她只想確定女兒還活著。現在她終於可以放心了。

瑪莉珍聽說了女兒的傷勢。她問朵茵：「爲什麼不告訴我妳的腳那麼慘？」

「我不想讓妳難過。」朵茵向母親保證，她在坦能醫學中心受到良好的治療和照顧。

她謝謝母親協助她從傾倒的餐車下脫身。

然後母女倆同聲禱告，再次表達對彼此的情感。

遠在伊利諾州米爾斯達的蓋維浸信會，教友們聽說史蒂芬牧師的飛機失事，感到相當震驚。史蒂芬剛結束他的布道試講，卻在回程中不幸發生意外。他的燒傷面積多達全身的三分之二，在葛來迪燒燙傷中心陷入昏迷。

蓋維聘牧委員會的祕書湯姆森寫了封信給三十五歲的史蒂芬：

親愛的史蒂芬弟兄：

經過了多次的禱告、討論，以及尋求聖靈的指引之後，本委員會已經決定，您將是我們希望徵聘的下一位牧師。我們已達成共識……我們一致認為您那四場布道十分有力，並傳遞了真正的訊息……史蒂芬弟兄，我們了解，眼前這條康復的道路既漫長又難以預料，但這絕對是您現階段的首要之務。至於本委員會皆已同意告知信衆，我們等著你回來……

一九九五年九月十日

九月十四日，墜機過後二十四天，麥克病逝於葛來迪醫院；四天後，知道如何計算燒傷存活率的檢查官龐德，也離開人世。此次墜機意外造成的第六起和第七起死亡震驚了巴比醫生；在傷者離開他所任職的坦能醫學中心急診室後，他常常想起他們。龐德對自己病況的了解令人印象深刻；至於麥克，巴比醫生和護士妮兒對他有種特殊的情感；他們十分佩服麥克的無私以及內在的平靜。聽到麥克的死訊時，妮兒放聲痛哭，不能自已，無法繼續工作而請假返家。

在葛來迪醫院的史蒂芬牧師也離死亡不遠。幾年前，他曾經在布道時談到悲劇：究竟悲劇出於上帝或是撒旦之手。那天史蒂芬在講道壇上說道：「撒旦根本沒這種能耐。因為宇宙之主、全能的上帝能夠將我們最糟的經歷，化為祂主宰人世的工具。一切皆在上帝之手。」他還說：「如果我們能夠學著接受上帝給我們的試煉，暫時的苦楚終將化為永恆的勝利。」

躺在病床上的史蒂芬只有片刻是清醒的。他認出了守在床邊的母親，微笑著緊握她的手。母親帶來了家庭牧師的信，信中表達了對史蒂芬的期許，認為他對浸信會將有深遠的影響。艾琳讀信時，史蒂芬正在接受插管，無法說話；但艾琳看到一滴眼淚滑落史蒂芬的臉頰；她知道他聽到了。

她每天和史蒂芬說話，讀文章給他聽，但再也沒有任何跡象顯示他聽得見。九月十八日，繼龐德檢查官之後，史蒂芬也撒手人寰；他的母親和妹妹一直陪伴在旁。

十分巧合，朵恩和瑪莉珍同時在九月二十日，分別由坦能醫學中心和葛來迪醫院出院。瑪莉珍要回靠近匹茲堡的家，而朵恩要回靠近巴爾的摩的馬里蘭州阿賓頓城。家人們試著安排她們兩人從同一個機場轉機，這樣她們就可以在墜機後首次見面。

但事態的發展並不如人意。後來她們由家人陪伴，分別搭乘不同的救護機；瑪莉珍從亞特蘭大機場出發；朵茵則由喬治亞西區機場離開——這裡也是機長艾德和副駕駛麥特當時試圖著陸之處。

朵茵和瑪莉珍都百般不願再度登機；她們必須靠藥劑舒緩緊張情緒。朵茵的左腳作過多次手術；醫生從她的背部取出一片骨頭安放在腳踝，並且把一塊肌肉移植到小腿，改善腿部的循環。搭上救護機時，朵茵告訴機長：「我眞的要很信任你才敢搭這班飛機。」

茱麗亞夫婦在飛機旁和朵茵道別。朵茵說：「妳要不要上來？還有一個位子。」

朵茵待在坦能醫學中心的三十一天來，茱麗亞天天去看她，而且常常留在病房過夜。朵茵和茱麗亞的孩子年齡相仿；這些日子下來，她們已情同母女。

看著救護機起飛，離開凱羅郡，消失在天際，茱麗亞的心中百感交集；一方面捨不得朵茵離開，另一方面，看到她康復返家，又感到無比喜悅。

接下來幾個星期，朵茵和瑪莉珍天天通電話。她們常常談到家人，尤其喜歡聊朵茵的兩個兒子——他們稱外祖母瑪莉珍爲「婆媽媽」。她們還討論了彼此康復的狀況，自然而然回想起那次意外。瑪莉珍想知道更多細節，她有點搞不清楚在牧草地上究竟發生了什麼事。她一次又一次地問朵茵：「妳做了什麼？」然後接下來一定會問：「那妳是怎麼辦到的？」

她們好像互換了角色一樣：朵茵變成了母親，提供解答、鼓勵和安慰。

朵茵對母親說：「妳一路上照顧我、不離開我，即使飛機爆炸了也不會丟下我；我眞的十分以妳爲榮。」

朵茵一直爲惡夢所苦。夢魘有相同的主題：她被困在狹小的空間；有一次在教堂，有一次是在有舞台的大廳，她被壓在椅子下。她也做了關於腳的惡夢：醫生說要切下她的腳趾，黏在腳的外側，幫助她平衡。

九月過去，十月來了。朵茵和瑪莉珍討論起兩人碰面的事，但她們都還沒有作好長途飛行的心理準備。

她們約定在感恩節時相聚。

最晚耶誕節。

十月十四日星期六晚上，墜機後第五十四天，朵茵打電話給瑪莉珍。她們那天稍早已經通過一次電話。

朵茵的兩個姊妹正在母親家，她們剛吃過晚餐。朵茵和姊姊說話時，聽到電話中傳來一聲巨響——六十四歲的瑪莉珍倒了下去。看護趕緊上前幫忙，朵茵的姊姊也衝了過去；接著醫護人員抵達，把朵茵的母親送往醫院。

瑪莉珍因心臟病發過世。賓州西摩蘭郡的驗屍官判定，墜機造成的物理壓力，最終導致瑪莉珍心臟衰竭。主驗屍官表示：「儘管我們不能斷言燒傷直接造成了她的死亡，還是不該忽略完整的始末，而其源頭就是墜機事件。」

朵茵搭乘救護機到賓州參加母親的喪禮。她在母親家待了一星期，睡在瑪莉珍過去幾星期睡的醫療床上，由照顧瑪莉珍的同一名看護照料她。

喪禮上，朵茵坐著輪椅致悼辭——她一年多前才在父親的喪禮上致過悼辭。朵茵祈禱她的父母能夠再次相聚，幸福喜樂。

朵茵說道：當我們有需求時，我們可以祈求他們給予協助。

她說：我的母親是我的英雄，否則我今天也不可能出現在你們面前。

34 磨滅

航太工程師吉米幾經調查，仍然找不出861398號葉片的錐狀漸縮孔應該打磨的理由。它並不像一般經過珠擊的葉片一樣表面粗糙，而且克里斯自己的筆記也沒有記載曾在葉片上發現任何工具損傷的痕跡。但是這位年輕技工還是照樣打磨861398號葉片，最後該葉片在一萬八千呎的高空斷裂，使二十九條生命歷經劫難。

打磨葉片在克里斯的工廠是項例行工作，特別是針對經過珠擊程序的葉片。所謂的珠擊就是將鋼珠或玻璃珠撞擊金屬漸縮孔的表面來強化它。珠擊有一個惱人的副作用，就是會造成金屬的表面凹凸不平，在進行超音波檢查時，常被認定是瑕疵。不過這些幾乎都只是表面粗糙，例行的打磨就可輕易處理。

儘管打磨只是一項平凡無奇的例行工作，不過國家運輸安全委員會的材料專家相信，葉片上的打磨痕跡說明了，通過超音波檢測的861398葉片爲什麼會斷裂；因爲葉片表面經過磨光處理後，掩蓋了金屬疲勞所產生的裂縫。

進行超音波檢查時，轉換器聲波根據聲波反射原理偵測裂縫深度。聲波進入葉片光滑的內部表面，然後接收到相同強度的反射訊號。但是當聲波碰到粗糙的表面，會往各個方向漫射，削弱了傳送回去的強度。這和光的反射原理是一樣的：平滑的鏡面使光線反射後行進方向規則，而凹凸不平的表面會使反射光凹凸不平。

吉米首次視察岩石丘後過了六周，他和維修紀錄小組成員在十月間重返岩石丘，約談了克里斯和他的上司，試圖釐清一九九四年春天漢米爾頓標準公司維修廠到底進行了哪些工作。當時有上百片的螺旋槳葉片急需檢查及維修，廠裡的員工在這段時間疲於奔命。克里斯知無不言地回答每個問題。他說，沒錯，別人教他，如果發現葉片經過珠擊強化後，它的漸縮孔表面顯得粗糙或尖銳，打磨是正確的解決方法。他知道，粗糙的表面，即使只是一個無傷大雅的不規則表面，都會造成超音波排斥現象。

問題是，861398 號葉片並沒有經過珠擊程序，吉米清楚得很。他同時也知道，除非葉片上受到工具傷害的痕跡肉眼可見，否則技工不該「磨一磨」。但吉米在克里斯的工作筆記中讀到：「沒有肉眼可見的瑕疵。磨一磨粗糙表面。」

於是吉米質問克里斯：「你爲什麼打磨 861398 號葉片？」

克里斯解釋說，他所受的訓練就是這樣。以前廠裡也出現過是否要磨光未經珠擊強化葉片的問題，但據他所知，答案是一樣的——照樣打磨，不會有問題。

他也承認，一片未經珠擊強化的葉片，再加上沒有肉眼可見的工具傷害，竟然無法通過超音波測試，是有點奇怪。不過這種例外情況也發生大概十次了，每次他都會進廠把漸縮孔磨光，就像861398號葉片一樣。

廠裡的一位經理向調查人員坦承，對於在一九九四年春天，葉片未經珠擊強化，而葉片上也沒有肉眼可見的工具痕跡，竟然沒有通過超音波測試這檔事，他完全不知情，而這件事也沒有得到特別的關照或質疑。但是他又說，當時岩石丘每個月要處理上百片的葉片，他沒辦法面面俱到；雖然他告訴技工們要讓他隨時掌握情況，但技工們也不是每件事都會向他報告。

經理接著解釋，漢米爾頓標準公司總部從一九九四年四月初開始，便每天以電話和維修廠聯繫，討論葉片維修的程序。他說，在這四、五個月期間，他也向總公司請示過，不管葉片有沒有經過珠擊強化，如果經過超音波檢查，發現了粗糙的表面，是不是照樣進行打磨。他得到肯定的回覆，跟克里斯的說詞一致。即使如此，他向調查人員強調，他絕對沒有跟岩石丘的技工們說，沒有工具損傷也沒有經過珠擊強化的葉片，照樣可以打磨。他告訴吉米的調查小組，他也不明白爲什麼克里斯會這樣做。

吉米自忖，今日的訪談可說是成果豐碩。種種跡象顯示，克里斯並不是一個不遵守作業流程的技工；相反地，克里斯是個行事小心，誠實負責的人，連經理都這麼說。

然而克里斯錯誤地打磨861398號葉片卻也是不爭的事實。問題是，他得到的指示，既不明確也讓人搞不清楚。而且光憑他的工具和接受的訓練，他應該看不見葉片內部的金屬疲勞裂痕。克里斯甚至說過，他曾經不只一次爲了消除超音波產生漫射的地方，磨平一些沒有工具損傷，也沒有經過珠擊強化的漸縮孔。

吉姆及維修小組成員沒有其他問題要問克里斯了。

不過他們卻有很多問題要問漢米爾頓標準公司。

35 搏一搏

墜機當晚，查塔諾加燒燙傷中心的醫生詢問鮑伯，爲了讓他的妻子珍妮佛能夠保住一命，他是否同意在最危急的時刻，使用維生器或電擊等「非常手段」。

鮑伯說他得問問珍妮佛的意見。

珍妮佛的喉嚨插管，雙眼腫得張不開，身體被一層又一層的無菌紗布和繃帶包裹著，無法說話，眼睛也看不見。在嗎啡的藥力作用下，她毫無痛覺。

但是她還聽得見。她聽見鮑伯站在病床邊對她說：「珍，妳傷得很重，生命垂危。妳願意讓醫生用一切可能的方法救妳嗎？」

這些話從珍妮佛的耳邊飄過去。她擔心的是四歲的兒子強尼，他現在人在那裏呢？

鮑伯繼續說著：「妳想讓醫生竭盡所能救妳嗎？妳願意讓他們使用非常手段嗎？珍，妳想不想搏一搏呢？」

認識珍妮佛的人都知道，她一定會跟死神奮戰到底。她的堅毅，在她少女時代最後一次見到父親時就顯露無遺。珍妮佛是獨生女，跟母親一起住在佛羅里達。珍妮佛的雙親在她滿兩歲前就分居了。十年之後的某一天，母親告訴珍妮佛說她父親到附近出差，「他會過來看看妳」。他人高馬大，整個人把門口都擋住了。他滿臉笑意地說：「這就是我的乖女兒！」珍妮佛抬起頭，望著這個如同陌生人的父親，斬釘截鐵地說：「以前是，現在不是了。」她站起身，從後門離開，留下父親一個人尷尬地笑著，見識到女兒堅決的意志。女鬥士長大了，她聽見丈夫問她：「珍，妳想不想搏一搏呢？」

鮑伯幾乎不敢相信，他看到珍妮佛移動右手的食指，輕輕地上下晃動。

全身面積百分之九十二的燒傷——根據龐德的定律，應該是必死無疑——但珍妮佛要搏一搏。

鮑伯在爾蘭格燒燙傷中心的候診室等待，一位護士走了過來：「院長瑞德先生想要見你。」一分鐘後，瑞德在醫院員工的陪同下前來向鮑伯致意。瑞德身兼爾蘭格醫院院長和執行長。他對鮑伯表達慰問之意，並強調院方會竭盡所能為鮑伯及其家屬提供一切援助。話剛說完，瑞德的冷靜沉著突然消失，神情十分感傷。他說他的兩位親戚，朗尼舅舅和露西里舅媽也搭乘那架失事的飛機。

墜機當天下午，瑞德正爲兩位長輩的命運憂心忡忡，隨即得知，救難人員已經將露西里從墜機現場救出來，救護機就降落在爾蘭格醫院的頂樓平台。（「你們要帶我去那裏？」露西里問救護機上的醫生。「查塔諾加。」醫生回答。「爾蘭格醫院？」露西里問。「爾蘭格醫院。」醫生回答。當醫生爲露西里戴上氧氣罩時，她說：「瑞德？」）

瑞德趕到急診室，醫護人員都在急診室外等著他。他們說，露西里到院時已經死亡。瑞德想要見她最後一面，但同事勸他打消念頭，因爲燒得太嚴重，身體都變形了，但是瑞德堅持一定要看：「這是最後一次機會，我非看不可。」最後瑞德含淚走出急診室，他應該接受同事的建議才對。那一夜稍晚，瑞德又經歷了一次痛苦的煎熬：他的舅舅朗尼被緊急送往亞特蘭大的葛來迪醫院。瑞德堅信他的舅舅朗尼會活下來；雖然朗尼已經六十九歲，但他看起來身強體健，百毒不侵，一定會長命百歲。但是他的情況跟舅媽露西里一樣危險。瑞德的妻子在病床邊低聲地說：「他現在是爲了舅媽在硬撐著。瑞德，你得告訴他，舅媽已經先走一步了，請他不要掛心。」瑞德柔聲地說：「朗尼舅舅，露西里舅媽在我的醫院，但她已經先走一步了。」瑞德哽咽得幾乎說不出話來。「你不用擔心，她在另一個世界等你……」幾分鐘後，瑞德和妻子噙著淚，看著舅舅朗尼嚥下最後一口氣。

瑞德沒有向鮑伯一家人提起這些。他只說不管是珍妮佛，或是機上其他受難者，他們所受的折磨他都能感同身受；當然其中也包括了正在大廳另一端的加護病房和死亡奮戰的副駕駛麥特。瑞德表示，他將會出城兩個星期，料理舅舅和舅媽的後事。他願意把他在附近西格諾山的房子借給鮑伯，作為暫時棲身之所。

最後，瑞德及在場員工和傷患家屬手牽手圍成圓圈，由他領頭為機上人員祈福。

墜機發生後，鮑伯已經幾乎兩天兩夜沒有闔眼。一根又一根的萬寶路淡菸不斷點燃，連手指頭都被熏成褐色。他在珍妮佛病房外的走廊來回踱步，不知走了多少遍。他邊走邊數著走廊的地磚——一共有十三塊，每次數的結果都一樣。

鮑伯出身自一個藍領階級、信奉天主教的大家庭，在九個小孩中排行第五。家人之間感情親密，和珍妮佛的成長過程完全不同。鮑伯的三個兄弟已經趕到爾蘭格，姊姊安排大家輪流看顧珍妮佛。而鮑伯在康州的雙親，則負責照顧小孫子強尼。

珍妮佛的血氧含量和血壓在周三凌晨驟降。鮑伯原本得到護士的許可，在病房內陪伴珍妮佛，但是現在他們請鮑伯離開。護士告訴鮑伯，情況很危急。

鮑伯在走廊上來回踱步，邊走邊數著地磚，不停向上帝禱告；手上的菸沒停過，硬幣一枚一枚投入咖啡販賣機。幾個小時後，他把哥哥們叫醒：「情況不樂觀。」

「那我們能做什麼，鮑伯？」

鮑伯深呼吸了一口氣，告訴他們得作最壞的打算。

他們開始著手準備珍妮佛的後事。

鮑伯從來沒想過要把愛妻葬在何處的問題。他到候診室去和珍妮佛的母親討論，岳母說一切聽從鮑伯的安排。鮑伯決定將珍妮佛葬在他的故鄉，康州的羅福市。鮑伯的三個兄弟負責處理所有的細節；他們會安排飛機班次，並在家族墓園找好安葬之地。

沒想到，當天下午，一名護士衝出珍妮佛的病房，興奮地拉開嗓門喊道：「我們把珍妮佛救回來了！」

鮑伯喜極而泣。他在病床邊陪著珍妮佛，想著應該要多涉獵一些燒傷的常識；護士給了他一些資料閱讀。若不計燒傷引發的併發症，平均每個燒傷患者身上有百分之多少的燒傷面積，就得在醫院待上多少天。看來這是場長期抗戰。

當天下午，鮑伯和他的兄弟們住進附近的一家飯店，洗了個澡，暫時休息一下。

雖然珍妮佛無法開口言語，但是家人都知道她心裏掛念著強尼。強尼人在康州，至今還沒有人向他提起墜機的事；這一點，鮑伯越來越擔心。

鮑伯了解，他必須讓珍妮佛感覺到強尼就在她的身邊；即使只是一張強尼的照片。這張照片代表了一份期望，告訴珍妮佛，她的孩子在家裡等她。

住在新英格蘭的鮑伯弟媳貝爾莎想起了一張照片。上個周末在一五三〇呎高的凱迪拉克峰，她和丈夫大為拍下一張強尼坐在石牆上的照片。強尼一頭亞麻色頭髮，穿著短褲和球鞋，從一塊石頭跳到另一塊石頭，頑皮得停不下來。最後還是貝爾莎和大為連哄帶騙，才讓小強尼乖乖坐在石牆上，像是一個四歲的小國王坐在寶座上一樣威風。背景的緬因州岩礁海岸美得像人間天堂：蔚藍的天空，輕撫著美國每天最早迎接旭日東升的凱迪拉克峰。按下快門的那一剎那，貝爾莎和大為就知道這幀照片是張傑作；鏡頭捕捉了絕美的景致和強尼活潑可愛的神態。這張照片讓鮑伯和珍妮佛當作耶誕卡片或用在其他特別的場合，眞是再適合不過。貝爾莎立刻把底片拿去沖洗，而照片中的強尼就跟她記憶中一樣可愛。她把相片放大作成海報，馬上用快遞送到爾蘭格。

鮑伯把強尼的海報貼在珍妮佛病房裡。幾天後當珍妮佛醒來，第一眼就會看到強尼。每一次護士幫珍妮佛翻身，鮑伯就把海報移到視野最佳的位置，好讓珍妮佛盡情欣賞。

頭幾天，燒傷傷患需要注射大量液體，以補充因燒傷流失的水分。珍妮佛原本的體重是一百三十五磅，現在飆升到兩百磅。她的傷口每天都需要清潔，並更換新的消毒敷料。珍妮佛才二十八歲，年輕就是她的本錢。巴爾的摩地區燒燙傷中心的權威孟斯特醫生曾經寫道：燒燙傷傷患的老化是從三十五歲開始的。八十歲的傷患燒傷面積達到全身的百分之三十，危險程度相當於二十歲的傷患受到百分之八十的燒燙傷。

墜機發生至今已經一周，克夫特醫生負責監督珍妮佛和麥特——他的燒傷面積達百分之四十二——的皮膚移植手術。燒傷的部位必須以新的皮膚覆蓋，以防止感染並降低留疤的機率。移植手術初期，醫生會從珍妮佛的頭部取下幾小片健康未燒傷的皮膚，再用釘子固定在燒傷部位。

但是珍妮佛全身有百分之九十二的燒傷，而且大多數都是三級燒傷，沒有足夠的皮膚可供移植。每隔一段時間，爾蘭格的醫生會從珍妮佛身上取下健康的皮膚，送到麻州劍橋的實驗室，在培養皿中培植出新的皮膚。培植出來的皮膚相當脆弱，而且培植新皮膚所費不貲，需時長達三周。但培植新皮膚有一項顯著的優點：因爲是由傷患本身的皮膚培植出來的，因此不會有排斥的問題。

燒傷治療是個相當漫長而艱辛的過程：拔除釘子、沐浴時強烈的痛楚、一天進行兩次清創手術，將死皮、舊敷料和分泌物從傷口刮除、永無止盡的疼痛和搔癢——止痛藥似乎沒有太大幫助、物理治療的疲累，以及獨力奮戰的孤寂感。燒傷患者湯（Mary E. Ton）曾在《火場餘生》一書中寫道：「此時死亡變得很誘人，很美麗，因爲唯有如此才能逃離這些痛苦。」

珍妮佛進行第一次皮膚移植手術時，強尼正在前往查塔諾加市途中。鮑伯不知道該如何告訴四歲的小強尼這個不幸的消息。他請教醫院的兒童心理醫師，醫師建議一開始不要向強尼透露太多，讓強尼自己慢慢去認知發生了什麼事。強尼若提出問題，要搞清楚他爲什麼這麼問，因爲問題中可能隱含了某種意義。最重要的是，鮑伯一定要讓強尼感到放心。

鮑伯和兒子坐在查塔諾加的旅館裡時，感到有些緊張。

然後他緩緩開口說道：媽咪的飛機發生意外，而且媽咪傷得很嚴重。

有多嚴重？強尼問。

飛機起火，把她燒傷了。鮑伯回答。

強尼想起消防隊在學校所教的那堂課。他問，那媽咪有沒有「一停二躺三滾」？

鮑伯微笑著說：當然有啊。多虧你教媽咪這個口訣，她才能活下來。

我可以見媽咪嗎？

不可以。

爲什麼不可以？

這是醫院的規定。

父子倆並肩坐了好一會兒。

你一定要堅強，強尼。我也一樣。我會一直陪著你，知道嗎？

鮑伯做了一個決定：他們一家人要攜手度過這次的磨難，他、珍妮佛和強尼終將戰勝命運的考驗。然而，情況似乎沒這麼樂觀。鮑伯隔天早上在當地報紙看到一則報導，克夫特醫生談到珍妮佛時說到：「我們企盼神蹟出現。」

鮑伯將強尼安置在查塔諾加的一間托兒所裡。鮑伯的姊姊安每天記錄強尼做了什麼、說了什麼；每天都有人把這份日誌大聲地唸給珍妮佛聽。現在，葛蘭貝一家人全都站在同一陣線。安規畫了時間表，讓兩個家庭的成員隨時有人能協助鮑伯。鮑伯的父母、兄弟姊妹和其他親戚，都輪流到爾蘭格幫忙。

墜機事件兩周後，寇赫牧師來到查塔諾加。他穿著牛仔褲和皮夾克，從卡洛頓騎著摩托車過來。他沒有到爾蘭格探望珍妮佛，而是和葛蘭貝一家人共進晚餐。他說他在牧草地上遇到珍妮佛，珍妮佛提到強尼，說他最愛吃熱狗和通心麵。他告訴大家珍妮佛奮力逃出機艙，眞的很勇敢。在座的每個人都濕了眼眶。

在燒燙傷中心的等候室，鮑伯遇見副駕駛麥特的妻子艾美。他們每天都會碰面，有時候會一起看醫學報導。鮑伯還教她玩掌上型遊樂器打發時間。

蘿萍和在大西洋東南航空擔任技工的男友柯利思，在墜機六周後造訪爾蘭格。艾美讓他們進房探視，他們幾乎認不出病床上的麥特。麥特的臉嚴重水腫，雙手纏滿繃帶，身體左側從頭到腳都燒傷，左耳也幾乎燒焦了。

蘿萍在床邊坐下，徵詢麥特的同意後伸手抱了抱他。

麥特剛吃過藥，他問柯利思墜機的原因是什麼。柯利思心裡知道，身爲副駕駛的麥特想確認墜機是不是他的過失，他和艾德的危機處理方式是否合宜。柯利思告訴他，所有的人都知道他和艾德做得相當好。

珍妮佛在十月底第一次開口說話——她說：我想見強尼。消息在幾分鐘內就傳到瑞德院長耳裡。他馬上趕到燒燙傷中心探視，在場的醫護人員雀躍不已，連聲稱道眞是奇蹟。

但是院方擔心引起感染，不允許珍妮佛和強尼見面。

強尼也吵著要見媽媽。有一晚他睡不著覺，對爸爸說：「我想聽那首可以讓我睡著的歌。」鮑伯不知道強尼指的是哪一首，因而領悟到：他過去花太多時間在工作上了，以後應該多陪家人。

翌日，他問珍妮佛，強尼說的是哪一首歌。

「海倫・蕾蒂的〈繼續唱歌〉，」她說：「唱片在CD唱機裡。第九首。」

只有珍妮佛才能解開這些疑惑。她知道強尼需要什麼。

強尼想見媽媽的要求讓鮑伯明白，兒子不確定媽媽是否還活著。

珍妮佛會做墜機的惡夢。「相當可怕的夢，」鮑伯形容。這些惡夢通常在她入睡一小時內出現。有一陣子這些惡夢像連續劇一樣，自前一晚惡夢結束的地方開始上演，然後往前推進，就像電影一樣，一連出現好幾個鏡頭。這些惡夢內容逼眞，常常嚇壞了鮑伯：珍妮佛要是夢見濃煙，就會用力地咳嗽；要是夢見正在逃離起火的飛機，就會猛踢雙腿，不斷扭動身體。這時鮑伯就會問她問題，打斷她的惡夢。

「珍，發生什麼事了？」

在半夢半醒之間，珍妮佛告訴他，有個女人幫她撲滅身上的火，拯救了她。這個女人將她抱出飛機，沿著機翼走，然後輕輕地把她放在柔軟的草皮上。

珍妮佛看見一位頭髮灰白的年長女性，堅強而慈愛。

「珍，她是誰？」鮑伯問道。

「娜娜。」珍妮佛回答。

娜娜？他不記得妻子曾提過這個名字。後來他問岳母：「娜娜是誰？」這個問題讓岳母很意外。她解釋說，娜娜是她的母親，也就是珍妮佛的外婆。娜娜在珍妮佛小學二年級的時候曾和她們住過一陣子。由於無法照料自己的生活起居，娜娜後來住進療養院，不久就過世了。

珍妮佛小時候，家裡客廳的牆上一直掛著一幅娜娜的舊照。

他們心想，這眞是不可思議，娜娜居然以如此意義非凡的方式，回到珍妮佛身邊。

這對母子渴望見到彼此。他們已經分離兩個多月，照片不足以撫慰思念的痛苦。院方仍然堅持安全原則，表示珍妮佛努力了這麼久，不值得冒這個險。珍妮佛每隔十天就要接受一次植皮手術。在此同時，她的身體產生過多鈣質，造成所謂的「異位骨化症」，導致手肘無法彎曲。

到了十一月間，鮑伯想出一個辦法。強尼的托兒所在一場感恩節募款活動中，募得將近六十美元。幾個小朋友將在當地一家超市，代表學校把款項捐給慈善機構，當天的儀式會在電視上轉播。鮑伯和托兒所所長商量，能否讓強尼擔任學生代表。他說他並不是要讓強尼出風頭，而是想讓珍妮佛有機會看到強尼。鮑伯願意爲此捐出五百塊美金。所長同意了。

鮑伯在預定的時間走進珍妮佛的病房。「快打開電視，」他說：「強尼要上電視了。」

「什麼!?」

「別擔心，」鮑伯微笑著說：「妳只管看就是了。」

病房裡擠滿了護士。沒多久，強尼果然出現在電視螢幕上，身旁站著另外兩個小朋友。他身穿紙背心，頭上插著一根羽毛，打扮成美國原住民的樣子。

「他看起來很不一樣……他長大了。」淚水在珍妮佛的眼眶裡打轉。

強尼不再只是牆上的一張照片，而是會移動的影像。電視上的他，和其他小朋友一起笑著說話。鮑伯的計畫成功了——但只成功了一半，因爲這個計畫導致一個意想不到的後果：

「我想要見他，馬上就要！」珍妮佛說。

「不可以。」一名護士回答。

「我不管，」珍妮佛堅定地說：「我不是在徵求你們的同意。」

「但是可能會感……」

「那就讓他穿上防護衣，」她說：「讓他進來，不然就讓我出去。我一定要見他。」

這天是感恩節，護士走進珍妮佛的病房，告訴她麥特的病床經過這裡，能不能過來打個招呼。

「如果他正好要過來的話，當然可以啊。」珍妮佛說。

護士將麥特的病床推進房裡，讓兩人的頭靠近一點。

「你好，我是副駕駛麥特。」他勉力擠出微笑。

珍妮佛上次聽到麥特的聲音時，529班機正往一千三百呎高空攀升，當時他說：「各位先生女士，午安。歡迎搭乘大西洋東南航空……」

麥特的樣子和她想像中完全不一樣。他在爾蘭格的前幾個禮拜，差點因爲致命的感染而喪命。他的體重從兩百零八磅滑落到一百三十九磅。某一周他才拔掉呼吸器，但隔周肺部塌陷，所以又戴上了呼吸器。對麥特的妻子來說，他的復原情況似乎時好時壞。但是他現在已經穩定下來了。麥特的臉飽滿腫脹，顯然是水腫的緣故。珍妮佛沒想到麥特這麼年輕，她以為飛行員的年紀應該要大一些。

「我聽說，就當時的情況而言，你們處理得相當好，」珍妮佛對麥特說：「謝謝你。」

「很抱歉我能力有限。」麥特說。

「這不是你的錯。」珍妮佛回答。

她補充道：「我想我們應該要心存感激。」

麥特點點頭說：「是啊。」

過了一會兒，護士將麥特推回走廊。

鮑伯著手安排讓強尼探望珍妮佛的事。他先和爾蘭格的心理醫師討論任何可能發生的狀況。夫妻倆已經在爾蘭格待了九十天，一直聽說珍妮佛很快就能出院。他很清楚如果珍妮佛或強尼無法接受現況，都會導致毀滅性的後果。心理醫生也說母子相見會有風險。「強尼可能會嚇得逃離病房，」心理醫師說：「那麼珍妮佛就會崩潰。」

鮑伯將珍妮佛的病房清空，甚至連病床也推走了。他讓妻子坐在病房中央的一張躺椅上，然後在躺椅旁邊放了另一張椅子給強尼坐。珍妮佛的手肘仍然無法彎曲，不能伸展手臂。牆上貼著五百多張慰問卡，還有幾張強尼的照片。有人送給珍妮佛一隻藍色泰迪熊，鮑伯提議把小熊送給強尼當作禮物。

鮑伯告訴強尼：「媽咪現在樣子很不好看，但是她非常想見你。媽咪看起來和以前不太一樣，你可能認不出來。她沒有頭髮，全身都是繃帶，而且沒辦法移動身子。她好不容易可以說話了。但是你要相信我，她就是媽媽，而且她眞的很想見你。」

他替強尼穿上防護衣——因爲只有大人尺寸，所以顯得太大。接著幫他戴上口罩，只露出一雙眼睛。

鮑伯帶著他進入病房。強尼不敢直視媽媽的眼睛。他走向她，然後經過她身邊走到窗戶旁。

珍妮佛哭了。她很高興看到兒子，同時也很害怕兒子不敢看她。

「強尼，過來坐在我腿上，」鮑伯說：「我們來和媽媽說說話。」

強尼動也不動。「過來這邊，」鮑伯又說。強尼過去坐在爸爸腿上。

珍妮佛告訴強尼，她知道他在學校發生的所有事情（這都要感謝安的日誌）。「過去三個月你有沒有乖乖吃青菜？」珍妮佛問。

「沒有，幾乎沒吃。奶奶一直讓我吃焗烤起司，」強尼還是不敢正眼看媽媽。

珍妮佛說：「貝爾莎伯母不是這樣告訴我的耶。」

「貝爾莎伯母要我吃很多青菜。」強尼點頭承認。

珍妮佛把藍色泰迪熊遞給強尼，強尼抬頭看著她。忽然間母子靈犀相通。強尼看著媽媽淚汪汪的眼睛說：「媽媽，眞的是妳，我認得妳的眼睛。」

珍妮佛想要看強尼的臉，於是鮑伯幫強尼摘下口罩和帽子。強尼在媽媽的眼中棒極了。

珍妮佛想要抱抱他，無奈手肘無法彎曲。強尼靠近媽媽，伸手輕輕地觸碰她的手。他撫摸她的手指，從指關節到指尖。珍妮佛看著兒子。她努力活著就是爲了這一刻。

VII 審判

36 人命何價

墜機過後數小時，蕾妮的乾媽薇薇安打電話給一個當律師的朋友。她告訴律師事情的經過，說蕾妮人在喬治亞州西部的一間醫院裡。律師朋友急切地說：「妳趕快打電話到醫院，把她帶回家。還有，叫她離那些『牧師』遠一點——他們根本不是什麼牧師，都是律師事務所或保險公司派過去的。」薇薇安有點懷疑這番話，不過律師的擔心是有道理的。一九八七年，西北航空255班機在底特律墜毀，一百五十六人罹難；有人佯裝神父，手裡拿著聖經，安慰受難者家屬。得到家屬信任之後，這個人便慫恿他們聘請了一位來自佛羅里達的律師。

薇薇安聽了便打電話到坦能醫學中心，告訴蕾妮離牧師遠一點。蕾妮說病房裡來了兩個牧師，他們說要載她回六個小時車程遠的密西西比。「不要理他們。」薇薇安說。她說蕾妮的媽媽已經往卡洛頓出發了。

墜機事發隔天，南茜從華盛頓趕到亞特蘭大，準備領回丈夫吉姆的遺體。到了機場，她被帶進一個房間。有個人走進來，說他是AIG（知名國際保險公司）航空部的代表。他表達了哀悼之意。南茜覺得他很有同情心，態度眞誠。接著他問道：「妳先生一年賺多少錢？」她就像跟朋友聊天般回答：「有六位數。」那個人接連問了幾個問題，讓南茜開始覺得不太舒服。結褵三十七年的先生才剛過世，而她才當了不過一天的寡婦，就被如此對待。她覺得受騙了。這是什麼世界，她心想。南茜是個有高學歷和虔誠信仰的人，她有八個孩子和八個孫子，她不喜歡眼前的這個人和他的工作。她振作起來，壓抑自己的情緒，伸手接過對方遞來的名片。

琳達和南茜在同一天抵達亞特蘭大。她的先生麥克幾乎全身都受到燒傷，目前正在葛來迪醫院燒燙傷中心的加護病房，情況仍不明朗。前往醫院途中，琳達的車爆胎，擔誤了不少時間。當她終於抵達醫院，看到丈夫因爲做了輸液急救而全身腫脹。後來她被帶到醫院的會議室，一群不認識的人包圍著她，所有人都在對她說話，她只聽到一陣喧鬧聲。她問大西洋東南航空的代表：「飛機怎麼會墜毀？發生什麼事了？」還不清楚，對方回答。吵鬧聲不絕於耳。琳達說：「你們是誰？是什麼公司的？」其中一個人說：「AIG。」她連聽都沒聽過。

她又問對方一些問題，才知道「AIG航空部」等於是航空公司的承保公司。他要求跟琳達私下談談。她對大家說：「請把你們的名片給我。」一個女人把她帶到一個安靜的地方，遠離這一陣沸沸揚揚。這個女人是醫院附屬教堂的牧師，她對琳達說：「對他們用不著那麼客氣，妳想要大吼都行。」

墜機發生後不過兩小時，大衛就在波頓醫院走廊上見到了AIG航空部的代表。儘管對方言行得體，但看到他這麼快就出現，大衛有種被冒犯的感覺。後來大衛回到明尼蘇達的家中，想要遠離這一團混亂。他去了一趟蒙特瑞爾，那是之前預定好的出差行程。結果另一個AIG的人打電話給他，說要飛到加拿大和他碰面。大衛馬上掛電話，但對方仍然窮追不捨，他只好答應回程時與對方在明尼亞波里斯的聖保羅機場見個面。

AIG的人開出三萬五千美元的條件，要大衛簽署同意書，放棄對這場空難提出控訴的權利。大衛心想，真的嗎?這樣好嗎?對他來說，不過是一場空難，就領到三萬五千美元，實在太多了。而且，他沒想過要對簿公堂，他的個性不會這樣;畢竟，意外總是會發生的。不過對這個三十七歲的電腦訓練師而言，三萬五千美元幾乎是一整年的薪水了。他本來決定要簽，後來又打消念頭。他告訴自己，他這一生想要什麼都有了，而且都是靠自己賺來的。沒想到，對方又把金額提高到四萬美元。這對大衛來說簡直是天文數字。他發現AIG航空部很願意砸大錢。兩人談了一個小時。最後大衛還是沒簽字。後來他跟同機的傑森談過，傑森介紹他一個洛杉磯的律師。大衛雇了那位律師。

大西洋東南航空529班機乘客的第一場訴訟，在墜機過後第十天於休士頓的美國地方法院起訴，此項訴訟由在葛來迪醫院接受插管治療的桑雅授權提出。桑雅提出訴訟的對象是大西洋東南航空、達美航空、巴西航太、漢米爾頓標準及其母公司聯合科技；她控告對方嚴重疏忽，並要求一億三千五百萬美金的賠償。巴比醫生在報上看到了這篇報導，想起了桑雅在急診室的哀號。他心想，老天，桑雅眞的吃了不少苦頭。桑雅的丈夫及三個孩子也列名共同原告。

通常在空難事件中，航空業者的承保公司才是眞正的被告。空難發生後，保險公司會搶先與受難者及其家屬接觸，通常還會提供金錢給他們應急，幫他們解決如交通、住宿等需求。在過去的空難事件中，保險公司也會試著聯繫那些「自行返家」的空難生還者，希望能趕快解決索賠要求，把該負的責任減到最輕。只要一得知空難的消息，保險公司馬上會替墜毀班機上的乘客建立個別檔案。一九八七年，西北航空255班機在底特律墜毀，原告律師在當地報紙投書，警告罹難者家屬要特別留意那些保險公司：「他們看起來好像是爲你們著想，但他們這麼做其實是爲了自己的利益。」

律師掌握空難事件訊息的速度也很快，有時甚至比保險公司還快。（一九八五年達美航空191班機發生空難，報紙上刊載一則諷刺漫畫，把這些來自律師事務所的人畫成貪得無厭的兀鷹。）原告律師代表罹難者及其家屬提出控告，爲他們爭取最大的利益。然後，他們會請來事實證人（描述空難情況）與專家證人（就機械層面界定責任歸屬，或就醫療層面判別原告所受之傷害）。他們會製作一本災害索賠清冊爲客戶的性命標價，還會聘請經濟學家或精算師，分析客戶因這場空難在未來可能蒙受的損失。有些律師會列出幾十頁的清單給保險公司，甚至好幾百頁。傷殘或嚴重燒傷的生還者比罹難者家屬領到的賠償金更高；因爲生還者承受的苦痛以及龐大的醫藥費，往後還會持續下去。保險業者也很清楚，只要在法庭上出現一個傷殘或燒傷的生還者，陪審團就會大受影響。

原告律師約翰・葛里夫斯的事務所接受五位空難生還者（傑森、艾倫、凱文、安琪拉、大衛）的委託。約翰說：「這樣是很冷酷沒錯，但人死不能復生。而法律所能允許的就是賠償金，所以我們要盡全力爲客戶爭取。」

要判定人命值多少錢，本身就是件很荒謬的事。約翰說：「假設有一個四十歲的男性，每年最多能賺三萬五千美元，有一個老婆和三個小孩。他把所有的時間都花在家人身上；他帶孩子們打獵、釣魚，教導他們生活技能，指引他們人生的方向。再假設有一個公司主管，每年能賺一百萬美元，但很少回家陪伴家人。在第一個人身上，我們會（根據災害索賠清冊）

把焦點集中在非經濟損失，以及他對家庭的重要性；而對於第二個人，我們只會注意到經濟損失。誰說賺得少，損失就比較少？他的死對孩子有多少影響？」

很少有空難的訴訟案件會眞正進入審判程序。在深入調查之後，空難的責任歸屬往往不言自明；審判通常是爲了決定損害賠償額。空難事件裡的被告通常會規避風險，因爲航空公司不希望該公司的名字在公開審判中一再被提及。此外，空難事件的審判對被告的辯護律師而言是艱鉅的挑戰，因爲他們得設法說服陪審團暫時放下對受難者的憐憫之心，客觀的審視責任歸屬等議題。辯護律師會試圖將他們的企業客戶擬人化，讓陪審團明白，一個公司也是由許多個人所組成的，因此也需要陪審團以公平的角度來考量。

在ASA 529班機的案件中，聯合科技與漢米爾頓標準公司聘請了「唐布洛夫與吉爾摩事務所」的馬克・唐布洛夫爲委任律師。馬克能說善道，是個高手，他在一九七〇到一九八五這十五年間，領導美國司法部的一個部門處理民眾控訴政府的案件。他處理過幾件美國著名航空公司的案子。如果ASA 529班機的案子需要上法庭，馬克就是處理本案的絕佳人選。在上法庭之前，主導這個案件的律師是強納森・史騰。三十六歲的強納森擁有飛機駕駛執照，在華盛頓國家機場當過航管員，也曾在司法部爲馬克短暫工作過。強納森在一九九四年離開馬克自行創業。一九九五年十月，馬克爲了處理ASA案件，又把強納森找了回來。

強納森參與了二十幾場有關責任歸屬的證人訊問程序。他在第一年就累積了六十五萬哩的飛行哩程數；從康州到加州，從加州再到岩石丘，訪問了漢米爾頓標準公司的員工及離職員工。他依照文件上的紀錄，和漢米爾頓標準公司員工的訪談紀錄一一追蹤，要查明一切與編號 861398 的葉片有關的任何人事物。

墜機過後將近三個月了，珍妮佛沒有找律師的意願。她不想見任何人，不想跟任何人談話。她的小姑安本身也是律師，她力勸珍妮佛：「妳要找個律師。」安認爲珍妮佛出院之前必須請一個律師，這樣的話，要取得珍妮佛的醫療紀錄會比較容易。

「最重要的是珍妮佛，以及發生在她身上的事。其他的都不重要。」鮑伯在一開始選擇律師時就這麼告訴他的姊姊。

安開始打電話找知名的律師。她先選出十個，然後篩選出三位。她請這三位律師個別與安和她的弟弟大爲共進晚餐。他們會告訴律師隔天與鮑伯和珍妮佛會面時的基本原則。其中兩位律師赴約時西裝筆挺，有幾個同事同行，在約定好的時間到達爾蘭格醫院。在珍妮佛眼中，這群人看起來像侍從一樣。在個別的會面中，兩個律師談到自己的專業性和豐功偉業，以及他們打算爲珍妮佛提出的訴訟策略。兩位律師都談到了和解的事；一個說他認識保險業者，可以在三十天內拿到三千萬美元；另一個沒開支票，只是說「妳完全不用擔心。」（坐在輪椅上的珍妮佛聽到這句話時，心想，我很肯定，我一定會擔心的。）鮑伯感覺到這兩位律師只顧著計對鮑伯自己、安，和大爲自我推銷，卻忽略了珍妮佛。他還看到其中一個人背對著珍妮佛講話，這讓他覺得很過分。

第三位律師就不同了。米契．博米斯特穿著輕便，而且是單刀赴會。他壓根沒提和解金的事，還說如果珍妮佛願意的話，他會把案件訴諸法庭。「不過，妳才剛從加護病房出來，現在還不適合馬上作決定。」

米契喜歡自稱爲「和你面對面的紐約律師」，專爲「小人物」討公道。他在城裏長大，父親是消防員，成長於六〇年代，個性帶有紐約式的機智與堅毅，還有一些那個年代的人對社會的熱情。一九六九年他從越南回國，進入西東大學的法學院，辦理退伍軍人人權法案案件。有一段時間，他在克氏律師事務所工作，據說這個事務所是辦理航空法律訴訟的元老。他早年在這種背景下努力，爲每一個案件作準備，不過他的抱負不僅於此。他想要走出自己的一片天，當個訴訟律師，所以在一九七六年，他改到曼哈頓地區檢察署，在羅伯．摩根陶底下做事，薪水只有原來的一半。米契在這裡什麼案子都接過：毀謗、強暴、謀殺；而他通常都能打贏官司。一九七八年，他改到紐約的律師事務所工作，開始接白領階級的案子，包括證券詐欺。

一九八〇年，他回到克氏律師事務所。後來公司內部分裂，他便自己開業。一九八八年，他重整自己的公司，成立「博米斯特與山謬」律師事務所，在摩利絲、紐澤西、紐約都有分部。(鮑伯問他,「山謬是誰?」米契說:「我老婆。」他的另一半黎安・山謬是稅務律師。)

一九九二年,米契參與了泛美航空103班機事件的審訊案,包括他在內的六位律師最後證明了航空公司有罪,其「故意不法行爲」導致無法發現恐怖分子在機上所置放之炸彈。失事班機係一九八八年十二月由倫敦飛往紐約的747型客機。炸彈就藏在一個裝在袋子裡的東芝收音機中,後來在洛克比上空爆炸,造成二百七十人罹難。而泛美航空卻無法完全比對每個乘客所攜帶的行李;他們根本不知道是誰把裝炸彈的袋子帶進機艙。

審訊過程中,米契針對泛美的董事長普萊斯基進行交互詰問。他察覺到證人席上的普萊斯基很不合作,像是要跟他較量一樣。好吧,米契告訴自己,那就來吧。他砰的一聲在講桌上放下他的道具——一本字典。然後,他的音量提高,語調和問題也愈來愈尖銳;他靠在講桌上,慢慢把講桌推近普萊斯基。「控方律師把……把講桌……推往陪審席,而且他都快迎面撞上證人了!」辯方律師抗議道。法官要求米契把講桌移回去。十分鐘後,米契再次面對普萊斯基;他又把講桌往前推,急得辯方律師喊著說:「他又來了!」米契回答:「這只是緊張時的習慣。」法官要他移回去。這一招讓米契成爲「和你面對面的紐約律師」。

米契告訴鮑伯他們,他曾參與泛美空難案件時,打動了珍妮佛。她有個朋友也在那場空難中失去親人。珍妮佛很欣賞他後來還會持續與罹難者家屬保持連繫這一點。對她來說,米契比起另外兩個律師容易親近多了,也比較像個朋友。

米契注意到珍妮佛充滿同情心的大眼睛。她剛剃光的頭髮才長出一點點，全身纏滿繃帶。米契對她的生命力及幽默感深感訝異。讓他動容的不只是珍妮佛這個人，還有珍妮佛的故事，以及她與常人不能承受的逆境搏鬥的能力。「珍妮佛生理上受了最嚴重的傷害，但她的心理仍然健全。」米契說。他相信陪審團也會把她視爲英雄。

珍妮佛告訴米契，她只要求三件事：一、她要知道空難發生的原因；二、她希望這一類事件永遠不會再發生；三、她要回到原來的生活。

離開醫院前，米契說：「珍妮佛，我是個喜歡與人接觸的訴訟律師。他們總是說我訴訟進行中時像要衝進陪審席裡一樣。」他要求摸摸珍妮佛。「妳身上有哪個地方不覺得痛？」

「我的頭頂。」她回答。

「我可以摸嗎？」他問。她點點頭。米契輕輕摸她的頭說：「能夠當妳的律師，是我的榮幸。」

十二月六日，經過一百零六天的治療後，珍妮佛終於出院了。看著原本回天乏術，後來終於救回一條命的珍妮佛，燒燙傷中心的醫護人員相擁而泣。護士抱著珍妮佛，輕聲對她說：「我們都愛妳。」出院後，鮑伯帶著一家人飛到波士頓；珍妮佛在麻州總醫院待了幾天，然後便到附近的沃堡接受復健治療。

聖誕節前三天，桑雅在葛來迪醫院過世，她的弟弟納森抱著她說：「親愛的，上天堂去吧。」桑雅的死讓珍妮佛的存活更具意義。桑雅是大西洋東南航空空難第十個（也是最後一個）罹難者，她在醫院飽受煎熬的這一百二十二天，像是一個緩慢而無聲的吶喊。

就在桑雅去世的同一周，米契抵達沃堡，鮑伯一家人決定聘用他。珍妮佛在同意書上的簽名欄只簽了一個「X」。

隔年七月，在波士頓的美國地方法院，珍妮佛及鮑伯正式提出控訴，控告聯合科技／漢米爾頓標準公司、巴西航太、大西洋東南航空以及達美航空。他們的控訴宣稱珍妮佛：「生理上有百分之九十的身體面積受到永久傷害，留下無法消去的傷疤；被診斷為永久傷殘；心理上有情緒低潮、過度驚嚇、對死亡感到驚恐、精神極度痛苦等症狀。」對四家被告公司，珍妮佛一家人要求各一億五千萬美元的損害賠償、一億美元的懲罰性賠償，以及鮑伯失去公司股份的五千萬美元賠償。總賠償金額達到十二億美元。

一九九六年十一月六日，米契在華盛頓特區的律師事務所伸出手說：「嗯，終於見到班得爾先生了。」克里斯緊張地和律師握手。

十一個月前離開漢米爾頓標準公司後，克里斯成了德州泰勒市青年使命團的聖經學者。他已經與傳教士愛咪訂婚——在某個流星不斷的夏夜，他用一只量販店買來的戒指向她求婚。參加完在密蘇里州舉辦的一項福音拓展計畫後，克里斯穿著襯衫領帶來宣示作證。有人事先提醒他說米契是那種「身價好幾百萬，會讓人吃足苦頭的律師」，克里斯後來也有同感。在幾個月前，漢米爾頓的委任律師強納森已經預先讓班得爾適應一下冗長的開庭程序。演練取證過程中，他讓另一個律師扮演米契。當時克里斯就聽說米契可能會刻薄地取笑他是「剋你死的克里斯」。

爲了加快案子的進行並改善訴訟效率，在多個聯邦法庭提起訴訟的大西洋東南航空案件，已經移轉管轄，交由亞特蘭大的多區聯合法庭（Multi-District Litigation, MDL）併案審理，由奧琳達・愛文思法官主審的喬治亞州北部地方法院綜理。原告律師成立了指導委員會，藉此集中時間與資源，分配角色與責任，以解決該案件裡的共同議題。

米契的角色是取得證人的證詞。

克里斯坐在長桌前，面對著九位律師、一架攝影機和一位打字無聲無息的書記官。他對這種場景感到陌生。離家出門時，未婚妻說會爲他祈禱。

重要的證人訊問程序就要開始，米契感到很興奮。現在，親手處理過出事螺旋槳葉片的技工，正坐在他眼前。想到整件事情的梗概快要獲得釐清，米契顯得有點激動。他想著：是否有人要求證人否認關鍵問題？會不會要他一人頂罪？他在漢米爾頓標準公司經理的證詞中發現不同說法和矛盾之處。好幾個原告律師也覺得漢米爾頓標準公司似乎有意讓克里斯成爲代罪羔羊。米契已經看過吉米完成的調查報告，其中詳細記載克里斯和岩石丘維修廠經理對調查小組描述的修復與檢驗過程。這個證人訊問程序的主要目的並非在於取得證詞，或者找出證據而已，而在於釐清某些授權程序，並了解岩石丘維修廠裡的職屬關係——像是到底誰向誰負責——以及讓克里斯解釋，爲何他在一九九四年六月七日會以打磨方式處理序號 861398 葉片。

米契很快就把克里斯視爲「對這個悲劇深感難過的受驚孩子」，最棒的是，「克里斯會把事實全盤托出」。

六個小時的證人訊問程序進行到後段，在辯護律師抗議米契的「尖銳」語氣下，他問克里斯：「你能不能告訴我，在一九九四年六月七日你得到什麼樣的授權，不管是口頭或書面，會讓你將編號 861398 的葉片錐形漸縮孔內部，在沒有工具損傷和瑕疵的情況下，仍然作了打磨處理？」

克里斯：「嗯，有人跟我說，要是處理的螺旋槳葉片沒過關，上頭又沒有工具損傷或瑕疵，但儀器螢幕上卻顯示脊狀波痕……就加以磨平處理……」

米契：「是誰這樣跟你說？」

克里斯：「有好幾個，嗯，兩三位，不同的人跟我這樣說。」

米契：「告訴我每一個人的名字，哪些人跟你說可以用這種程序，允許你對 ASA 529 班機的葉片漸縮孔作磨平處理。」

克里斯說出一位經理的名字。

米契：「還有誰？」

克里斯說出岩石丘另外兩位技工的名字。

米契：「但是在一九九四年六月七日當天或之前，沒有任何文件說你可以這樣做，對吧？」

克里斯：「這個我不清楚。」

後來，米契又問：「你很久以後才知道，你作的磨平處理，很不幸地，幾乎會把那些不容易注意到的裂縫跟疤痕掩蓋掉，對嗎？」

克里斯：「沒錯。」

強納森坐在法庭上，克里斯的所有供詞都在掌握之中。強納森和其他辯方律師知道這個案子十分棘手。幾個月前他們就已經有了定論，ASA墜機事件是漢米爾頓標準的母公司聯合科技的過失，而他們必須負起賠償責任。聯合航空保險公司是聯合科技／漢米爾頓標準公司的承保公司；強納森早已和該保險公司的代表一起與原告律師進行和解商談，不過有幾位律師(包括米契)並沒有參與，他們等著國家運輸安全委員會最終的意外報告書。

證人訊問程序終於結束，克里斯整個人都累壞了。

米契離去前和克里斯握手，恭喜他即將新婚。米契很滿意這一天的收穫。

強納森告訴克里斯說他的表現令人欽佩，並說要是這個案子會審理的話，錄影取證已經完整說明了他的部分。

克里斯返回德州，全心浸淫在聖經之中。

三個星期之後，在華盛頓的董事會議上，機動小組的調查員將 ASA 529 班機的墜機事件初步報告呈交給國家運輸安全委員會的五位董事。

兩方律師，以及來自漢米爾頓標準、巴西航太、大西洋東南航空和普惠公司的代表，齊聚在一個只有五排座位的小房間裡。房間十分狹小侷促，白熱的燈光讓攝影機拍攝到的鏡頭更顯得擁擠。通常這種董事會議只徒具表面形式，不過是讓媒體報導一下調查結果。

但這場會議確有不同。董事們被報告內容所激怒。氣急敗壞的國家運輸安全委員會主席金・霍爾問調查員說：「我想知道經過了兩次意外的教訓之後，爲何竟還要第三次意外來證明漢米爾頓補強的處理程序完全無用？」

原告律師凱斯・法蘭斯看到漢米爾頓標準公司的代表在聽證進行時，汗涔涔流下，尤其當國家運輸安全委員會副主席巴勃・法蘭西斯，要求在調查報告裡以更嚴厲的文字來譴責螺旋槳葉片製造商的時候。巴勃說：「我在此處試圖要表達的是，對於肇事的原因，漢米爾頓標準公司的高層應當負起更多責任。」他希望在報告中加上「公司整體」幾個字，不容高層管理者規避罪責。最終的報告中說：「金屬疲勞產生的裂縫造成了螺旋槳葉片破裂，導因於多個侵蝕疤痕，不過漢米爾頓標準卻因爲公司整體不當與無效的訓練、檢驗及修復技術、文件管理與溝通，以致無法發現問題。」

調查小組代表包柏・麥金塔和吉米・霍奇坐在前排，引導整個發表調查報告的程序。現場展示一張燒毀飛機的俯瞰照片，而覆蓋著白布的乘客吉姆屍身就躺在飛機前方。包柏在引言中提到：「這是我們第一眼看到的事故現場。」調查員並播放一卷四分鐘長的錄影帶，說明大西洋東南航空的葉片是如何以管道鏡檢視後，再加以打磨處理。

在會中，並沒有直接指明克里斯的名字，而以「技工」、「檢查員」或「這位先生」代稱。國家運輸安全委員會在最終報告中的結論爲：雖然打磨處理「不當」，隱蔽了一條更深裂縫，致使後來的檢驗察覺不出問題，克里斯基本上乃是依指示行事。最終報告認爲克里斯的檢驗方法與所使用的修復工具「不恰當」。其中包括了管道鏡；他在沒有任何光學放大儀器的協助下，使用該工具尋找細微的侵蝕痕跡；也包括了木釘棒，他試圖用這項工具，使拋光過後的葉片恢復成原本平滑的表面處理。

在一場許久以後的訪談中，包柏談到漢米爾頓標準公司時表示：「他們應該併用多項處理過程。顯然他們應該使用更好的光學儀器，但是，他們卻選擇以目視法，用一對一比例（以裸眼檢驗）的方法來判定（錐形漸縮孔）是否遭到侵蝕。繼而，他們又選擇用小木釘棒來作最後處理。他們似乎不了解事情的嚴重性。」包柏認爲克里斯的打磨工具相當「原始」。

國家運輸安全委員會認定漢米爾頓標準公司的內部文件管理與溝通過程「造成混淆不清的情形」，使技工不當使用了磨平修復程序。在聽證會上，一位調查員告訴董事們，對於螺旋槳葉片何以要磨平，他聽到岩石丘的員工有不同的說法：「我們特別跟負責此項工作的檢查員談了一下，他自己也說不清楚是在哪個時間點決定進行此項程序，而他也曾向管理人員尋求指示。我們與管理人員談過，想要知道他接受了什麼樣的指示，我們覺得也許他們並未向他下達任何指示，要他進行其後所做的磨平過程。關於此點，尚有疑點無法釐清，無法確知究竟發生了什麼事，或許我們無法了解。」

董事會也斷定克里斯所受的訓練「不當」及「無效」。包柏對董事們說：「做這項工作的先生過去對汽車業頗爲了解，但在那個行業裡，技工找的是紅鏽，顯然與航太業大不相同……必須重新訓練他如何尋找侵蝕痕跡與凹痕。」

雖然克里斯接獲指示，要拋光過後的葉片恢復成原本平滑的表面處理，但是國家運輸安全委員會在最終報告裡寫道：「事故螺旋槳葉片的打磨痕跡比原來未處理過的表面還要更粗糙。磨平留下的痕跡，似乎汚損了某些侵蝕區域的表面，顯示侵蝕發生之後才進行打磨。雖然某些金屬疲勞發生區域在打磨痕跡處，但金屬疲勞造成的斷裂是由侵蝕凹痕損壞處開始，從錐孔表面一直延伸到比打磨痕跡還要深入的地方。因此國家運輸安全委員會斷定磨平修復遺留的打磨痕跡並未導致事故螺旋槳葉片產生金屬疲勞裂痕。不過，該打磨痕跡很可能使得已有裂縫的槳片在經過磨平修復後，通過了超音波檢測。」

該報告還附加說明：「此事故螺旋槳葉片再次經過超音波檢測，但並沒有達到可報告或可駁回的程度。因此，該葉片回到飛航服務行列，並安裝在事故飛機上。」

國家運輸安全委員會的最後報告也討論了與ASA 529班機墜機事件有關的其他問題。雖然亞特蘭大航管中心管制員在這架損壞了的巴西利亞型客機下降了四千五百呎之後，才將通訊管制權移交給亞特蘭大進場管制單位，國家運輸安全委員會判定這並非造成意外的原因。然而，該委員會認爲，若是亞特蘭大航管中心管制員在副駕駛麥特提出要求時，也就是在墜機前的六分半鐘就立即要求緊急救援，救難工作也許會「更爲即時而有效」。

國家運輸安全委員會同時也建議，座艙上應更換成多功能的救生斧，以取代使用中但效果不彰的型別。

調查員並稱許大西洋東南航空的飛航組員對危機的應變，「合理且恰當」。

聽證進行時，董事約翰·漢墨許問道：「休斯先生，你可以向我們說明一下，空服員在緊急狀況時的處置作爲嗎？」

和其他調查小組成員一起坐在第二排的漢克，描述了蘿萍在墜機前九分二十秒及隨後在牧草地上的努力。當漢克說明完畢時，約翰說：「聽起來那眞是十分出色的表現。」另一位董事喬治·布雷克更進一步讚揚說：「我覺得我們應該好好感謝這位空服員。許多時候我們對空服人員的作為頗有微詞，但是這空服員的表現遠遠超出她的職責範圍。」

在走廊上聽到這些話，凱斯頗為滿意；他是生還者約翰和罹難者龐德及麥克家屬的律師代表。對於被告律師所提出的和解提議，凱斯要求延後商談，他想要先聽聽國家運輸安全委員會的看法；他認為對陪審團來說，獨立調查機關國家運輸安全委員會調查報告的可信度必定無懈可擊。現在他已經聽了國家運輸安全委員會的聽證，證明事實對漢米爾頓標準公司極其不利。凱斯準備要進入和解程序；國家運輸安全委員會的最終報告，將是他和其他原告律師決定如何求償的最佳依據。

二十九件案子裡，大部分都已經達成和解，接下來的幾個月裡，其餘的案子也加速展開和解。

「我們必須做的事，說好聽點是不太妥當，說難聽點是完全不可能——我們必須為人命標價。」聯合科技／漢米爾頓標準公司的委任律師強納森，在後來發表於美國律師協會一九九七年夏季出刊的《訴訟雜誌》裡的〈死亡事故賠償的辯護〉一文中說道。

可是，強納森也說，雙方律師應盡全力維護各自當事人的權益。他在文章中建議一些方法，來刪減原告通常過分要求的賠償金額：「一天就只有二十四小時。亡者不太可能會不斷升遷，或是每天付出一大半時間做家事，也不太可能是從小孩家庭作業到嗜好都全面參與的家長。」強納森還提到，原告所提關於生命品質的請求，更使得辯方律師必須仔細尋找在亡者生命中「不滿和不快樂的成分」，例如工作上的不順遂以及「婚姻與家庭中的不和，像是分居、離婚、子女的毒品與酗酒問題」。他指出，辯方律師應該在追尋眞相時有所分際：「漠視生還者與家屬的情緒與感受，不論是庭內的事實釐清或是在和解的階段，都不會有正面的效果。」

爲了進行和解，強納森與一些罹難者家屬見了面。機長夫人潔琪特別讓他印象深刻。她渾身散發出的驕傲與尊嚴，讓強納森不由得感到她所受的損失有多大。

珍妮佛和麥特與保險公司的和解在最後階段才達成。米契向保險公司表示，珍妮佛才二十八歲，全身燒傷面積達百分之九十二，餘生還得不斷接受手術治療。米契使用了一個策略，就是拍攝她的生活片段，藉此說明她不論是著裝、進食、洗浴都無法自理，需要他人協助。米契告訴聯合飛航保險公司的代表說：「這不是我說什麼，你說什麼就算了的事。我們要做的事無前例可循。」米契研究了美國全國燒傷訴訟案件的和解處理模式。他期望上訴法院在損害裁決時，能考慮一下對後續審判可能造成的影響。他也跟其他原告的律師商談過。

雙方律師開始協議和解時，珍妮佛問米契：「漢米爾頓標準公司會公開承認過失嗎？」

「不會。」米契說。

「他們以後會承認嗎？」珍妮佛問。

「不用對此多費心思，那不是和解要處理的。」米契回答。

一九九七年春天，不公開的和解已經完成。漢米爾頓標準的承保公司總共支付了大約一億二千五百萬美元的賠償金給 ASA 529 班機的受害者。個例的賠償金額從十萬美元出頭到超過兩千萬美元不等。

結束珍妮佛的案子不久，博米斯特與山謬律師事務所的簡介提到：「米契・博米斯特律師的特殊經歷包括了最近才剛爭取到，航空災難史上，最高的個人傷害和解賠償金額。」

後來，米契對珍妮佛說，他希望以後能夠在強尼的婚禮上，與她共舞一曲。

VIII

悲喜馬賽克

37　火場上的玫瑰

偶爾，會有車子在保羅家附近停下來，坐在車上的人望著 ASA 529 班機最終長眠的牧草田。也有人來敲保羅家的門，詢問是否可到後院瞧瞧。保羅讓他們進屋，但心裡十分納悶，他們想要找什麼？

在爲本書蒐集資料的過程中，我越來越淸楚，爲什麼自己也一再回到保羅的牧草田。是的，有人在那裡喪命，而我得找出前因後果；而機上二十九人之中生還的十九人，他們的故事充滿生命的奇蹟。

當飛機墜落時，一個人要怎麼活下來？這是對人性的一大考驗，並爲我們開啓一扇窗，照見人們在驚慌與恐懼的沈重壓力下，爲什麼會出現某些行爲。有些人因此成爲英雄，有些人則退怯或自責不已。

以前，我們自以爲明白墜機是怎麼回事。事實上，在抽象的概念化爲眞實的體驗以前，我們無從了解。而ASA生還者親身經歷了飛機的震動、聽到機翼折斷樹梢、目睹大火與濃煙，也聞到人肉燒焦的味道。

他們會告訴你，自己並非英雄，他們所做的不過是努力活下來。我了解他們的想法，但認爲他們太謙虛。所謂英雄之舉就是延續生命、賦予生命意義；而這些人做到了。機長艾德、副駕駛麥特、空服員蘿萍、乘客珍妮佛、麥克、大衛、瑪莉珍與朵茵母女以及其他的凡人，都做了不凡之事。當時，他們毫無心理準備，只是對於突發狀況做出直覺反應。這就是ASA 529班機的啓示：在凡人身上彰顯出人類心靈的不凡力量。

孩子們也了解。距離墜機現場四哩的包頓，小學生們聚集在學校的體育館裡，一個小朋友上前將長莖玫瑰插進玻璃瓶中。

另一個小朋友朗聲唸道：「機長艾德．甘納維。」

然後響起一陣憂怨的風笛聲，如泣如訴。接著另一位小朋友帶著另一支紅玫瑰上前。

「瑪莉珍．艾黛爾。」

三年前的暑假，小朋友們好奇地跑到保羅的牧草田，有些騎著腳踏車，去看「從天上掉下來的小飛機」。如今他們獻上十朵玫瑰，每一朵代表一位罹難者。追悼儀式結束後，蘿萍和艾倫帶著玫瑰到牧草田——一個對他們而言再熟悉不過的地方。

他們淸楚記得殘破的機身葬身的所在。幾名消防隊員也一同重返現場，指出幾位罹難者一開始被發現之處。蘿萍和艾倫在每個傷心地都放上一朵玫瑰，輕輕唸出罹難者的名字。

「龐德・魯。」蘿萍輕聲道。

「桑雅・費特曼。」艾倫說。

「露西里・柏爾頓。」蘿萍接著說。

「查爾斯・巴頓。」艾倫說。

曾經火光熊熊的牧草田，現在散布著朵朵玫瑰。

意外發生後兩年半，我開始聯絡生還者。對於訪問的要求，有些人馬上回覆；有些人隔了幾周、幾個月甚至一年多後才有回音；有一位則毫無音訊。（會計師珍恩・布卡托，墜機當天穿著碎花洋裝，是凱文・巴比爾的「守護天使」。）

我通常到生還者的家中進行訪問，每次爲時三小時以上。那時與漢米爾頓標準公司的訴訟已達成和解，所以相關人士受訪時比較沒有顧慮。

多數生還者都接受過心理輔導，對於墜機事件也有了具體的想法。有些人記不起某些細節；埃德藉由催眠，試著要回想自己如何逃出機艙。在催眠的狀態下，他從機身的破洞看到熊熊烈焰幾乎遮蔽了灰暗的天空，除此之外毫無進展。

記憶不可能完整無缺，但根據研究顯示，生死交關時的記憶通常比日常瑣事的記憶來的準確、可信，特別是當下最直接的感受，而非周邊的事物。ASA生還者的陳述證實了這個研究；他們彼此的記憶內容少有牴觸。

ASA生還者間彼此的聯絡不多。他們各自療傷、復原，有些甚至單獨一人緩緩平復。即使如此，他們彼此之間，可能只憑著姓名，或是對方在一九九五年八月二十一日當天所穿的衣服的印象，感受緊緊相繫的力量。

訪談進行時，生還者也問了很多問題，最常問的是：「其他人過得怎麼樣？」且幾乎所有受訪者都哭了。有幾個人問到，在飛機墜落時換座位的人是否生還——他們想知道交換座位有沒有因此改變命運。（答案是沒有。露西里和龐德雙雙喪命。）許多生還者充滿內疚，當時在殘破的機身中，他們無法用倫理道德來判斷，只能根據腎上腺素驅使的求生本能來行動；他們擔心自己的生命是用別人的命換來的。不論他們在危急關頭做了什麼，現在都留在心頭揮之不去；有些人平靜看待，有些人卻難以釋懷。約翰從著火的機艙中逃出後，沒有再回去；有好一陣子他為此愧疚不已。後來他重新思考，明白自己也許並沒有錯。當時他渾身沾滿燃油，若回到火場很可能喪命，如果發生不幸，家裡的孩子怎麼辦？他也有為人父的責任啊，不是嗎？

偶爾，我會告訴生還者他們所不知道的事情。在維吉尼亞北部的家裡，戴維示範著飛機靜止後他的反應動作。他在客廳裡表演解開安全帶、往前走兩步、傾身去幫吉姆，然後他往沙發的方向跳，表示他跳過火焰逃出去，把吉姆留在機艙。

參加過吉姆的守靈、也和吉姆的遺孀南茜談過之後，戴維相信他身陷機艙的同事在被火舌吞噬前就已經斷氣了。我告訴他，其實吉姆後來逃出了機艙。戴維沈默不語。

凱文擔心他講到吉姆的事會崩潰，於是我們把訪談地點從餐館改成凱文位於緬因州的家。凱文凝望著遠方，眼光定在某個角落，試著回想吉姆。他問：「他穿著短褲嗎？」是的，吉姆穿著牛仔短褲。凱文說：「我腦海裡突然出現一雙赤裸裸的腿，被壓在坐墊下。我以前都想不起來這些，好怪。」

他想起吉姆的球鞋。「我記得白色的運動襪，上面好像有紅色條紋。」

「這些影像歷歷在目，比他的臉孔更清晰。有時候你會想藉由催眠看看能不能回想起更多的細節，可是又怕到頭來變成揮之不去的夢魘，你懂嗎？」凱文說著搖了搖頭。

陶德明白凱文的意思。他的搭檔查爾斯的遺照，就掛在勞頓郡警局的入口附近，鑲嵌在匾額中，旁邊還有柯林頓總統與維吉尼亞州州長的題字。因爲那幀遺照、因爲局裡查爾斯的同僚、因爲陶德自己的生還者內疚情結，他儘量不待在辦公室裡。警局同仁都不在他面前提到查爾斯的名字，陶德想，也許他們怕會講到那件事。

有時候，陶德會碰到查爾斯的獨子瑞克。瑞克是個害羞的大塊頭，在電腦門市當店員。兩人相遇時會拘謹地打打招呼，說兩句話，如此而已；每次都會使陶德更愧疚、更難過。他不知道瑞克是否把查爾斯的死怪罪於他；有一次遠遠看到瑞克，他還刻意繞道避開。

陶德和妻子潘兒在這場意外過後生了兩個小孩。潘兒的友人說：「上帝讓陶德留在世上，是要讓他當爸爸。」

還有另外四個新生命降生。朵茵和安琪拉各生了一個女兒，阿爾費得和傑森各生一個兒子。

安琪拉對蘿萍滿懷感激。發生意外的那個早上，安琪拉答應接下大西洋東南空服員一職。在飛機下墜的九分二十秒間，她有機會近距離見習蘿萍對緊急情況的處理方式。當安琪拉平安逃到牧草地上，第一個念頭就是：「那個空服員有沒有跑出來？」

當天早上，安琪拉從亞特蘭大出發時，心裡直想著要離開男友羅勃，展開新生活。但她出院後返抵紐奧良機場時，羅勃推著輪椅、手持一打紅玫瑰等候著她。那天晚上，羅勃滿臉淚痕告訴安琪拉：「我差點就失去妳了。」兩人在一九九七年結婚，兩年後生下一個女兒。

他們把女兒命名為蘿萍。

羅勃說：「有一天我會告訴女兒，妳的名字是為了紀念媽媽的救命恩人。」

蘿萍後來去看安琪拉和羅勃。小女嬰正在熟睡，蘿萍伸手到小床裡撫摸嬰兒的頭髮說：「好軟。」然後她的指尖輕撫嬰兒肥嘟嘟的雙腿，說：「妳看，她的腿壯壯的，和我一樣！」

「她好漂亮，好漂亮。」蘿萍抱起小女嬰，陶醉地閉上雙眼。

全人類的心靈，是由一些不完美的碎片用不完美的方式拼貼而成，但成品卻無與倫比。其中有一片象徵榮耀：當國家運輸安全委員會調查員漢克將查爾斯發亮的配槍與警徽歸還勞頓郡警局的那一刻，我們見證了人性的光輝。

我們也可以找到一片拼圖，屬於麥特。意外過後的隔年春天，麥特和妻子艾美開車到艾德家，探視艾德以前老掛在嘴邊的三個兒子。麥特要親自解答艾德兒子的疑問，向他們證實父親是個英雄。

擔任社工師的潔琪懂得心理學。她希望兒子們了解墜機事件的原委，爲此也帶他們去過牧草田。十六歲的大兒子羅倫仔細察看讓機身斷成兩半的梯形地面；他在思考，如果地面平坦一點，爸爸能不能倖免於難。

潔琪帶著孩子們一起搭乘大西洋東南航空的巴西利亞型飛機，從梅肯市飛到亞特蘭大，確保孩子們沒有因此而害怕坐飛機。她還讓孩子們看座艙通話紀錄；這段記錄讓潔琪對艾德的沉著冷靜深感驕傲。直到最後幾句話，艾德結結巴巴，潔琪才感受到他的恐懼。潔琪說：「艾德從來不會口吃的。」四年後，潔琪仍然清楚記得丈夫最後的話語：「幫我、幫我穩住、幫我穩著、幫我穩住……」

她告訴兒子，爸爸的死意義深遠：就因爲機長是艾德•甘納維，「很多人才得以從墜機現場安然脫身」。

因爲爸爸從此在生命中缺席，羅倫才知道爸媽的感情是多麼深厚。看到媽媽獨自一人哭泣，他不知道該怎麼辦才好。

現在，麥特坐在客廳裡，羅倫看到他深深烙下的疤痕和變形的雙手，使墜機事件更歷歷在目、怵目驚心。

甘納維三兄弟丟給麥特很震撼的問題：爸爸害怕嗎？他知道自己會死嗎？他死前是否很痛苦？

麥特回答說，艾德忙得沒時間害怕，而且相信他們會平安讓飛機著陸。麥特告訴三兄弟，自己在燃燒的駕駛艙中恢復意識後，想搖醒艾德，但他已經斷了氣。羅倫放下心來，他知道爸爸並沒有在痛苦中離開人世。

麥特對艾德充滿感傷，他停頓了一會兒，告訴艾德的三個兒子：「你們應該以爸爸爲榮。」

還有補救的機會嗎？

艾倫辭掉了中階主管的工作，舉家搬回故鄉堪薩斯市，創立了自己的一人公司。埃德和巴爾尼提前退休，好多花點時間陪伴家人。凱文離開船塢，在家鄉緬因州的特納附近草原上蓋了一棟房子，夢想著帶一匹快馬參加賽馬會。

當 ASA 529 班機墜落時，大衛不滿上帝爲什麼要讓他孤獨死去。劫後餘生讓他有了不一樣的想法。他辭掉原來的工作，接下阿拉斯加的新工作；他從此可以在大河裡釣魚、欣賞日落。重獲新生的大衛要變成更自由自在的人。墜機後三個月，他登上一架三人座小飛機，由一名生意伙伴駕駛，飛過紐芬蘭。大衛認爲：「如果這次災難是一起車禍，我想大家以後還是會繼續坐車吧。」他覺得沒有理由因此害怕飛行。

置身阿拉斯加的壯麗景致，大衛發覺自己仍孤獨一人，因此他回芝加哥找前妻莉拉。很快地，他們談到破鏡重圓的可能。五年後，大衛和莉拉搬到南卡羅萊納，兩人再次步入禮堂。

戴維一開始深受生還者的罪惡感所苦，雖然神父勸解他：「上帝了解你想要拯救自己。」但是，戴維還是想知道，爲什麼自己獲救，而身邊的人卻死了。神父告訴他：「或許你明天才知道，或是七老八十才知道，或者永遠不會知道。」

在 ASA 529 班機墜落前的九分二十秒，戴維對自己任務的專注和自信，讓蘿萍放心不少。但現在戴維卻無精打采、心靈無依。他考慮要加入和平工作團，也許當一名獸醫，或搬到蒙大拿山林中的小木屋。

他的婚姻破裂。後來他投入新戀情，「像羅蜜歐與茱麗葉般轟轟烈烈」。不過他也承認，因爲自己一頭熱，把女方嚇跑了，使他意氣消沈。戴維不過三十二歲，心境卻如同五十。他換了幾次工作，等待著他害怕永遠不會到來的救世主。

就像所有的醫生一樣，巴比醫生見識過死亡和瀕臨死亡的人，但是從來沒有像麥克那樣令他震撼。

二〇〇〇年春天，巴比接到邀請，出席位於巴爾的摩約翰霍普金斯灣景醫學中心的「麥克・漢瑞克斯燒燙傷研究中心」啓用典禮。

他想見見麥克的遺孀，告訴她五年前自己在急診室，從她丈夫身上學習到「生涯中最重要的一課」。巴比認爲麥克很了不起，「骨子裡沒有自私的成分，即使死亡當頭，他還是那麼祥和平靜」。

那異於常人的祥和讓巴比醫師動容。他想知道背後的力量是什麼？

琳達・漢瑞克斯以先夫麥克之名，捐了五十萬美金給巴爾的摩地區燒燙傷中心，是該中心有史以來金額最大的一筆捐款。在捐贈儀式上，燭光在麥克小小的遺照前搖曳，琳達簡短致詞，引述了熱力學第一定律：「沒有任何物體和人會消失，它們只是改變形態而已。」

典禮後，巴比特別向琳達致意：「妳的丈夫帶給我們平靜，而他帶著我們的友誼而去。」

琳達解釋麥克何以有過人的情操。麥克那時剛換工作，知道自己往後會經常搭飛機。他認眞考慮過死亡的風險，提高了壽險保額。麥克是工程師，個性實際而宿命。夫婦倆婚姻美滿；他雖沒有宗教信仰，但他安於做自己，也有其信念。

巴比知道生命中有陰暗面，現在他了解麥克接受生命最終的事實——死亡。他在財務上與情感上都對死亡有所準備，深知意外是可能發生的；一旦發生，他便坦然接受。麥克的人生一無所懼，也不會在害怕中死去。他明白自己在蒼穹浩宇中的定位。

在巴比眼中，這是一個值得尊崇與敬仰的人。

仍在喪父之痛中的克萊兒·甘迺迪，走進紐約中央公園旁的一間小工作室。她看著靈療師闔上雙眼，舉起手來感受吉姆的能量並加以解讀。靈療師說這叫「意識指引」，她事先提醒克萊兒可能會有駭人的結果。這個降靈會是克萊兒的朋友安排的。友人事先只告訴靈療師，克萊兒的父親剛死於空難。現在，靈療師告訴克萊兒，她看到吉姆、也聽到他的聲音，他在一個像醫院的地方，四周還有其他死者的靈魂。透過靈療師，吉姆向克萊兒描述身旁所有事物——包括顏色、時間、速度——美不勝收、外形龐大、不同物體之間幾乎沒有邊界。靈療師問克萊兒：「妳父親生前有沒有死黨？是一個大塊頭嗎？」克萊兒回答：「那是巴德伯父，我爸爸和他兄弟情深。」靈療師說巴德伯父幫吉姆「跨到另外一邊」，他們兩個人又碰頭了。靈療師接著描述她所看到的吉姆：高大、短髮、寬肩、英俊。她說，吉姆臨死前腦海中最後浮現的影像是妻子。克萊兒將靈療師的話記在小本子上，寫了滿滿兩頁，然後三頁、四頁，邊寫邊啜泣。吉姆告訴靈療師，對於家人爲他舉行的葬禮，他倍感驕傲。「妳父親還說，妳小時候紮著馬尾的樣子好可愛。」克萊兒頻頻拭淚。吉姆對七個美麗的女兒總是誇讚有加。

靈療師的聲音越來越沙啞、急躁，就像吉姆一樣，她說：「我知道他們在找文件（甘迺迪一家正在找吉姆的遺囑）。告訴他們我辦公室裡有幾個盒子。」（後來家人找到裝滿了文件的盒子，不過並沒有遺囑。）最後，吉姆說他累了、要走了，囑咐克萊兒要照顧媽媽。吉姆說：「我會再回來。」克萊兒問：「這話是什麼意思？」靈療師說吉姆可能會出現在夢中或其他場域。療程結束，克萊兒雖然疲累卻很亢奮。她在回程的計程車上，迫不急待打電話給媽媽，一路講了四十分鐘。他告訴媽媽靈療師的話和父親的話，她相信爸爸內心十分平靜。母女兩人邊說邊掉淚。

康州怡人的紐鎮剛下過一場雨。南茜・甘迺迪的前院裡，鮮紅的楓葉在風中颯颯作響。她的生命故事悲喜交織：八個子女、十三個孫子、三十一年的婚姻（包括中年階段的六年分居），然後丈夫在空難中喪生。

丈夫過世後，南茜常坐在女兒家的陽台，點起一根菸，望著附近的山丘。有時會突然生起氣來，氣丈夫撒手而去。後來，她的憤怒轉移到ＡＳＡ（航空公司）、達美航空（ＡＳＡ聯營夥伴）、甚至亞特蘭大（航班起站城市）。她不願意看一九九六年奧運的電視轉播，因爲賽事在亞特蘭大舉行。

她對上帝的信任「潮起潮落、時漲時退」。然而，經過這場悲劇，她仍然更加確定人性的美善，知道有好幾位乘客不急著逃生，反而在強勁火勢下試圖將吉姆救出機艙。

她承認若換成是她自己，不一定會在這場試煉中有相同反應。「我不想太老實，不過我大概會拔腿就跑。」

南茜把夫妻倆在馬里蘭的「蜜月小屋」賣掉，搬回紐鎮，藉此和子女及孫兒更親近。每回看到商店裡出雙入對的老夫老妻，她便心生妒意、不是滋味。她恨守寡：「這是最殘忍、最不人道的角色。」

丈夫的幽默感讓她懷念不已。「每天早上他會故意說些玩笑話，逗我生氣。」憶起往日點滴，南茜笑得好甜美。「他說這樣可以促進我血液循環。」又哭又笑、對吉姆的愛有增無減，南茜說：「我眞想念這個死鬼……」

「如果生命有意義，那麼苦難一定也有意義。」此語出自猶太大屠殺的生還者弗蘭克的著作《活出意義來：從集中營到存在主義》。「沒有苦難與死亡，人類生命就不完整。」

一九九六年夏天，珍妮佛全身都痛，皮膚尤其嚴重。整型醫師規定她一天二十四小時都要穿壓力衣，降低留疤的機會。職能治療師（針對手部）和物理治療師（針對全身其他部分）要珍妮佛每天各做三小時復健。她有個箱子，裝滿各種尺寸形狀的夾板。米契律師告訴她，至少要花五年，生活才會步入常軌；第一年仍在生命邊緣掙扎，第二年起則是一連串的手術與治療。

這個夏天是墜機後的第二年。珍妮佛陷入嚴重憂鬱，有時會用尖酸刻薄的方式表達。她對整型醫師說：「我穿八號，你們爲什麼給我六號的皮膚？」她覺得囚禁在皮膚中，而皮膚帶給她痛苦。

每天晚上看著電視新聞，她心裡納悶爲什麼總是好人遭遇不測，壞蛋卻逍遙法外？這是什麼道理？

鮑伯辭去工作，專心照顧老婆與兒子強尼。他爲妻子下廚，還替她洗澡。珍妮佛哀嘆失去了以往的生活與容貌。她無法忍受被別人盯著看，只好待在家裡。她的世界縮小了。她把氣出在鮑伯身上，憤憤地說：「你走吧，不用理我，你應該過更好的生活。」

鮑伯不肯，他說：「不必告訴我該怎麼做。」

那年夏天，珍妮佛身心俱疲，一度想要尋死，嚷著說要把整瓶止痛藥吞下去，任憑鮑伯說破嘴也勸不住。後來鮑伯把藥瓶丟到床旁的小桌上，抛下一句話：「妳要做就去做，別把我拖下水！」

鮑伯怒氣沖沖地衝出家門，但臨走前他已經檢查過，藥瓶蓋得緊緊的。他知道，以珍妮佛雙手燒傷的程度，不可能轉得開瓶蓋。

一個鐘頭過後，外頭傾盆大雨。鮑伯回到家，卻不見珍妮佛。藥瓶蓋得好好的，她上哪兒去了？他想起路上有個池塘——不會吧，難道她跳到那要命的池塘去了？

正當鮑伯轉身要走出臥室，珍妮佛進門了。

她渾身濕透，剛散步回來。

去散步很好。大笑也很好。

麥特在一九九六年春天最早離開爾蘭格醫院，他和妻子艾美在查塔諾加租了一間公寓。一天晚上在超市，艾美一手推著麥特的輪椅，一手推著購物車。他們經過養著龍蝦的大水槽。

「等等！停！停！停！」麥特說。他們看著龍蝦爬到同伴身上疊羅漢，整整看了二十分鐘。

「嘿！看那邊那隻！」

「我要來抓你囉！」

「喔，不要啦！不要踩在我頭上！喔，別這樣……」

他們笑著，繼續逛下去。如果有人看到一定覺得奇怪，怎麼會有人坐輪椅逛超市，還停下來幻想自己是龍蝦？我們的副駕駛說：「就好玩嘛！」那一刻，他很快樂。

活著很快樂，和艾美在一起很快樂。

這幅人類心靈拼貼畫也有陰暗面。

回到康州麥迪遜的老家，查克的朋友們舉杯慶祝他劫後餘生。他們請他喝酒，查克來者不拒。諷刺的是，朋友認爲他可以活下來很幸運，他自己卻不確定是否如此。

查克儘量不坐飛機。有一次出差，他從康州開了四十二個鐘頭的車到密西根，然後再開回來，一路罵自己：「拜託，查克，公路上失事的機率比空中大多了。」

他後來搭過幾次飛機，不過都有人同行。搭機前一周他就開始緊張，深怕自己到時會失控；他會想，眞不敢相信我又要離開地面了。爲了讓查克飛行時輕鬆點，女兒給他一隻身上寫著「祝好運」的泰迪熊，查克把它放在一小瓶傑克丹尼爾酒旁邊；他還帶了鎭定劑，穿著搭ASA 529班機時穿的棕色懶人鞋。那雙鞋兩側有焦痕，查克說那是「我的幸運鞋」。

他開始喝酒，「因爲想要忘掉某些事」；不只是墜機的事，還有生活上的。一九九九年夏天，他一蹶不振。

一天，查克下班後一如往常到酒吧買醉，開車回家時很不智地超了一台廂型車。他注意到廂型車一路尾隨，駕駛人在打電話。查克換車道加速，不過並沒有甩掉廂型車，駕駛仍在講電話。

不久一輛警車出現，燈號閃爍。查克將車停在路邊。警察進行酒測，他的酒精濃度超過標準。查克被銬上手銬，押入警車。查克在警局打電話給妻女。警察說查克是他遇到過最合作的人，不過女兒可不肯輕易放過他。

回家路上，她不斷斥責查克：爸，你怎麼能這樣？你爲什麼喝這麼多？

查克知道女兒有理。這樣也好，很快他就把傑克丹尼爾戒掉了。

他說：「如果不是家人支持，我是做不到的。」回想起牧草田上的景象，他說：「發生好多事。有個男的球鞋著火、熔在腳上，他不停呼救，我卻無能爲力。這件事會一輩子跟著我。我不是說我一定救得了他，不過我也想把火撲滅啊……好多時候我對自己說，爲什麼沒有膽量跑過去把人推倒在地？這就是生還者的內疚啊，相信我。」

「一路走來人是孤獨的，你不能逃避自己對種種不順遂的想法與感受。每天都要面對，你知道嗎？這就是人生。我得自己面對。」查克搖搖頭說。

意外發生後兩年的某一天，克里斯和妻子愛咪到教堂欣賞一齣話劇。他坐定之後才知道，劇碼和一架小飛機失事有關。

墜機前，有些乘客在懺悔，有些詛咒上帝，舞台燈光突然暗下來。

劇場中充斥著飛機撞擊的聲響，尖叫聲迴盪在教堂裡。當燈光再度亮起，觀眾發現有些乘客上了天堂，有些下了地獄。

愛咪問丈夫：「你還好嗎？」克里斯從來沒有對外人說過他和那場空難的關係。現在，雖然他嘴上說沒事，心裡卻想到 ASA 529 班機上的乘客。

他們在下墜的時候是什麼感覺？他們心裡想些什麼？有沒有大聲呼叫或彼此擁抱？他們會詛咒上帝，還是衷心懺悔？

克里斯心裡很肯定，機上一定充滿尖叫聲。不過他猜錯了。

ASA 529 出事那天，寇赫牧師的恐懼觸目可及，現在恐懼已然停留在記憶的暗處。

這次意外讓寇赫想起了越戰。他曾經發誓不再踏上越南。一九六九年的某一天，當時寇赫是醫務兵，坐在一輛軍用吉普車的後座，車子經過一部校車。

轟的一聲巨響，校車突然爆炸起火。寇赫看到車裡的孩童身上著火，淒厲的哭喊響徹雲霄。寇赫叫司機停車，司機一口回絕，說這可能是越共設下的圈套，叫寇赫別上當。寇赫想奪下司機的槍，命令他停車，可是下不了手。吉普車緩緩駛離，寇赫拼命回頭，怵目驚心地看著焦黑的校車和重傷的孩童。

他永遠不會忘記孩童淒厲的哭喊，也不會忘記自己居然狠心見死不救。他強迫自己忘記，再也不想那台校車、再也不坐那台吉普車、再也不讓任何人阻止他救人。

幾十年過去了。空難那天下午，寇赫站在草地上，身旁的飛機殘骸起火燃燒，受傷乘客的哀號響徹雲霄。

對寇赫來說，一九九五年是一連串的煎熬與悲痛：一場颶風刮起一棵山胡桃樹，砸破教堂屋頂、醫師診斷他患了糖尿病、妻子伊蒂的多重硬化症病情惡化。ASA 529 的意外只是一連串打擊的其中之一。

每周日早晨寇赫都在教堂布道，他經常提到心目中的四位英雄：史懷哲、馬丁路德・金恩牧師、潘霍華（德國路德教派牧師，因譴責納粹遭到處決），還有亞藍・威廉斯（他是赫赫有名的「河中英魂」。一九八二年，佛羅里達航空公司班機掉進波多馬克河，亞藍是機上乘客。現場電視轉播拍到他把其他乘客救上岸，其他人順利坐上救護機，他自己卻不幸溺斃）。

寇赫告訴會眾：「從亞藍身上，我們學到，就算是陌生人也值得我們捨身相救。」

空難那天，在保羅的牧草地上，寇赫的貢獻有多大，恐怕連他自己都不知道。長久以來，他刻意埋藏越南的回憶，才得到內心的平靜，雖然心裡還是有些不安。空難那天，他得知消息，立刻動身救人，越南的記憶重現腦海，他的心又開始痛。

墜機發生後大約一年，寇赫的電話響起。對方告訴寇赫，珍妮佛的求生意志相當薄弱，需要別人鼓勵。因爲當初是寇赫在草地上找到珍妮佛，又鼓勵她要堅強活下去，所以希望寇赫能說些話，給珍妮佛打氣。

寇赫沒有打電話給珍妮佛，他很害怕。他已經承受太多痛苦，再多就會崩潰。「就是沒辦法把痛苦拋諸腦後，看見他們痛苦，我的心裡就難受。」

寇赫能做的就是幫珍妮佛禱告。他佩服珍妮佛的韌性，佩服她歷經這麼多苦難還能堅持下去。

珍妮佛成了寇赫心目中第五位英雄。

蘿萍想再回到飛機上，但是只敢坐在機門旁邊的組員座位；她把門打開，萬一感到害怕就馬上衝出去。

蘿萍的心理治療師希望她慢慢來，先從擺脫恐懼開始。一開始，蘿萍把車開到梅肯機場旁邊，看著飛機起飛、降落。接下來她走進航空站，結果一踏上飛機跑道就掉下眼淚。一場空難改變了一切，以前那個敢衝敢撞的蘿萍不見了；現在的她離飛機越近就越容易想起當時的情景，連在家裡用燙髮夾都會想起機艙著火的焦味。

十三個月過去了，蘿萍終於鼓起勇氣，走進一架巴西利亞型飛機的機艙。這架飛機跟墜毀的那架一模一樣，不同的是現在機艙裡只有蘿萍一人。蘿萍決心走出陰霾，她輪流坐在每一個座位上，閉上眼睛，想像飛機墜落時每位乘客的心情。她很好奇，在那九分二十秒，大家在想什麼？

蘿萍在家裡畫出當時的座位表。她記得珍妮佛坐在4B，而珍恩坐在4C。她用彎彎曲曲的線條標示出機身在第五排斷裂，那是吉姆跟龐德的座位。

蘿萍在4A坐下，想像自己是來自康州的工程師埃德。她看著窗外的螺旋槳，想像當時埃德看到的螺旋槳是什麼模樣。蘿萍來到第八排，想起了年輕的戴維；他信心滿滿，一口答應幫忙，等飛機落地時把安全門打開。

蘿萍又坐到後排10B，眼前浮現一位年長黑人女性，站在座位旁邊，著急地又叫又跳，臉上滿是驚恐和困惑。蘿萍知道後排乘客有好幾位罹難。

她閉上眼睛，乘客活生生的面孔一一浮現眼前，臉上充滿恐懼——那是飛機還沒撞上松樹林和牧草地之前。

空難改變了蘿萍的生活。

機長艾德不幸罹難，副駕駛麥特還在休養，所以蘿萍是唯一能夠面對媒體的組員。透過媒體，蘿萍在社會大眾的眼中成了浩劫餘生的象徵。電視節目〈歐普拉脫口秀〉的主持人說她是女中豪傑。蘿萍站在一架巴西利亞型飛機旁邊的照片上了《時人》（*People*）雜誌封面。蘿萍在母親的陪同下前往喬治亞州州議會接受表揚，全體議員起立鼓掌。

讚揚她的信函像雪片般飛來。有一封信寫著：「妳在短短半小時展現的勇氣，很多人一輩子都比不上！」另一封信上說：「蘿萍，妳是我的英雄！」一位空服員來信，感謝蘿萍「打破社會大眾認爲空服員只是高級服務生的刻板印象」。6C乘客艾倫在提到蘿萍時說：「如果人家告訴你，你只有不到十分鐘可以活，你還會堅守工作崗位嗎？我就不會。」

蘿萍跟一些生還者還有聯繫，其中幾位對於她臨危不亂的表現表示感謝，另外幾位寄來聖誕卡（陶德夫婦：妳挽救了很多性命，謝謝妳！聖誕快樂！）恰克少校在電子郵件中稱許蘿萍是「捍衛小雞的母雞」。一九九七年的一個大雪天，康美爾航空公司班機在底特律附近墜毀；同樣是巴西利亞型飛機、二十九位乘客，不同的是這次無人生還。蘿萍一看到消息就撥電話給幾位生還者，問他們想不想找人聊一聊。

蘿萍對生還者的關懷是出自眞心，不過她也有脆弱的一面，她自己也在努力走出空難的陰影。

查克在一九九六年重返空難現場，他在蘿萍的答錄機留言，蘿萍一直沒有回電。查克覺得被冷落。艾德的遺孀潔琪也想聯絡蘿萍，蘿萍的妹妹打電話給潔琪，說蘿萍現在還很脆弱，沒辦法跟她說話，請她原諒。艾德的兄弟不以爲然，他認爲蘿萍可以上電視接受採訪，可以拍雜誌封面，怎麼會沒有勇氣跟老同事的遺孀說幾句話；何況當初是艾德捨命犧牲，蘿萍才能活下來。

蘿萍身邊的朋友不想再聽她說空難的事，他們已經聽煩了，只想叫蘿萍閉嘴。有個朋友說：「不要再想這件事了，往後的日子還長呢！」蘿萍的男友柯利思說：「我好希望她能像以前那樣輕鬆愉快、無憂無慮。她一直走不出陰影，這不能怪她，也不能怪任何人。」

墜機過後第三天，蘿萍曾經在醫院跟朵恩說了幾句話。一直到現在，那段對話仍然讓蘿萍傷心。她不解地問妹妹：「她爲什麼那麼氣我？我哪裡做錯了？」

蘿萍的問題在於她渴望獲得別人的肯定，即使她認爲自己受之有愧。蘿萍常想也許當時還能多救幾個人。她覺得別人把她說得太好了，把她在失事現場的表現誇大了許多：「有一個救難人員說我在現場指揮他們，害我很不好意思，我沒有那麼神勇。當時在場的人都知道，很多關於我的英勇事蹟其實是誇大其辭。」

不過蘿萍在機艙中那九分二十秒的表現確實可圈可點。那段時間完全任她發揮，有生以來第一次，蘿萍覺得自己責任重大。她堅守工作崗位，善盡職責。空服員平常接受嚴格的訓練，就是爲了應付緊急事故；一旦發生意外，空服員就要站在第一線，要處變不驚，絕對不能慌亂，否則就是有虧職守。ＡＳＡ的意外之後過了幾年，一架商用客機墜落，滾了好幾圈，幾名乘客受傷。一位乘客說：「空服員很糟糕。她已經慌了手腳，一直叫我們不要怕，自己卻哭個不停。」

蘿萍知道她已經通過人生最嚴苛的考驗。在那場空難之前，她從來不曾展現如此堅定的信心。她知道，如果當時她驚慌失措，一定會影響大家，那就沒有人能逃過一劫。

蘿萍的爸爸杜恩是海軍飛行員，墜機發生前三個月病逝，來不及看到女兒的英勇。蘿萍懊惱不已：又錯過了一次讓爸爸以我爲榮的機會。他幹麼那麼早走！

蘿萍目前定期服用抗憂鬱藥物，也接受治療。醫師診斷她罹患創傷後壓力症候群。這種病以前叫做「彈震症」，後來稱爲「戰鬥疲勞症」。美國精神醫學學會在一九八〇年將創傷後壓力症候群列入《精神疾病診斷與統計手冊》。患者通常會害怕回憶、深陷悲傷、睡眠品質不良、記憶喪失、注意力不集中，對於自己存活下來感到內疚。幾乎每一位ASA空難的生還者都出現過其中某些症狀，以蘿萍最明顯。

一九九七年十一月，蘿萍回到ASA的梅肯分公司工作，改做地勤，負責接電話、處理瑣事，而且只是兼職。開始工作的那一周，蘿萍搭飛機到亞特蘭大，又搭飛機回梅肯。這是她在墜機之後第一次搭飛機。過了幾天她又飛了一趟相同的行程。蘿萍跟機上的空服員都很熟，聊得很開心，一點都沒感覺到是在飛機上，不過蘿萍認爲這不能用來判斷她現在適不適合飛行。

蘿萍在梅肯分公司沒做多久就離職了；她還是太緊張，沒辦法專心工作。

接下來兩年她都沒有上飛機。

一九九七年，心理學家評估蘿萍的狀況，認爲她再也沒辦法當空服員。

珍妮佛跟兒子強尼一起去購物中心，強尼已經八歲了。以前，強尼在病房裡不敢正眼看受傷的媽媽；現在他看到兩個小朋友盯著媽媽看。強尼可不允許別人這樣無禮：「她是我媽，她發生過意外。你有意見嗎？」兩個小朋友楞了一下，搖搖頭走開了。

副駕駛麥特復原的速度很慢，過程艱辛。在一次整形手術中，醫生把組織擴張器裝在麥特的頭皮下，一個禮拜灌兩次鹽水，連續灌了好幾個月，麥特說他的頭變成「大泡泡頭」。過了一陣子麥特又動了另一次手術，調整變形的左手，把拇指跟食指拉近一些。

麥特的外表慢慢復原，也找到一些失事飛機的殘骸。在喬治亞州的一個打撈場，麥特找到了被煙熏黑的駕駛艙外層玻璃，中間破了一個洞，那是逃生的時候拼命敲出來的。麥特也找到當時用來敲破玻璃的斧頭，他把它放在自家車庫。他還想找螺旋槳殘破的葉片。麥特蒐集這些東西不只是爲了留念，也是爲了提醒自己曾經是飛機的副駕駛。麥特希望有一天能再駕駛巴西利亞型飛機，就爲了一個理由：「我要修理飛機，不是讓飛機修理我。」

一九九六年八月二十一日，ASA 529 空難一周年，艾美推著麥特的輪椅來到新墨西哥一座小型機場的跑道。

麥特夫妻登上一架塞斯納飛機的駕駛艙，艾美坐在後座，麥特坐在右前座。夫妻倆特別請來一位指導員，坐在麥特旁邊。

麥特腳上穿著燒傷專用保護襪，左手肘才剛動過第一次手術——以後還有幾次手術。對麥特來說，這趟飛行是墜機之後第一次，意義重大：他知道總有一天他會再駕駛飛機，在任何一個機場起飛——也許就在新墨西哥的機場，他們全家出遊的時候。

麥特說：「開始吧！一定很好玩。」

飛機飛了十五分鐘，聽命於麥特。他上一次握住駕駛桿是在飛機衝進樹叢的時候。現在他那滿是疤痕、用夾板固定的左手再一次握住駕駛桿，心中感慨萬千。

克里斯理了個平頭，肩上的背包有六十五磅重，站在喬治亞州北部史普林格山頂上。時間是二〇〇〇年夏天，山上晨霧瀰漫。克里斯是「青年使命團」的領隊，團員一共八位，都是二十幾歲的年輕人。他們花了二十三天，沿著阿帕拉契山路走了二百三十哩。

出發之前，克里斯向上帝禱告：「慈愛的天父，有您與我們同行，我們會更團結。求您教導我們紀律，我們越接近彼此，就越接近您。」

禱告完畢，克里斯對團員說：「這趟一定會很酷。」

酷個頭。有一個團員頭撞到橋，另一個從木橋跌進河裡。好死不死又碰上暴風雨，氣溫降到零下。大夥全身痠痛，舉步維艱，格外想念牛排、冰淇淋和各式家鄉菜。

這趟旅程十分艱辛，克里斯卻甘之如飴，他常說美國人需要重整道德，自己也常爲國家祈福。爬山時遇到同好，他便「友情傳道」。

他終於找到安身立命的所在。去年他跟妻子在以色列待了一個月，帶領當地的短期宣教團。夫妻兩人還參加了「和解之行」，循著當年十字軍行進路線，祈求猶太人與回教徒原諒當年十字軍對待他們的暴行。

克里斯曾經站在耶路撒冷與台拉維夫的街上，發送希伯來文與阿拉伯文的福音傳單；他也到過耶穌受洗的約旦河，和耶穌當年穿越的加利利湖。

在以色列的這段時間，克里斯終於明白他何以從技工轉而投身宗教；這是上帝的旨意，他只是依旨而行。

ASA 529墜機過後第三年，漢米爾頓標準公司發表書面聲明：「所有參與製造、安檢、維修螺旋槳葉片的同仁均按照本公司標準作業程序。本公司調查發現，部分作業程序確有瑕疵……對於葉片斷裂導致重大飛安事故，本公司願意承擔一切責任。」

即使如此，克里斯仍無法全然釋懷，他常常想要跟生還者以及罹難者家屬聯絡。

「我要跟他們說什麼呢？我希望他們明白我沒有忘記他們，我眞的很關心他們。我一直爲他們祈禱，希望在經歷這場可怕的空難之後，能夠撥雲見日。還有……嗯……」克里斯的聲音顫抖：「如果有需要我幫忙的地方，我一定盡力，雖然我不知道我能做什麼。」「我不知道他們會怎麼看我，我的意思是，有些家屬一定不肯原諒我，我可以體會他們的心情。」不過他後來決定不要說出這些話。

在阿帕拉契山上，克里斯告訴團員他在ASA空難扮演的角色，他認爲自己有所成長。他覺得做任何事情，不管是修理螺旋槳葉片還是讀聖經，「一定要知道爲何而做」。

團員問他一堆問題：飛機在哪裡墜毀？死了多少人？有沒有打官司？克里斯坦然回答。

一位團員向上帝禱告，感謝上帝帶領克里斯，讓他找到更適合自己的地方。

達美航空買下大西洋東南航空。

漢米爾頓標準公司與盛特蘭公司合併，改名爲「漢米爾頓盛特蘭公司」，年營業額高達三十億美金，全球員工約有一萬八千人，隨即對外宣稱是全球第三大飛機系統與零件供應商，產品包括螺旋槳葉片。螺旋槳安檢與維修程序多年前就已全面檢討，目前的程序完全符合聯邦航空局標準，有些地方甚至超越標準：管道鏡由機器負責移動位置，影像以彩色全螢幕呈現，解析度高，再也不須用人工維修螺旋槳：精密機械負責維修工具損傷，安檢則運用渦流技術，這是一種高感度電磁科技。

一九九六年秋天，柯林頓總統簽署「空難家屬協助法」，規定在空難發生三十天內，雙方律師不得與受害者及其家屬接觸；後來期限延長到四十天。ASA 529 班機空難生還者紛紛返回家園，重建人生：蕾妮回到密西西比州、約翰回到馬里蘭州、恰克回到內布拉斯加州、阿爾費得與珍恩回到喬治亞州、空軍飛行員傑森回到比勞克斯的凱斯勒空軍基地繼續服役。

那年母親節，朵茵寄了一張賀卡給茱麗亞。墜機意外當天，茱麗亞和她丈夫走出家門到牧草地上陪伴朵恩。茱麗亞說：「我們感情很好，朵茵就像我女兒一樣。」

珍妮佛的律師米契，後來受聘代表 TWA 800 號班機以及瑞士航空 111 號班機四十多位受難者家屬求償。

國家運輸安全委員會卡洛頓地區調查組長包柏‧麥金塔表示，ASA 529 班機空難事故調查相當順利：「我們的實驗室冶金讓製造商注意到，一萬五千片具螺旋槳葉片需重新整修。簡單來說，我們的任務就是防止悲劇重演。」

五年多以後，包柏說：「那次空難發生到現在，沒有一具螺旋槳故障。」

ASA 529 班機屬於短程飛行，而且是渦輪螺旋槳飛機，並不是跨越幾大洲的豪華噴射機，按理說不會引起媒體太大的注意，所以保羅覺得納悶：「這些人來我的草地幹嘛？」

也許這些人想看看飛機墜毀起火的現場，也許有些好事者想參觀一下死過人的地方。

我只知道我想來的原因。我覺得自己的生命和這些受難者有所牽繫；他們有些生還、有些罹難，共同賦予這片草地非凡的意義。一開始我走在草地上，感受地勢起伏，這種體驗幫助我把這場空難記錄得更詳實。我最近一次走在那片草地上是跟蘿萍和艾倫一起，那時我才明白，眞正吸引我的是草地上發生的故事，我看到人的韌性、光輝和希望。探訪生還乘客的過程當中，我對自己也有更多了解：在緊要關頭，在生死邊緣，我會把生命託付給誰？我會向誰呼救？我會怎麼做？

在抽象的假設化爲眞實的體驗之前，我不知道答案，不過有一點我很清楚：在這架小飛機上，一群平凡人成就了不凡之事。

二〇〇〇年夏天，麥特和妻子艾美把活動房屋停在史提夫的房子前面。四年前，一場空難讓副駕駛麥特和凱羅郡消防員史提夫相識。麥特特地來到卡洛頓，就是要感謝史提夫把他從起火的駕駛艙拖出來。兩人見面時，麥特告訴史提夫想問什麼儘管問，不用怕他難過。

史提夫看到麥特滿身傷疤，慘不忍睹：「我把你拖出來，到底是救了你還是害了你？」「拜託！當然是救了我啊！」麥特說他打算再活七十五年，他有好多活下去的理由：他有妻子，說不定將來他們會生小孩。「而且說老實話，因爲有我，世界眞好。」麥特微微一笑。

空難過後沒多久，史提夫就辭掉了消防員的工作。「看到太多傷心事。」ＡＳＡ空難是他離開的理由。現在他看到麥特從活動房屋裡走出來，一隻活蹦亂跳的黃金獵犬走在前面，名字就叫「跑道」。

麥特告訴史提夫，他現在在加州的一家小航空公司支援人力，偶爾開開小飛機，他希望有一天能回到ＡＳＡ飛區域航線。

史提夫聽了深感佩服。

我去拜訪麥特的新家，房子在山腰上，俯瞰舊金山灣。麥特說：「我的人生還有很多事要做，我沒有被打倒。」他說經過這場意外，以及後來跟漢米爾頓標準公司和解，都沒有改變他的理想與價值觀：「我沒有興趣當百萬富翁。」

他只想當飛機駕駛，「雖然現在不用靠開飛機賺錢，可是還是很想開。我就是幹這一行的，你了解嗎？就是感覺還不到結束的時候。如果不開飛機，我希望是因爲我自己不幹。」

麥特和我坐在他家的廚房，麥特看著坐在對面的妻子：「當然，還要感謝我太太，有她在我才能活下去，有她在生命才能如此美好。」

十九世紀德國哲學家尼采在《偶像的黃昏》（*Twilight of the Idols*）一書中寫道：「知道自己爲何而活，才能承受生命的考驗。」

珍妮佛知道她爲何而活，她是小強尼的媽，她不能死。

麥特的妻子艾美有一次打電話給珍妮佛，說麥特心情十分沮喪，不肯繼續接受治療。艾美問珍妮佛：「妳都是怎麼撐過來的？」

「都靠我兒子。我答應他禮拜五回家，結果晚了三個月。」

一開始珍妮佛恨透了漢米爾頓標準公司，也恨透了上帝，後來她的怨恨逐漸被強烈的意志力抑制下來：「如果我把全部精神都拿來發脾氣，那我永遠好不了。」

她把目標設定在一九九五年八月二十日，也就是空難前一天。她下定決心，要努力恢復到以前的樣子，重拾以前的生活。

墜機意外過後，珍妮佛和丈夫鮑伯本來一直小心控制彼此的情緒，不讓兒子看到他們的痛苦，可是在一九九七年夏天的某一天，小強尼全聽見了。

鮑伯的父親過幾天要開刀，全家人打算在鮑伯的弟弟大為家聚一聚。珍妮佛那天心情不好，賭氣不肯出門，夫妻倆當著兒子的面吵了起來。

鮑伯最後一次問道：「老婆，咱們走吧！」珍妮佛還是不為所動，鮑伯只好自己帶著小強尼出發。

父子倆才剛出門，珍妮佛就後悔了。家人為她付出那麼多，自己怎麼可以如此任性？珍妮佛立刻梳洗更衣——這是她在空難之後第一次自己動手，之前都是靠鮑伯幫忙。

腳上的傷太嚴重，沒辦法穿襪子，珍妮佛便套上懶人鞋，慢慢走下樓，拿了車鑰匙。墜機意外後她只開過一次車，那是一年以前，只在停車場上晃了一下。後來她的車子就一直閒置在家門外，好像街頭藝術品。

珍妮佛慢慢走向車子，鄰居家的六歲男孩看到，驚訝地問道：「妳有辦法開車嗎？」

「你不要跑出來，免得被我撞到。」

珍妮佛想，如果我能開到巷口，就能開上馬路，如果能開上馬路……

她小心翼翼開上馬路，繼續前進，開了一個小時，然後把車子停在大爲家前面。鮑伯的家人看見那台紅色轎車，然後看見珍妮佛下車，簡直不敢相信。

鮑伯走出家門後就一直放心不下，打了幾通電話回去都沒人接。他正想回家看看，卻看到珍妮佛朝著他走過來。鮑伯問她：「妳在幹嘛？妳怎麼來的？」

珍妮佛把車鑰匙舉得老高。

鮑伯說：「不會吧！」

珍妮佛點點頭。

鮑伯欣喜若狂，熱淚盈眶：「我居然讓妳一個人開車！上帝一定不會原諒我。」

那天晚上，珍妮佛自己開車，帶小強尼回家。

意外過後將近五年了，蘿萍心頭陰影仍然盤桓不去。她又吃藥又接受治療，夠了，現在她要靠自己。

她賣掉梅肯的房子，搬到亞特蘭大，離媽媽、妹妹和親友們近一些。她停止療程，不再主動提起空難的事，不上電視，也不演講。

她不去煩惱生死的事，她要活在當下，順其自然，跟以前一樣享受人生的樂趣。

她買了一台水上摩托車，暢遊北喬治亞的湖泊。在佛羅里達州南端群島，蘿萍租了一艘快艇，出海玩水上降落傘，還叫人家加快速度：「我從一萬八千呎的高空摔下來都沒死，區區五百呎有啥好怕的。」

重返亞特蘭大機場，可說是蘿萍給自己最大的考驗。一九九五年八月二十一日，ASA 529班機就是從這裡起飛，而後發生意外。

她還是有點緊張，皮包裡放了幾顆藥以防萬一。她和心理治療師討論她的計畫，治療師叮嚀她記得調節呼吸，下機後再打個電話過來。

蘿萍到了機場，覺得恍如隔世。她登上ＡＳＡ班機——同樣是一架巴西利亞型飛機——爬上窄小的登機梯，微微低下頭，跨入機門。

班機的終點同樣是密西西比州海灣港市。

蘿萍坐在最後一排的10Ｃ，她記得那是朗尼的位置。蘿萍聽著空服員解說逃生步驟，發現有些細節改變了。

飛行相當順利，平安無事的九十分鐘，和每天的幾千個航班沒有什麼不同。蘿萍相當自在，好像在自家客廳一樣。

飛機降落在海灣港機場。蘿萍舉起手，大大比畫出足球裁判宣布得分的手勢。

蘿萍對自己說：「達陣！」她的神情就像以前一樣調皮。

她看看鄰座乘客，那人剛才一直在看湯姆・克蘭西（Tom Clancy）的最新小說，蘿萍輕鬆地問道：「這本好看嗎？」

到了航站，蘿萍打電話給治療師報告好消息：「蘿萍安全降落。」

二〇〇〇年，爲了紀念ASA 529班機空難五周年，聯合衛理公會希洛教會後方一條美麗的小道上特別設立了一個小型紀念碑。碑文由寇赫牧師所題：

他們降落地面，找到知己。

致謝

本書得以完成，必須感謝那些親身經歷ASA空難的人士懇切的協助。三年來，我跟每一位與此次空難有關的人士，進行了將近五百次的訪談，跑了九個州，包括最遠的阿拉斯加、加州、緬因、德州及路易斯安那。有些人還先後在不同的場合和我談了好幾次。還有許多後續訪談是透過電話進行的，通常是爲了討論或是確認後來才得知的事項與細節。

本書便是架構在這些訪談之上。由於罹難者不能現身說法，爲了重現他們的一言一行，我交叉整理了好幾個訪談，以描述墜機現場及醫院的情形。過程中也發現受訪者的說法或有不一致的情形，有些版本甚至彼此出入。

此外，研讀國家運輸安全委員會厚達一千兩百頁的調查檔案，以及法庭上的證詞記錄，也是我調查工作的一部分。我要特別感謝調查員包柏・麥金塔、漢克・休斯和吉米・霍奇，感謝他們願意撥冗並且熱誠地協助我完成此書。

麥克林（Norman Maclean）著有《火線任務》（*Young Men and Fire*）一書，敍述一九四九年曼恩峽谷的森林大火。這場火災奪走了十三名美國國家森林局消防員的寶貴生命。書中提到：「如果報導文學作者認眞地思索寫作一事，那他自然會有別於歷史學家，將寫作視爲一種天職，自己亦能體會到筆下角色所經歷的一切，無法置身事外。報導文學作者必須聽憑自己的悲憫之心，筆隨情至，這點便和歷史學家不同。他必須追隨著筆下的角色，甚至深入濃煙籠罩的火場，如此方能體會角色的思維與感受。有時，作者甚至能感受到角色本身都不自知的層面。」

飛機墜毀在保羅・巴特勒的田裡，而後引發火勢，奪走了機長艾德・甘納維和乘客吉姆・甘迺迪的生命。透過調查及訪談，我跟著艾德與吉姆，來到了當時濃煙瀰漫的火場，也認識了他們的遺孀，潔琪・甘納維和南茜・甘迺迪。我造訪她們位在喬治亞州和康州的家。甘納維太太與甘迺迪太太待我和善至極，讓我進入她們的內心世界，我才能從艾德和吉姆身後留下的摯愛口中，就某種程度上，了解到他們眞正的爲人。潔琪・甘納維和南茜・甘迺迪素昧平生，然而我希望她們有朝一日能認識彼此，因爲她們兩人都相當地自信、優雅。

我對 ASA 529 班機事故所作的紀錄是從一九九八年十一月開始，分七次在《亞特蘭大新聞報導》上連載。我很感謝該系列報導的編輯 Thomas Oliver 和 Jim Walls，還有我的同事 Rich Addicks（他帶著相機，陪我跑了大部分的路程），也要感謝編輯群：Ron Martin、John Walter 及 Hyde Post，感謝他們從過去到現在一路以來對我的支持，這股支持的力量是別處找不著的。還有編輯部的好伙伴 Bill Rankin 及 Henry Unger，在成書的過程中，他們提供了許多實用的建議。

ASA 529班機的故事有許多相當學術性、技術性層面的題材，從心理學到生理學，從飛行力學到關於金屬疲勞的機械學。我勞煩這些領域的專家幫我斧正初稿，找出與事實不合或推論錯誤之處。

接著，我要感謝以下這些幫助過我的人：心理學家 Charles Figley 博士，他是佛羅里達州立大學心理創傷研究中心的主持人；Andrew Munster 醫生，他曾經擔任巴爾的摩燒燙傷中心主任，現已退休，同時，他也是約翰霍普金斯大學一般外科及整形外科教授；Scott Miller 機長，他是加拿大航空區域航線的機長，並且在曼菲斯一家區間航空公司擔任飛行教官一職。William Langewiesche 是《亞特蘭大報》的特派記者，擁有飛行員駕照，並著有《飛行在雲端》一書；以及在喬治亞理工學院機械工程學院開授金屬處理課程的高級教授 David McDowell 博士與首席特聘講座 Carter N. Paden 博士。

我還要感謝艾摩雷大學的老同事，他們給了我許多寶貴的意見：David J. Garrow 是位歷史學者同時也是普立茲獎得主，在艾摩雷法學院擔任特聘講座，心理學系的 Robyn Fivush，艾摩雷 MARIAL 中心博士後研究員 Pat Wehner。感謝我的好友 Joyce Justicz 及 Ben Lefkowitz，他們給了我相當有用的建議。

我從許多書中得到了相關知識與背景。雖然文中並無引用到所有書籍，但其中有幾本是相當有幫助的，像是 Charles H. Gibbs-Smith 所著的《徜徉天際：二次世界大戰前人類飛行的歷史研究》；J. E. Gordon 的《直上青天：談飛機機體結構》；Viktor E. Frankl 的《意義的追尋》；Andrew Munster 醫生所著之《嚴重燒灼傷之醫療及心理復健家庭指南》。總體而言，有三本書可作爲範本，分別是 Maclean 的《火線任務》、John Hersey 的《廣島》及 Thornton Wilder 的《聖路易士雷之橋》。

報導性質的寫作計畫需要許多人耐心、熱切的協助。我也的確獲得了莫大的幫助。Laurence Jacobs 博士是喬治亞科技大學土木及環境工程學院的教授，他在學校的實驗室內，運用轉換器和示波器，示範了超音波偵測技術。艾摩雷大學新聞系的 Jackie Bullard 在我有行政上的需要時，都樂於相助。而歷史學家 Leon Litwack 是我過去在柏克萊大學的教授，也曾獲得普立茲獎的殊榮，這些年來他在許多方面助我甚多，可能連他自己都不知道。整個夏天，他心甘情願地讓我「霸占」他的研究室，還不讓我請他吃飯。Randy Gue 以及 Andrew Larrick 負責引導整個研究計畫。Elizabeth Wilson 則將訪談錄音帶謄寫成文字。David Black 是我的經紀人，也是這一行裡的頂尖人物。他可說是作家經紀界的 Lenny Dykstra（美國職棒大聯盟的安打王之一）。說他願意爲替旗下的作家赴湯蹈火也不爲過。另外，對於經紀公司裡的 Susan Raihofer、Gary Morris、Joy Tutela 和 Leigh Ann Eliseo，我也欠他們一份人情，感謝他們提供諮詢及友情上的支持。

Crown 出版社編輯總監 Steve Ross 第一次看到我出書的提案時，激動不已。我們倆深深感覺到，這本書不只是關於一起墜機事件，更可從中看到人性的光輝。史提夫當我的編輯已經兩年了，熱情依舊不減。他一直是支持我的好伙伴、好宣傳、好朋友，是每個作家可遇不可求的合作夥伴。他的助理 Kate Donovan 親切和善，做事又有效率。

寫作期間，我幾乎每日與 Dave Kindred 長談，總共不下上千遍，我與他的友誼亦提升到另一個層次。他是我所知最優秀、最具人文關懷的記者之一，他的年紀足以當我父親，心境卻十分年輕，可以和我成爲知交。他讓我心緒平靜，卻又助我淬煉文筆。

有時候，我在夜半時分想起 ASA 529 班機上的乘客，便起身下床，坐在搖椅上。墜機的情景及牧草園中的火災一幕幕在我腦海中上演。我起身穿過走廊，走到孩子的房間去看看他們：

我的兩個兒子羅司與溫，和女兒蕾蕾。接著又回到臥室，看著我的妻子凱莉。雖然這只是個平凡的舉動，卻使我感到莫大的慰藉。凱莉和我的孩子，就像是天上的星星、月亮和太陽；知道他們就在我身旁，也知道我就在他們身邊，我便不再驚惶。儘管世事難料，我對他們的深情絕不改變。

航空事故生還者及嚴重燒燙傷傷患亟需專業的支援及協助，他們的家屬亦然。底下爲四個非營利組織，在這方面頗有建功，也需要各界捐助。

1 National Air Disaster Alliance/Foundation
2020 Pennsylvania Avenue, NW, No. 315
Washington, DC 20006-1846
www.planesafe.org
宗旨：爲飛機乘客加強把關，提高安全、防護之標準，以提升空難事故存活率，並且爲空難罹難者家庭提供協助。

2 Wings of Light, Inc.
PMB 448
16845 N. 29 Avenue, No. 1
Phoenix, AZ 85053
www.wingsoflight.org

宗旨：為以下列幾類空難相關人士提供協助之網絡：一、空難生還者；二、罹難者家屬；三、搜救及應變人員，包括救火員、調查人員以及緊急醫療人員。

3 The American Burn Association
625 N. Michigan Ave., Suite 1530
Chicago, IL 60611
www.ameriburn.org
宗旨：針對與燒燙傷相關之研究、教學、醫療照顧、預防及復健，提升其科學與技術水準。

4 The Phoenix Society for Burn Survivors, Inc.
2153 Wealthy Street SE # 215
East Grand Rapids, MI 49506
www.phoenix.society.org
宗旨：欲透過同儕支持和教育的力量、共同合作及觀念倡導，激勵所有燒燙傷病患。

國家圖書館出版品預行編目資料

墜機之前，9分20秒 / 葛瑞.M.彭蒙藍茲
(Gary M. Pomerantz)著 ; 施益譯. -- 初版. -- 臺北市 :
大塊文化, 2005[民94] 面 ; 公分. -- (mark ; 52)
譯自 : Nine minutes, twenty seconds : the tragedy and
triumph of ASA flight 529
ISBN 986-7291-61-1(平裝)

1. 航空事故 - 美國

557.909　　　　94015091

105 台北市南京東路四段25號11樓

廣 告 回 信
台灣北區郵政管理局登記證
北台字第10227號

大塊文化出版股份有限公司　收

請沿虛線撕下後對折裝訂寄回，謝謝！

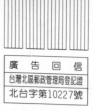

地址：□□□ ________市／縣________鄉／鎮／市／區
________路／街____段____巷____弄____號____樓
姓名：

大塊
LOCUS
文化

編號：MA 052　書名：墜機之前， 9分20秒

讀者回函卡

謝謝您購買這本書，爲了加強對您的服務，請您詳細塡寫本卡各欄，寄回大塊出版（免附回郵）即可不定期收到本公司最新的出版資訊。

姓名：＿＿＿＿＿＿ 身分證字號：＿＿＿＿＿＿ 性別：□男 □女

出生日期：＿＿＿年＿＿＿月＿＿＿日 聯絡電話：＿＿＿＿＿＿

住址：＿＿＿＿＿＿＿＿＿＿＿＿＿＿＿＿

E-mail：＿＿＿＿＿＿＿＿＿＿＿＿＿＿＿＿

學歷：1.□高中及高中以下 2.□專科與大學 3.□研究所以上

職業：1.□學生 2.□資訊業 3.□工 4.□商 5.□服務業 6.□軍警公教
7.□自由業及專業 8.□其他

您所購買的書名：＿＿＿＿＿＿＿＿＿＿＿＿

從何處得知本書：1.□書店 2.□網路 3.□大塊電子報 4.□報紙廣告 5.□雜誌
6.□新聞報導 7.□他人推薦 8.□廣播節目 9.□其他

您以何種方式購書：1.逛書店購書 □連鎖書店 □一般書店 2.□網路購書
3.□郵局劃撥 4.□其他

您購買過我們那些書系：

1.□touch系列 2.□mark系列 3.□smile系列 4.□catch系列 5.□幾米系列
6.□from系列 7.□to系列 8.□home系列 9.□KODIKO系列 10.□ACG系列
11.□TONE系列 12.□R系列 13.□GI系列 14.□together系列 15.□其他

您對本書的評價：(請塡代號 1.非常滿意 2.滿意 3.普通 4.不滿意 5.非常不滿意)

書名＿＿＿＿ 內容＿＿＿＿ 封面設計＿＿＿＿ 版面編排＿＿＿＿ 紙張質感＿＿＿＿

讀完本書後您覺得：

1.□非常喜歡 2.□喜歡 3.□普通 4.□不喜歡 5.□非常不喜歡

對我們的建議：＿＿＿＿＿＿＿＿＿＿＿＿

＿＿＿＿＿＿＿＿＿＿＿＿＿＿＿＿

＿＿＿＿＿＿＿＿＿＿＿＿＿＿＿＿

LOCUS

LOCUS

LOCUS

LOCUS